担当者必携

障害者雇用入門

雇用のプロセスから法的構成まで

丹下 一男／著

はじめに

　企業で障害者雇用を担当される方に対し、経営サイドからアドバイスをするようになり20年近くたつ。その間、多くの方から「ある日突然、障害者雇用を担当することになり、はじめての分野にとまどった」との話が寄せられた。ほとんどの方が、すばらしい仕事だと感じている一方で、障害者雇用を誤りなく進める仕組み、考え方の成り立ち、今日までの推移などの基礎的な資料が見当たらず、困惑していることがわかる。

　たしかに、障害者問題に関しては雇用面にかぎらず、すぐれた調査研究も増え、行政もさまざまな情報を発信しているものの、専門的にすぎたり、現状は理解できても今日にいたる過程にふれるものは少ない。

　そこで、新たに障害者雇用に取り組む方の参考として、またすでに豊富な経験を有する方には立ちどまって振り返りに役立つよう、障害者雇用促進法を中心に制度や経緯などを広く取り上げた。入門書として原典をあたる手がかりにしていただきたい。また必要な限度で資料を添えたが、視覚上わかりやすいグラフは同時に目盛のとり方により誤った印象ともなりかねないことから、できるだけ数字そのものを記載したので、これをたどって推移を確認するようなご利用を願えれば幸いである。

　障害者雇用の促進は、普遍的な価値観にもとづく国としての重要な政策であり、企業の価値を左右する命題となりつつある。しかし経済社会全体では、まだ真の関心事にはいたっていないように思われる。そうしたなかで、障害者雇用に対する理解者が少しでも増え、また本書を通じて雇用に関係する方々の一助になれば、望外の幸せである。

平成29年8月

丹下　一男

目　次

はじめに

第Ⅰ章　障害者の位置づけ …… 11

1. 人類史のなかの障害者 …… 12

　(1)　近代以前における処遇 …… 12

　(2)　救貧策と公的扶助 …… 14

　(3)　社会参加への政策の道のり …… 15

　(4)　地位改善の萌芽 …… 18

2. 受容された障害者 …… 20

　(1)　特別に扱われた人たち …… 20

　(2)　わが国での補償措置 …… 21

3. 世界大戦で進展した障害者施策 …… 23

　(1)　割当雇用と職業リハビリテーション …… 23

　(2)　第2次世界大戦がもたらしたもの …… 24

　(3)　国連の理念展開 …… 25

　(4)　ノーマライゼーション …… 26

4.「雇用義務」を考える …… 29

5. 雇用義務達成の方式 …… 32

　(1)　法定雇用率制（割当制） …… 32

（2）差別禁止・機会均等制 ………………………………………… 34

　　　ADA法にみる差別禁止／障害者権利条約とわが国の対応

第Ⅱ章　関係するわが国各法の概要 ………… 41

1. 取り上げる法令 ……………………………………………… 42

（1）法令の組み立て ………………………………………… 42

（2）障害者関係法の区分 …………………………………… 42

2. 障害者について直接規定する法律 ……………… 44

（1）施策全般に関する法律 ………………………………… 44

（2）障害者福祉の法律 ……………………………………… 46

（3）社会的規範との調整をはかる法律 …………………… 59

3. 雇用自体を規定する法律 …………………………… 63

第Ⅲ章　障害者雇用促進法のあゆみ ………… 87

1. 身体障害者雇用促進法の誕生 …………………… 88

2. 制定から平成20年まで ……………………………… 90

3. 平成25年の改正 ……………………………………… 97

（1）1.8％から2.0％へ ……………………………………… 97

（2）平成25年改正の要旨 …………………………………… 97

　　　法の対象とする障害範囲の明確化／差別禁止規定と雇用上の苦
　　　情・紛争処理／精神障害者の雇用義務化／平成30年度からの法定雇
　　　用率

5

第Ⅳ章　現行促進法の主要規定 ……103

1. 障害者雇用の基本的なきまり ……105

　(1) 法の考え方 ……105

　(2) 対象とする障害の範囲 ……106

　(3) 各障害の概念と態様 ……108

　　身体障害／知的障害／精神障害／発達障害／高次脳機能障害／難病などの慢性疾患

　(4) 障害の確認手続き ……128

　　確認の方法／確認にあたっての留意事項

2. 雇用義務とその達成状況 ……131

　(1) 雇用義務の基本的なルール ……131

　(2) ダブルカウントと短時間労働の扱い ……134

　(3) 除外率 ……135

　(4) 雇用成果の歩み ……136

　(5) 雇用義務達成のための行政指導 ……143

3. 特例子会社制度とグループ適用 ……147

　(1) 特例子会社と「グループ適用」 ……147

　　制度の経緯／特例子会社設立の手順／特例子会社の得失／関係会社特例（特例子会社を含むグループ適用）

　(2) その他のグループ適用制度 ……154

　　関係子会社特例（特例子会社を含まないグループ適用）／事業協同組合等算定特例

4. 雇用義務対象外の障害者への対応 ……159

5. 差別禁止と合理的配慮 161

　(1) 差別禁止と合理的配慮 161

　(2) 2つの指針とその要旨 163

　(3) 苦情処理と紛争の解決 165

第Ⅴ章　障害者雇用を支援する仕組み 169

1. 求人と支援組織 170

　(1) 促進法の支援組織 170

　　ハローワーク／高齢・障害・求職者雇用支援機構／障害者就業・
　　生活支援センター（通称「ナカポツ・センター」）

　(2) 促進法以外の支援組織 179

　　障害者総合支援法によるもの／地方自治体の規定によるもの／障
　　害者職業能力開発校／特別支援学校／その他の支援組織

2. 助成制度による支援 192

　(1) 納付金制度の概要 192

　　納付金、調整金、報奨金／助成金

　(2) 雇用保険の助成制度 207

　　利用の共通要件／欠格要件／助成金

　(3) 障害者委託訓練 220

　(4) 在宅就業障害者支援 220

3. 税制の扱いと優遇制度 224

　　納付金／調整金、報奨金、特例調整金、特例報奨金

4. 企業に課されている規定と罰則 227

（1）企業に課されている規定 ……………………………………… 227

　障害者雇用推進者／障害者職業生活相談員／短時間労働者への対
　応／障害者の解雇

（2）罰則 ……………………………………………………………… 230

第VI章　雇用のプロセス ……………………………………………… 233

1. 企画段階 ………………………………………………………………… 234

（1）考え方と意識 …………………………………………………… 234

（2）方針を決める …………………………………………………… 237

　手順の大要／ロードマップ／雇用形態と配置／雇用契約と処遇

2. 実行段階 ………………………………………………………………… 247

（1）採用選考 ………………………………………………………… 247

　募集／選考

（2）契約手続き ……………………………………………………… 250

（3）配置・配属先への情報提供 ………………………………… 251

（4）採用後の留意事項 ……………………………………………… 252

　OJT、Off JT／安全管理、健康管理、緊急時対応／休職、復職／
　退職、定年、解雇

第VII章　参考資料 ……………………………………………………… 257

1　障害者に対する差別の禁止に関する規定に定める事項に関
　し、事業主が適切に対処するための指針
　（平成27年厚生労働省告示第116号）……………………………… 258

2　雇用の分野における障害者と障害者でない者との均等な機
　会若しくは待遇の確保又は障害者である労働者の有する能
　力の有効な発揮の支障となっている事情を改善するために

事業主が講ずべき措置に関する指針
（平成27年厚生労働省告示第117号）……………………………264

3 障害者雇用対策基本方針（抄）
（平成26年厚生労働省告示第137号）……………………………272

4 子会社特例及び関係会社特例の認定基準と手続き ……………277

5 プライバシーに配慮した障害者の把握・確認ガイドライン
（概要）……………………………………………………………284

表紙カバーデザイン──林　一則

第 I 章
障害者の位置づけ

1. 人類史のなかの障害者

　長い人類の歴史のなかで、現代人の属する種が登場して20万年が経過しているといわれる。当初の群れという動物的な生活形態から出発して、感情など精神性の発達や、糧を得て生存するための必要性などから、家族という緊密な最小単位のコミュニティをつくり、複数の家族が同族の集団を形成するようになる。それはやがて「部族」として協働し、あるいは反発を繰り返しながら、狩猟採集生活から定着へ、集落から国へと推移してきたと考えられる。そして、家族における家長、部族での支配者などのリーダーが、家族や部族を一定の方向へと統率してゆくなか、自然に対する畏怖の念から信仰が生まれるとともに、部族あるいは種族固有の価値観が形成されてきたのであろう。同時にそれらの一部は、人類共通の観念となっていったといえるだろう。

　われわれの祖先はこうした経緯を通じて経験則を見出し、先例を何よりもの優先的な判断基準としながら真理を探りあてて知性・理性を育み、英知を磨いてきた結果、長い人類史のうえではきわめて最近、ようやく科学技術にもとづく知見に裏打ちされた社会に到達することになる。

（1）近代以前における処遇

　そのような有史以前も含む歴史的な推移のなかに、心身に何らかのハンディキャップをもつ人がいなかったとは、考えにくい。発現率などに現代との違いがあったとしても、それらの人々もコミュニティのなかに位置づけられていたはずである。

　現代では障害の態様についての理解や、その原因に対する解明が進

み、個人別に発現の状況が複雑に異なることなどもわかってきた。と同時に、サポートの必要などからそれらを類型化し、対応をルール化することもはじまっている。

それに対し、まったく科学的な理解のなかった社会、記録も定かではない時代には、全体としてみるかぎり、障害のある者はない者との対比だけで、マジョリティとは異なる存在とみなされ、同情や憐憫、嫌悪、疎外などの対象とされていたと想像される。

もう少しこまかく、家族という単位でみてみると、さまざまな障害のある構成員に対して、運命論的な考え方も交えながら、血族ならではの愛情で接していたであろう。また、複数家族の共同体のなかで次第に身分的な上下関係が生まれ、集団的な秩序ができ上がっていく過程でも、比較的狭いコミュニティにおいては、障害者の生活にもある程度の保護が与えられていたと考えられる。

しかし、部族あるいは種族といった、より大きな共同体になると、共同体そのものを存続させ、さらに強固にしていくために、あるべき規範といった観念が存在したはずであり、たとえば集団内で求められる労働その他の貢献能力などは大きな評価要素となる。たまたま障害が軽度で、その面にさしたる支障のない者は、便利な働き手とされる一方で、軽侮もまた免れなかったであろう。重度障害で貢献度の低い者はそのことだけで疎外の対象とされ、親兄弟が保護に努めたとしてもいずれそれが限界となれば、虐待や孤独といった不運な環境のなかで、その生涯を過ごすことが多かったのではないだろうか。

上述のような近代以前の人間コミュニティにおいて、ハンディキャップをもった人々がどんな処遇を受けていたかは、われわれが最近まで口にしてきた障害者の容姿や所作、行動などを侮蔑する心ない言葉の数々を考えれば、容易に想像できる。

こうした扱いを現代の障害分類別で考えてみると、身体障害者の場合はおおむね外見上、ハンディキャップの状況が認識できることから、少

第Ⅰ章●障害者の位置づけ　**13**

なくとも「不自由」という点は理解でき、「障害」という状態への納得性があったのではなかろうか。しかし、それ以外の知的障害、あるいは発達障害により知能の発達が遅滞した者や、行動上などで若干異なった印象を与える者については、その発生原因などを理解できないがゆえに、異質な存在として冷淡に扱われてきたであろうし、精神障害の場合などでは、さらに苛酷な扱いの対象とされていたと考えられる。

ただし、これら障害者は基本的に今日的な意味で「障害者」としての認識をもたれていたわけではない。経済社会の発展につれて貧富の差が生まれ、階級社会が構成されていくなかで、総じて労働能力が低位にとどまらざるをえなかったために、その多くは収入の機会に恵まれず生活に困窮したであろうし、本意ではなくても貧困階層の一部を形成することとなった。この時代の為政者にとって、彼らへの施策や接し方は、社会不安を除去するための救貧策などに位置づけられたと思われる。

(2) 救貧策と公的扶助

ヨーロッパでは、キリスト教の浸透とともに教会による救済（扶助）が行なわれるようになった。しかし宗教改革の結果として、怠惰な生活を排し勤労を有益なものと考えるようになるにつれ、貧困に対する救済は教会の関与よりも為政者にとっての統治上の関心事に変化し、やむをえず労働に参加できない者と、怠惰あるいはそのように認識されるがゆえの貧困とを峻別することになる。そして秩序の維持を目的に、「法制度」としての救貧策がとられるようになってきたと考えられる。

その代表例として知られるのが、イングランドのエリザベス1世の治世下で施行された救貧法（通称「エリザベス救貧法」1601年）である。この法律は、地方ごとに異なる救貧制度を統合し、基準を統一するなどしたもので、その骨子は①労働不能である貧困者の救済、②労働が可能にもかかわらず忌避する者の収容と、懲治（懲らしめて矯正すること）である。治安維持に主眼がおかれ、その枠組みは第2次世界大戦後まで

存続したといわれる。

　一方、東洋では、紀元前3世紀に中国の統一を果たした秦王朝以降、「律令」といわれる法制度が逐次整備され、わが国でも7世紀後半に隋朝の制を範として律令制が創始された。そのひとつである「養老律令」[757年施行] には、社会を構成する最小単位の「家」と、それをまとめる「村」に対しての賦役、徴税などの基礎である「戸令」という規定がおかれている。そのなかに「孤独」「貧窮」および「老疾」といった自活困難とされる弱者への、家・村の対応責任のあり方を定めた「鰥寡条」があった。ここでいう「疾」には障害者が含まれ、その態様も述べられている。

　このような規定は、わが国社会制度の特色とされる家と村という社会単位の秩序の見地から、特定の者に関する扶養あるいは保護は、公的扶助に先立ってまず家族と村民にその義務を課し、それが不能の場合に、官による救済が行なわれるという考え方を示すものである。今日的な障害への支援という視点ではないとしても、障害者を対象に含むと明示し、「社会的弱者の保護義務」を一義的に家族と共同体に課すという形式は、最終的には公的扶助を意図したものである。

　この趣旨は、わが国の歴史を通して継承され、近代法制度としては明らかに救貧を目的とした初の公的扶助である「恤救規則」[1874（明治7）年] に引きつがれた。そこでは、「救済は本来人間相互の情誼で行なうものだが、頼るべき者のいない困窮者だけには、とりあえず遠近に応じて、別記規定（筆者注：米の支給）の50日分以内を支給したうえ、内務省へ申し出ること」と地方官に指示している。さらにこれは救護法[1929（昭和4）年] を経て、社会保障制度の柱のひとつとなった生活保護法[1946（昭和21）年] へとつながる。

(3) 社会参加への政策の道のり

　障害者施策が公的扶助制度を通じて、貧困から保護するという形で行

なわれたことからもわかるように、救貧という処遇は、障害者が社会のなかの異質な存在として認識されるという問題を解決するものではなく、その人権に関しての差別を解消する考えのもとでの策でもなかった。さらには、精神障害者がみせることのある行動や所作などの原因が神の与えた罰であるとか、悪霊がとりついたためといった理解しかなかった時代、たとえば中世ヨーロッパにおいては、教会による異端審問としての魔女裁判（必ずしも女性に限定されない）など私的な処刑も発生するなかで、精神障害者がその対象とされていたことは否定できないとされている。わが国でも中世以降、動物の霊が乗りうつった「狐憑き」が、精神障害者を指す表現であることが知られている。

　先述の「家・村」という狭い共同体で、大過なく生活していくために他人との関係が重要である社会体制においては、障害者、特に精神障害者の存在を隠微なものにしたいという願望が募ったと考えられ、家長の意思として、これら障害者を屋内に事実上幽閉する「座敷牢」のような慣行も生まれたと考えられる。

　18世紀ごろからは、精神障害の発生理由などの研究がヨーロッパを中心に行なわれており、病理としての実態が解明されるなど、次第に医学的な問題であることが理解されてきた。わが国でも江戸時代末期には、「癲狂院」などと名づけられた医院で治療が行なわれている。明治政府も1872（明治５）年以降、京都府ほかに公設病院としての癲狂院を開設し、精神障害者（精神疾患者）をすべて病院に収容する施策を志向した。

　ただしこの政策は、疾患の治療が趣旨とはいえ、社会からの隔離を目的としたもののようでもある。それは、収容能力が不足し、なお自宅に幽閉状態となる精神障害者が多数に及んだ事態に対して、1900（明治33）年に「精神病者監護法」が施行されたことからもうかがえる。同法でいう「監護」とは、監視と保護を合わせたものであり、公私立病院の精神病室および自宅（私宅監置室）は行政の管理下におくものとしたうえで、戸主、配偶者、後見人などを精神障害者の監護義務者と位置づけ

た。基本的に監護される者自身の費用負担により、罰則をともなった監護義務を課したものであり、義務を履行できない理由のある場合などは、市町村長等が責任者となった。ここでも「家」制度を基本とする政策が踏襲され、私宅監置のめざす趣旨は少なくとも医学的対応ではなかったと考えられる。

　なお、第2次世界大戦前のわが国では、監護は民生施策として内務省（警察）が所管しており、このような状況については精神医学、衛生行政の進展とともに改善を求める意見も強まってきた。1917（大正6）年に行なわれた精神障害者に関する全国調査では、精神障害者約6万5000人に対し、入院者数は約5000人であり、約6万人が私宅監置を含め医療の対象外とされた（「精神保健ハンドブック」昭和26年度、厚生省監修）。このことから政府は私宅監置を解消し、病院への収容をめざすべく、1919（大正8）年に「精神病院法」を制定して道府県に精神科病院の設置を求めたものの、すぐには私宅監置の解消に結びつかなかった。

　第2次世界大戦後は、民間病院の活用策が新法への移行に際しても引きつがれたため、今日の病床数の過剰と長期入院の原因をなしたという見方があるが、こうした病院収容政策は、第2次世界大戦後の新しい知見の流入や、憲法の定める社会福祉の向上、増進などの背景のもと、医療と保護、ならびに発生予防という目的を掲げた「精神衛生法」が1950（昭和25）年に施行されたことにより、精神病者監護法と精神病院法が廃止されたあとも継続されたが、内容を改正し、名称を変更した「精神保健法」の施行［1988（昭和63）年］にいたって社会復帰施設の登場をみるなどして、ようやく終わりを告げた。

　そして、1995（平成7）年に現行の「精神保健及び精神障害者福祉に関する法律」（略称「精神保健福祉法」）が制定されたことにより、精神障害者保健福祉手帳制度が創設されるなど、ほかの障害者福祉法制と同様な視点での規定適用となった。ただし、ほかの福祉法制が「職業リハビリテーション」の考えに立って障害者の社会参加にある程度の成果を

第Ⅰ章●障害者の位置づけ　**17**

あげつつあることに比べると、精神障害者処置の主流は、自立へ向けての可能性をもつ者も含めて依然として継続入院であった。

　病院の精神病床数は平成6年の36.2万床をピークに漸減し、平成27年10月には33.6万床となったが、精神病院の特質である長期入院についてみると、平均在院日数は精神病床の場合274.7日とされ、病院での全病床平均の29.1日を大きく上回っている（厚生労働省「医療施設調査・病院報告」平成27年）。なお、OECD（経済協力開発機構）が2014（平成26）年に発表した2011年時点の調査では、人口10万人当たりの精神病床数は、全加盟国の平均68床に対して、日本は269床となっている。

　こうした精神病床数の多さや在院日数の長さについては、わが国がかつて病院収容を基本としてきたことや、私立精神病院の設置を積極的に進めてきたことなどが要因になっているといえよう。現在も、入院者のなかに自立の可能性がある者が含まれていることは否定できず、政府が進めている精神障害者の雇用促進政策の背景にこのような歴史と事実があることは、しっかり理解しておく必要があるだろう。

(4) 地位改善の萌芽

　このように、障害によるハンディキャップを負った人に対する接し方は、人類社会の歴史を通じて、差別や疎外という時代が長く続いたが、17世紀以降ヨーロッパにおいて台頭してきた啓蒙思想の影響などにより平等主義的な考え方が普及するにつれ、障害者に対する見方にも当然、変化が生じてきたと考えられる。そうした変化を受けて、精神障害に関しても医学的解明が知識として受け入れられるとともに、各種障害をカバーする手段も取り入れられるようになった。たとえば聴覚障害に関しては、手話の開発が18世紀後半とされており、視覚障害については、19世紀前半にはフランス人ルイ・ブライユ（Louis Braille、1809～1852年）が点字を発明するなど、障害そのものへの認識と対策の進展が次第に顕著になってきた。

わが国でもこれらの状況に影響されて、障害者の社会的地位に多少の改善がみられるようになり、まず最初に、健常者に準じた教育の気運が生じた。1878（明治11）年、京都府に初等教育を行なう「京都盲唖院」が設置されたことを嚆矢として、東京では筑波大学付属特別支援学校の前身である府立の「訓盲唖院」が開設されている。また1890（明治23）年の第2次小学校令制定を契機として、各地に盲唖学校が設立された。

　一方、知的障害者については、福祉の視点から1891（明治24）年に石井亮一・筆子夫妻が、個人的努力として福祉施設を兼ねる「孤女学院」（のちの滝乃川学園）を開設したことにはじまる。また肢体不自由児に関しては、1921（大正10）年に柏倉松蔵・とく夫妻が創設した「柏学園」とされているが、これらの施設はきわめて一部の人が恩恵に浴したにすぎず、ほとんどの者は家庭・家族による保護を基本に、社会としての支援を受けることのない生活を余儀なくされていたといわざるをえない。とはいえ、少なくとも障害者を現代的な視点で受けとめようとする考え方の芽は生まれてきたのである。

第Ⅰ章●障害者の位置づけ　19

2. 受容された障害者

（1）特別に扱われた人たち

　現代にいたるまでの間、障害者は全体として劣悪な状況におかれてきたが、そうしたなかにも一部、ほかとは異なる存在の人たちがいた。

　人類の歴史は対立抗争史でもあり、その勝者が歴史のつくり手となったことはいうまでもなく、集落や部族集団が国家という形態にいたる覇権をかけた戦いのなかで、それぞれのコミュニティには指導者（為政者）に統率される兵士が生まれ、忠誠を誓約し戦闘に従事する代償として生活が保障された。

　異集団との戦いで傷ついた兵士（身体障害者）は、為政者の命令に従う犠牲をいとわない者として顕彰され庇護の対象となるべき存在である。同じコミュニティに属する者にとっても、彼らが障害を負うにいたったプロセスが納得でき、ハンディキャップの状態が理解できたことから、障害のない大多数から機能的に劣る者と意識されることは免れなかったものの、英雄として受容され、一般の障害者とは異なる立場を得た。

　古代の軍事大国であるローマ帝国では、これら英雄である身体障害者の処遇は、一定の地位や住居、貨幣、食料などが与えられる生活保障であったと考えられる。また後世、フランスのブルボン朝において絶対王政を確立し、在位中に周辺諸国との戦争を繰り返して版図を拡大したルイ14世が1674年パリに開設した、傷ついた兵士を収容する施設「アンヴァリッド」は今日まで使用され続けている。これらは、現代の重要な障害者施策である「職業リハビリテーション」の発想にもとづくものではないが、所得保障措置にとどまらず、住居および療養の施設を設ける

ことで、結果的に社会復帰の選択肢もありえたことから、先駆的な措置と評価できよう。

なおルイ14世は、社会の落伍者とされていた犯罪者やホームレスとともに、精神障害者も対象とする収容施設を1656年に建設しているが、これはアンヴァリッドとは異なる治安維持のための隔離施策である。

(2) わが国での補償措置

わが国においては、コミュニティへの貢献者としての身体障害者は、中世から江戸時代までは、為政者（領主）による処遇を受けてきた。しかし明治時代に入り、国家としての体制に不可欠な国軍の編成という新局面を迎えると、徴兵令［1873（明治6）年］を施行して国民皆兵制をとるようになり、兵役に従事した人たちへの補償として、功績に応じた退役後の処遇制度が必要となる。当然のことながら、兵役従事中の死傷者はその対象とされた。そこで採用されたのが所得保障としての恩給（死没者の場合は遺族への扶助料）制である。税を財源とする無拠出制年金の現金給付として、1875（明治8）年には海軍が「海軍退隠令」を、翌年には陸軍が「陸軍恩給令」を設けた。さらに1923（大正12）年には、軍人にとどまらず国家公務員全体に対しての「恩給法」が制定された。恩給は、第2次世界大戦後、拠出制年金である公務員共済年金制度に移行し、対象者は移行以前に該当した者のみとなった（公務員共済年金は平成27年10月、厚生年金に統合）。

また、日露戦争［1904～1905年］において15万人ともいわれる負傷者が生じたことから、対象を軍人に限り、恩給制度（所得保障措置）のほかにアンヴァリッドにならった「廃兵院法」［1906（明治39）年］を制定し、「戦争または公務による傷痍・疾病のため不具となった勲功のある者を十分に待遇保護する」目的で、全国に廃兵院を設置した。このうちの多くは、のちに国立病院、国立療養所となっている。

なお、身体に障害を負った者については、次第にその発生要因とハン

ディキャップの態様がわかるようになり、また障害への理解も進んだことなどから、社会が評価・受容してきたのであろう。現在でも障害者を「身障者」と呼ぶ例を耳にするが、近代の長い期間にわたって障害者と身体障害者は同義語に近かったといえる。

　一方で、戦場の苛烈さなどから精神に傷を負った者は、おそらく隔離と孤絶を強いられたと想定される。そして、身体障害以外の障害に対する理解が得られたのは、第2次世界大戦後に「人権」という概念が、態様を問わず、すべての障害者に及んでからであった。

3. 世界大戦で進展した障害者施策

(1) 割当雇用と職業リハビリテーション

　コミュニティへの貢献者である戦傷者の処遇（身分保障）は、中世以降の封建制のもとで為政者（領主）単位に行なわれてきたが、19世紀ころからの近代になると国家へとその枠組みが移り、国の手による年金などの公的制度へと変化していった。

　一方、20世紀初頭までの戦争の多くは、限られた国家間の規模であったため、所得保障で対応可能だったと考えられるが、一般住民も巻き込んだ第1次世界大戦［1914〜1918年］では、ヨーロッパ諸国の負傷者（障害者）は戦闘員のみで2000万人を超え、非戦闘員を含めれば4300万人にのぼったともいわれている。その結果、所得保障方式のみではすべての人に対処しきれず、就労が可能な者については、発達しつつあった義手・義足など障害をカバーする補装具の使用も含め、職業への復帰、なかでも公的機関や企業が雇用する制度を構築する考えが登場してきた。

　たとえばフランスでは、1924年に企業に対して従業員の10％まで、戦傷者を雇用する義務を課したほか、ワイマール共和制となったドイツでは1920年に戦傷者を雇用義務対象とし、1924年には労働災害の被災者にまでその対象を広げるなど、障害の原因により2〜10％の雇用率が設定された。

　これら具体的な率を設けて雇用義務を強制する方法は、第1次世界大戦の主戦場となったヨーロッパ諸国で採用され、今日では、障害者雇用を推進する具体的手段として多くの国で採用されている「法定雇用率制度」の原型となった。障害者が就業し社会の支援を受けつつ自己の力に

第Ⅰ章●障害者の位置づけ　**23**

よって生活していくという考え方は、まさしく「職業リハビリテーション」の原点といえるだろう。

リハビリテーションとは、ラテン語が語源とされる「適合させる」（habilis＝適した）と、「再び」（re）が組み合わされた言葉である。それに「職業」をかぶせた「職業リハビリテーション」（vocational rehabilitation）は「人生を送るための職業生活に復する」という意味合いがある。わが国の「障害者の雇用の促進等に関する法律」（以下「障害者雇用促進法」、または単に「促進法」）では、職業リハビリテーションを「障害者に対して職業指導、職業訓練、職業紹介その他この法律に定める措置を講じ、その職業生活における自立を図ることをいう」と定義されている（第2条7号）。

わが国も批准ずみのILO第159号条約（「障害者の職業リハビリテーション及び雇用に関する条約」[1983年]）第1条2項では、その目的を「障害者が適当な職業に就き、これを継続し及びその職業において向上することを可能にし、それにより障害者の社会における統合又は再統合の促進を図ることにある」としている（ILO；International Labor Organization、ヴェルサイユ条約によって設けられた国際労働機関。現在は国際連合の一機関）。

フランス、ドイツなどでは、第1次世界大戦を経て職業リハビリテーションの考えも合わせた雇用義務の法制度が生まれ、以後ヨーロッパでは今日にいたる法定雇用率制度（割当雇用制度とも称する）が成熟、定着した。またアメリカでは、独立戦争［1775〜1783年］以来、国のために傷ついた戦士をたたえ保護するという思考があり、リハビリテーション施策は職業訓練と教育面でのサービス提供などの形で実施され、のちの人権重視思想と結びついていく。

(2) 第2次世界大戦がもたらしたもの

第1次世界大戦終了後、過大な賠償に苦しむドイツではナチス党政権

が発足し、1939（昭和14）年のポーランド侵攻によって、第2次世界大戦が勃発する。ナチスのゲルマン民族優越と、他民族の排除という思想がもたらした恐るべき結果に、人類の多くが衝撃を受けたことは繰り返すまでもない事実だが、そうしたナチスの行為のなかに、「子孫への遺伝防止法」の遵守を強制するなど、劣等階層と位置づけられた障害者への迫害が含まれていたこと、そしてそれが、戦時下のわが国にも影響を与え、障害者などを対象とした「国民優生法」［1941（昭和16）年］が施行されたといわれることはあまり知られていない。

　そして、こうしたナチスの行為ばかりでなく、それまで人類史とともにあった植民地主義と奴隷制度などの残滓も、世界各国のあらゆる人種が戦い、あるいは巻き込まれながら平等の意識に目覚め、やがて被支配国の独立の動きへと向かうなど、大戦後の新しい世界秩序の模索が始まるなかで、歴史が生んだこれら汚点への反省として、また必然的に解決されるべき課題として、いまなお根絶されない差別意識の排除〜人権重視という普遍的価値観が醸成されていったのであり、現代の障害者施策にきわめて大きな影響を与えている。

（3）国連の理念展開

　第2次世界大戦後の世界秩序構築を目標に1945（昭和20）年に発足した「国際連合」（国連）のめざした新しい理念は、戦争が再び起こらない世界の実現であり、また前項の新たな機運が「人権」という概念に収斂して国連の行動指針となった。

　こうした考え方は、国際連合憲章で「人種、性、言語または宗教による差別のない、すべての者のための人権および基本的自由の普遍的な尊重および遵守」と規定され、さらにのちの「世界人権宣言」で再確認されたところだが、障害者もその範疇にある。そして、以降の国連宣言・決議で具体的に表明されることによって、「障害者の差別禁止」は人類にとって否定しがたい理念として定着していったのである。

第Ⅰ章●障害者の位置づけ　25

この理念は「障害者の権利に関する条約」（略称「障害者権利条約」）にいたって、国際的なコンセンサスとして確立し、わが国も「締約国は、障害に基づくいかなる差別もなしに、全ての障害者のあらゆる人権及び基本的自由を完全に実現することを確保し、及び促進することを約束する」（第4条1項）というこの条約の規定に従い、2013（平成25）年の障害者雇用促進法改正において「法定雇用率方式」と「差別禁止方式」との整合性を確保することなど、国内法制度を整備した。

　ちなみに、国連における障害者関係の主要決議は**図表1-1**のとおりである。

(4) ノーマライゼーション

　これまで述べたように、身体障害者のみならず、知的障害者、精神障害者を含めた施策は第2次世界大戦後にようやく、しかし急速に整備されてきた。それを進める力となったのが「ノーマライゼーション」（normalization）という考え方で、デンマークの公務員ニルス・E・バンク＝ミケルセン（Neils E.Bank-Mikkelsen）が、同国でそれまで行なわれていた知的障害者の収容施策を見直すべく、「知的障害者に関する1959年福祉法」制定の過程で提唱し、同法の理念とされたものである。

　社会から隔絶されていた知的障害者の生活のあるべき姿について、「障害者がそのハンディキャップのために、社会において特別扱いをされるのではなく、一人の人間、あるいは社会の一員として普通の当たり前な人生を送ることのできる環境条件が、常識として存在する状態」を指す考え方であって、障害の状態をそうでない状態に変える（ノーマライズする）などという意味ではない。知的障害者に限定されず、障害者すべてがこのように接されるべきであるとして、北欧を起点に理解同調者が拡大し、北米においても主として人種問題の面における理念として普及するとともに、国連でも障害者問題に関する思想を簡明に述べた考え方として志向され、その活動に大きく影響する普遍的な概念となって

図表1-1 国連における障害者関係の主要決議

①1948年12月10日 人権に関する世界宣言（世界人権宣言）

「すべて人は、人種、皮膚の色、性、言語、宗教、政治上その他の意見、国民的若しくは社会的出身、財産、門地その他の地位又はこれに類するいかなる事由による差別をも受けることなく、この宣言に掲げるすべての権利と自由とを享有することができる」（第2条1項）

②1971年12月20日 知的障害者の権利に関する宣言

知的障害者について、はじめてその権利を宣言したもので、制限的な表示にとどまったとして、実質的に③に受け継がれた。

③1975年12月9日 障害者の権利に関する宣言

「"障害者"ということばは、先天的か否かにかかわらず、身体的または精神的能力の欠如のために、普通の個人または社会生活に必要なことを、自分自身で完全、または部分的に行なうことができない人のことを意味する」という定義を示し、さらにほかの項で障害者に関する各種権利について述べている。

④1976年12月16日 国際障害者年

「完全参加と平等」をテーマに、1981年を上記②および③実現の年として、加盟各国における行動を決める。

⑤1982年12月3日 障害者に関する世界行動計画および国連障害者の10年

障害の予防、リハビリテーション、および機会均等を目的とした措置を加盟国の行動として定めるとともに、1983～1992年の10年間をその実行期間とすることを決議。

⑥1992年12月3日 国際障害者デー

障害者の権利と、障害への理解のための記念日とする決議。わが国では毎年12月3～9日を「障害者週間」としている。

⑦1993年12月20日 障害者の機会均等化に関する基準規則

国連障害者の10年終了後、その行動結果を踏まえて差別解消のための国際的規約制定の動きとなった。22項にわたる各分野の規則が定められ、⑧にいたる前段となる。

⑧2006年12月13日 障害者の権利に関する条約

いった。

　なお最近では、社会のなかで特別視することなく、通常の状態に融合するといった意味の「インテグレーション」（integration：統合）が、ノーマライゼーション実現の手段として使われることがある。

　ちなみに、国際障害者年に際しての「行動計画」第63項では、ノーマライゼーションの概念が以下のとおり述べられている。

　「ある社会がその構成員のいくらかの人々を閉め出すような場合、それは弱くもろい社会なのである。障害者は、その社会の他の異なったニーズを持つ特別な集団と考えられるべきではなく、その通常の人間的

なニーズを満たすのに特別の困難を持つ普通の市民と考えられるべきなのである」

　ここでいう「当たり前の人生」を成立させる前提は、いうまでもなく社会の支援であり、生活のための所得である。社会の支援については国、自治体、あるいは地域コミュニティによって、制度や善意にもとづき、福祉と総称されるサポートが行なわれるべきこと、また所得については、可能性のあるかぎり自ら機会を求める努力が要請されるとともに、社会はその機会を極力提供すべきであることなどの考え方が、国により事情やアプローチの方法は異なりつつも、次第に具体化され定着しつつある。

4.「雇用義務」を考える

　障害者の社会参加を意味する「雇用義務」という考え方は、第1次世界大戦を契機に、「障害者の稼得の中心は就労であるべきで、就労のなかでも組織体での労働契約にもとづいた価値創造への寄与による報酬の獲得、すなわち雇用という形態が最も望ましい」という判断から生まれた。だが、利益追求の場である民間企業の場合、付加価値の形成に不可欠な「生産性」の見地からすれば、障害者の雇用に否定的という形での差別が、意識・無意識の別なく存在し、社会的にも常識的に受けとめられていた。そのようななかで、障害者が雇用の形態によって生活基盤を得ることは至難のわざであることから、いずれの国にあっても法人・個人経営を問わず、民間企業に障害者の受け入れを法定義務として強く求めることは、民間企業自身のみならず社会全体による是認があって、はじめて成立する問題である。

　こうした社会の支援と雇用への受け入れは、国によって温度差があり、いまだに社会的コンセンサスとまでは言い切れない状態も残る。しかし今日、多くの国と社会において「障害者雇用義務」が肯定されている背景には、ノーマライゼーションの考え方が否定しがたい理念として浸透していったことが大きくかかわっているといえよう。そこで本節では、雇用義務という概念が受容されている背景を理解していきたい。

　労働市場の姿として、個別職種ごとにさまざまな需給バランスの状態があるが、全体としては供給（求職）が需要（求人）を上回ることが多く、しかも求人側は事業の永続と発展を期して人、物、金、情報という経営資源を求める。とりわけ「人」の獲得は、ほかの資源の死活にもつ

ながり、事業の将来を左右するといっても過言ではない。そのため厳しい選考の過程があり、雇用条件を設定するのは求人側である。雇われる側はそれへの適合に努力するという関係を免れないが、少なくとも自由主義国家における雇用の原則は、雇用主と被雇用者との間の合意にもとづく契約による対等な関係であり、国家を含む第三者の強制によって可否を決める性格のものではない。

したがって、社会の安定にきわめて重要な雇用の需給については、多くの国々で労働契約上、需要側に一定の制約を課すことはあっても、自由競争の推進という基本をはずすことはなく、雇う側に対しては雇用の拡大を要請し、雇われる側には需要に対する準備性（employability）の向上を奨励して、双方に対し各種の支援制度を定めるなどの政策がとられている。

通常、国家が社会に対し法律で何らかの行為を求める場合、努力義務という表現で実行を要請するか、または罰則をともなった強行法規として強制する形をとる。わが国の障害者雇用促進法も、違反行為に対し刑事罰を科す強行法規の性格を有するが、刑事罰の対象は故意の手続き不履行や不作為による違反などで、雇用の未達成に対する罰則はない。

また雇用義務未達成の場合に負担を求められる「障害者雇用納付金」は、それを罰金ととらえる人もあるが、厚生労働省（旧労働省）は障害者雇用納付金の性格について、以下の要旨を説明している（征矢紀臣著「障害者雇用対策の理論と解説」平成10年）。

「①負担すべき社会連帯責任を免れて利益を得ている雇用率未達成の事業主から、相当する利益を徴収し、社会連帯責任以上の負担をしている達成事業主に補填して、雇用にともなう経済的負担の調整・平等化を行なう、②障害者を雇用する事業主に助成金を支給し、失業中の障害者の雇用促進に要する経費の一部を共同拠出する、の二つの性格のもの」

これは、障害者雇用に関して労働環境への配慮などの出費は不可避であること、雇用義務未達成とはそれを免れていることであって、障害者

雇用納付金制度とは、その経済的不公平を調整する性格のものであると述べたものである。言い換えれば雇用義務履行の担保が、実施勧告、個別指導およびその成果がないと判断された場合の企業名公表という行政措置のみであるとの説明である。

このようにみてくると、「障害者雇用義務」とは国家による強制を超えた、雇用側の理念への信頼であり、雇用側からは社会の一員であることへの責任感にもとづく行為、あるいは社会が企業に期待する、道義と名誉の意識にこたえるための行為と位置づけられるべき問題ということができる。

このことは、雇用義務の遂行方式がわが国とは異なる諸国の制度においても同じ前提であり、当事者間の私的で任意な契約にもとづく雇用の実現は、強制ではなく理念、処罰ではなく調整によるという共通の基本に立っていること、そしてそれが「障害者雇用義務」の真の意味であると理解する必要がある。

近年、企業経営においてコーポレート・ガバナンス（企業統治）が重視され、企業価値の増大をめざすなかで、利益の追求にとどまらない社会への貢献という自覚に立って志向されているCSR（Corporate Social Responsibility：企業の社会的責任）やコンプライアンス（法令遵守）の概念によって、社会が法の名のもとに要請する行動はもとより、可能ならば法の要請を超え、自らがなしうる限度において、社会の期待にこたえるという考え方は、次第に多くの企業で実践されてきている。同様に障害者雇用もまさしく企業価値を高める要素と受けとめるべきであり、その成果をいっそう積極的に、企業に対する利害関係者であるステークホルダー、あるいは社会に対してアピールするべきテーマと思われる。

第Ⅰ章●障害者の位置づけ　31

5. 雇用義務達成の方式

　障害者が社会において職を得て自立し、人生を享受することをめざして、多くの国が福祉面と就労面の双方を支援する制度を設け、より現実的で有効な内容へとすべく工夫と努力を重ねてきた。それらは、雇用問題から考えるなら雇用義務を達成するための手法であり、大別すると「法定雇用率制」（割当制）もしくは「差別禁止・機会均等制」となる。そのいずれを選択するかは、国により異なる。

　前者をとるのは、日本をはじめドイツ、フランス、オーストリア、韓国などであり、後者は、アメリカ、イギリス、カナダ、オーストラリアなどが障害者雇用の特別立法を通じて志向し、スウェーデンなど北欧諸国は一般の雇用関係法を適用し公的補助を組み合わせての推進を特徴とする。おもな国の制度は大要**図表1-2**のとおりである。

（1）法定雇用率制（割当制）

　法定雇用率制とは、障害者の雇用について義務として課される対象とその範囲、雇用すべき比率を国が法律で定める方式をいう。各国の実態として対象は公・私セクターを問わず、また民間の場合は、経営主体が法人・個人の別なく雇用形式で人を就労させている組織体とされ、通常は一定以上の組織規模を対象とする。その形態から「割当制」（割当方式）とも称される。

　わが国においては、第2次世界大戦終結後に障害者雇用の法制度が新設されるにあたり、ヨーロッパ諸国を手本に法定雇用率制が選択された。その対象は歴史的経緯などから身体障害者のみとし、達成手段は直

図表1-2　障害者雇用義務に関するおもな方式

◎**法定雇用率制（割当制）**

　法律で一定規模以上の企業等に所定の雇用率を義務として割当て、未達成の場合には社会連帯の考えに立って相応する経済的負担（納付金）を求める。

	〔法定雇用率〕	〔対象企業規模〕	〔適用法律名〕
日　　本	2.0％	50人以上	障害者の雇用の促進等に関する法律
			（略称「障害者雇用促進法」）
フランス	6％	20人以上	労働法典、社会福祉・家族法典
ド イ ツ	5％	20人以上	社会法典第9編、一般平等取扱法
オーストリア	4％	25人以上	身体障害者雇用法

◎**差別禁止・機会均等制**

　雇用主は、差別のない採用手続きと昇進基準を用いること、障害者の就業環境を整備すること等の義務を負う。

	〔対象企業規模〕	〔適用法律名〕
アメリカ	15人以上	障害のあるアメリカ人法（通称「ADA法」）、リハビリテーション法
イギリス	対象規模規定廃止	2010年平等法

○**公的支援による雇用促進制**

　差別禁止・機会均等制。ただし障害者雇用法を定めず、公的な補助・支援制度により雇用を促進する。

	〔適用法律名〕
スウェーデン	雇用促進法、雇用安定法、労働環境法、障害者オンブズマン法

接雇用に限られた。法定雇用率は、当初は民間企業の現業的事業所1.1％、事務的事業所1.3％だったが、対象の障害を広げ雇用も進んだことから、逐次高率となり、現行の2.0％は平成30年4月以降の5年間、当初2.2％のあと2.3％とされることがすでに決定している（平成30年4月以降の措置に関しては、第Ⅲ章参照）。

　わが国の雇用率制度は、比較的低率を法定することで、努力すれば達成は不可能でないという動機づけ（インセンティブ）をめざした設定である点を特徴としたが、次第に目標が高まりつつある。

　これに対しヨーロッパ諸国では、**図表1-2**にみるようにフランス6％、ドイツ5％、オーストリア4％など、政策的に定めた比較的高い率を雇用目標として課している。その代わり、さまざまなサブシステムを通じた施策を雇用率に換算するなどをインセンティブとする。たとえばフランスでは、全国民中の障害者比率とも思われる6％という高い率を設定

第Ⅰ章●障害者の位置づけ　**33**

し、障害者の直接雇用による雇用率を基本とする一方で、①障害者を従業員の80％以上雇用し法律上の適格を備える「保護雇用企業」への仕事の発注、②研修生としての障害者の受け入れなどの手段も雇用率換算を認め、なおかつ発生する雇用不足分を障害者雇用納付金として支払う、③労使間の協約により、雇用している障害者のための環境改善プログラムを設定することも雇用義務の達成に寄与するなど、さまざまなサブシステムを柔軟に組み合わせられるようになっている。法定雇用率が理念値、あるいは目標値という印象は免れないが、今後のわが国の障害者雇用にとって、検討されるべき事項になりうる。

(2) 差別禁止・機会均等制

　もうひとつの方式が人権という理念によって生まれた「差別禁止・機会均等制」である。

　「人権」という概念は、前述のとおり第2次世界大戦後、国連の理念として位置づけられ、普遍化してきた。しかしその背景を考えると、国連を牽引したアメリカの歴史が投影されていることは容易にわかる。

　新大陸といわれた南北アメリカにヨーロッパ人が入植して以降、労働力の確保のためにアフリカ大陸からの人間の強制移住が行なわれ、奴隷制度が定着していったが、特にアメリカ合衆国では農業を主産業とした南部諸州で顕著であり、産業革命を受けて工業化の進んだ北部との間に起きた南北戦争［1861～1865年］の結果奴隷制度は廃止されたものの、以下に述べるとおりヨーロッパ系住民とアフリカ系に代表される少数派住民との強い差別意識にもとづく対立が、歴史的にアメリカにおける重要な政治課題として存在し続ける状況に対して、のちに国連の障害者権利条約の思想に影響することとなる法制度による解決が試みられた。

●ADA法にみる差別禁止

　アメリカ南部では南北戦争後も人種差別が継続され、20世紀初頭ごろからアフリカ系住民の抵抗運動が組織化されてきた。第2次世界大戦後

には、アフリカ系の洗礼派（バプテスト派）牧師であったマーティン・ルーサー・キングJr.（Martin Luther King Jr.）が指導する非暴力主義の運動に代表される公民権要求が高まりをみせ、国内情勢が次第に緊迫化していく。このような状況を解決すべく1964年に制定された公民権法は、アメリカとしてはじめて人種間の差別を禁止した連邦法制である。

　公民権法は、人種差別という課題に対応することを主眼とし、その後アフリカ系国民の地位向上に果たした役割は大きく、2009年のオバマ大統領（Barack H. Obama Ⅱ）就任が象徴するように、公的制度などの面でマイノリティに対する均等待遇の前進には効果があったが、障害者問題は対象とされていなかった。

　アメリカではそれまでに、戦傷者その他、公務にもとづく障害者の社会復帰に関するリハビリテーション法が施行されていたが、国連における人権に関する考え方の動向に照らして、障害者問題についても公民権法で等しく差別を禁止するべきであるとして、1973年にリハビリテーション法に障害者差別禁止条項が追加された。しかし同法の対象が公務員など一部に限られていたことから、新たな規定が求められ、1990年に公民権法構成内容のひとつとして、「障害のあるアメリカ人法」（通称「ADA法」（Americans with Disabilities Act）、正式名称は「障害者包括的差別禁止・解消法」）が制定された。

　そして、この法律が示した「障害を理由とする差別禁止の遵守」という雇用義務履行の方式が、同様に「人権」という概念にもとづいて国連の場で検討されてきた障害者差別禁止の国際的法制化に際して好個の先例とされ、障害者権利条約の構成に強く影響したということができる。

　ADA法の概略は次のとおりである。

　障害者の定義については包括的に、

◆個人の生活上の活動を実質的に制限する機能障害があること

◆そのような過去の機能障害記録があること

◆そのような機能障害があるとみなされること

第Ⅰ章●障害者の位置づけ　**35**

と規定し、次の4章に分けて広い範囲を網羅している（ほかに「雑則」の章がある）。

〔雇用〕

　連邦政府が有する法人など特定以外の、15人以上の労働者を雇用する事業主その他の組織は、雇用のすべての段階で適格性のある個人に対して障害にもとづく差別を禁じられるとして、差別の意味、求められる合理的配慮と過度の負担など、障害者権利条約と同旨の内容条項を示す。

〔公共サービス〕

　州などの交通機関その他公共事業において、障害を理由としてサービスが不足したり、公共事業への参加が妨げられたりすることなどがあってはならないとして、障害者にとって利用が容易であることを義務づける。

〔公衆的な施設での取り扱い〕

　ホテル、劇場その他公衆の用途にあてられる施設は、障害者にとって容易に利用できるものでなければならないという考えに立って、公共サービスと同様、バリアフリー化など、差別されることのない環境とすることを求める。

〔テレコミュニケーションにおける取り扱い〕

　通信事業を行なう者に対し、聴覚障害者が通信手段の変換などによって視覚的に受信できる等の支援を行なうことなどを要請する。

　こうしたルールを定めたうえで、これらの措置を通じて係争が生じたときは、基本法である公民権法の規定する「雇用機会均等委員会」（EEOC；Equal Employment Opportunity Commission）に申し立てること、EEOCが訴権を認めた場合にかぎり、裁判による解決が行なわれることを規定している。

　なお、わが国の障害者雇用促進法は限定列挙法をとり、その対象は雇用に限られていることから、ADA法のような多様で広範な障害の定義でなく機能障害を重視する考えに立っている点で障害者保護が狭義にと

どまるという意見もある。

❷障害者権利条約とわが国の対応

　国連における「人」の認識は、一貫して人間の尊厳と権利の平等が基盤とされる。障害者に関しても前述のようにさまざまな決議・宣言を経て、2001（平成13）年総会で「障害者の権利及び尊厳を保護・促進するための包括的・総合的な国際条約」を制定するとの決議案を採択し、2006（平成18）年12月には「障害者権利条約」が採択された。わが国も翌2007年9月に署名し、受け入れの表明以後は、批准に向けた国内法制整備の段階に入って、2014年1月批准書を国連に寄託、翌月発効して正式な締約国となった。

　同条約の規定するおもな事項は、一般的な義務として、

◆障害を理由とするいかなる差別もなしに、障害者の人権・基本的自由の完全な実現の確保、促進

◆身体の自由などの「自由権的権利」、教育・労働などの「社会権的権利」について締約国のとるべき措置

◆条約の実施を担保する枠組みの設置、維持、強化等

を定めたうえ、雇用に関する規定として「（用語の）定義」（第2条）および「労働及び雇用」（第27条）を設け、締約国の守るべき事項を決めている。そこに示された下記概念からは、差別や合理的配慮などについて、ADA法と共通した考え方があることがわかる（**図表1-3**）。

〔あらゆる形態の雇用〕

　条約自体で明確な定義は示されていないが、通常の働き方（一般雇用）のほか、一般雇用従事が困難な人を対象に、税制や給付など公的な助成を得て経営される企業での「保護雇用」（「代替雇用」）、さらに福祉領域において障害者の自立支援等を目的とする雇用契約のもとではない「福祉的就労」までを含むすべての働く状況が対象と理解されている。

〔障害を理由とする差別〕

　障害を理由として他と異なる扱いをする「直接差別」、障害を理由と

第Ⅰ章●障害者の位置づけ　**37**

図表1-3　障害者権利条約第2条、第27条

第 2 条（定義）

この条約の適用上、

「意思疎通」とは、言語、文字の表示、点字、触覚を使った意思疎通、拡大文字、利用しやすいマルチメディア並びに筆記、音声、平易な言葉、朗読その他の補助的及び代替的な意思疎通の形態、手段及び様式（利用しやすい情報通信機器を含む。）をいう。

「言語」とは、音声言語及び手話その他の形態の非音声言語をいう。

「障害に基づく差別」とは、障害に基づくあらゆる区別、排除又は制限であって、政治的、経済的、社会的、文化的、市民的その他のあらゆる分野において、他の者との平等を基礎として全ての人権及び基本的自由を認識し、享有し、又は行使することを害し、又は妨げる目的又は効果を有するものをいう。障害に基づく差別には、あらゆる形態の差別（合理的配慮の否定を含む。）を含む。

「合理的配慮」とは、障害者が他の者との平等を基礎として全ての人権及び基本的自由を享有し、又は行使することを確保するための必要かつ適当な変更及び調整であって、特定の場合において必要とされるものであり、かつ、均衡を失した又は過度の負担を課さないものをいう。

「ユニバーサルデザイン」とは、調整又は特別な設計を必要とすることなく、最大限可能な範囲で全ての人が使用することのできる製品、環境、計画及びサービスの設計をいう。ユニバーサルデザインは、特定の障害者の集団のための補装具が必要な場合には、これを排除するものではない。

第27条（労働及び雇用）

1　締約国は、障害者が他の者との平等を基礎として労働についての権利を有することを認める。この権利には、障害者に対して開放され、障害者を包容し、及び障害者にとって利用しやすい労働市場及び労働環境において、障害者が自由に選択し、又は承諾する労働によって生計を立てる機会を有する権利を含む。締約国は、特に次のことのための適当な措置（立法によるものを含む。）をとることにより、労働についての障害者（雇用の過程で障害を有することとなった者を含む。）の権利が実現されることを保障し、及び促進する。

(a)　あらゆる形態の雇用に係る全ての事項（募集、採用及び雇用の条件、雇用の継続、昇進並びに安全かつ健康的な作業条件を含む。）に関し、障害に基づく差別を禁止すること。

(b)　他の者との平等を基礎として、公正かつ良好な労働条件（均等な機会及び同一価値の労働についての同一報酬を含む。）、安全かつ健康的な作業条件（嫌がらせからの保護を含む。）及び苦情に対する救済についての障害者の権利を保護すること。

(c)　障害者が他の者との平等を基礎として労働及び労働組合についての権利を行使することができることを確保すること。

(d)　障害者が技術及び職業の指導に関する一般的な計画、職業紹介サービス並びに職業訓練及び継続的な訓練を利用する効果的な機会を有することを可能とすること。

(e)　労働市場において障害者の雇用機会の増大を図り、及びその昇進を促進すること並びに職業を求め、これに就き、これを継続し、及びこれに復帰する際の支援を促進すること。

(f)　自営活動の機会、起業家精神、協同組合の発展及び自己の事業の開始を促進すること。

(g)　公的部門において障害者を雇用すること。

(h)　適当な政策及び措置（積極的差別是正措置、奨励措置その他の措置を含めることができる。）を通じて、民間部門における障害者の雇用を促進すること。

(i)　職場において合理的配慮が障害者に提供されることを確保すること。

(j)　開かれた労働市場において障害者が職業経験を得ることを促進すること。

(k)　障害者の職業リハビリテーション、職業の保持及び職場復帰計画を促進すること。

2　締約国は、障害者が、奴隷の状態又は隷属状態に置かれないこと及び他の者との平等を基礎として強制労働から保護されることを確保する。

してはいないが事実上障害者が実行困難な条件を設定して参加できなくする「間接差別」、および「合理的配慮」の無視、拒否。

〔合理的配慮〕

　わが国の法整備審議では①バリアフリーや障害者の仕事を容易化するための、職場環境の改善など「施設・設備面の整備」、②手話通訳やカウンセラーの配置、相談への対応体制など「人的支援」、③通院のための時間使用ルール設定、公共交通機関との連接のためのバス運行など「職場のマネジメントとしての配慮」などが該当するとされた。

　reasonable accommodationと記される合理的配慮とは、ニュアンスとしては「常識的な心づかい」が妥当なことから、すでにわが国の障害者雇用に心情的に存在するという見解も少なくない。ただし、これを法制に導入した場合、法的な定義とこのような既存の意識との整合や、立場の違いに起因する主張の対立などをどう克服するかは、また別問題である。

〔過度の負担〕

　合理的配慮とは事業主への無限の負担要求ではなく、社会通念あるいは、企業の経営実態等でそれぞれ異なる条件であり、きわめて個別性の強い問題として、共通する定義の確立は困難と考えられる。

　国連においてこの条約成立が方向づけられた動きを受けて、わが国では平成16年以降、国内関係法制の見直しに着手し、雇用関係については審議会の審議が開始される段階、福祉関係については内容の検討が予定された段階で政権の交代があった。民主党政権では特に福祉分野について「自立支援法」の廃止など抜本的な見直しを政策に掲げ、新たな検討体制をつくるなどの曲折があったが、結局雇用関係については当初からの審議過程どおり平成25年に、①障害者権利条約への対応、②障害者雇用促進制度における障害者の範囲等の見直し、③地域の就労支援の強化の３点を骨子とする障害者雇用促進法改正案が可決公布された（各改正点については第Ⅲ章３（2）参照）。

第Ⅰ章●障害者の位置づけ　**39**

第II章
関係するわが国各法の概要

1. 取り上げる法令

(1) 法令の組み立て

　法令は、立法過程で考えられた規定の趣旨が実際の適用段階で誤りなく執行されるよう文言が定められているが、法令に日常的に接する機会の少ない立場からは、それが難解に感じられることが多い。そこで本書では、できるだけ原文を記しながらも、概要を理解しやすいよう、法令の文言を要約している箇所も多いため、各法、政令および省令（施行規則）の正確な文言は原典を確認いただきたい。

　なお、あらかじめ法令等について整理すると、「法律」は、国会での採決により制定、改廃が行なわれ、その規定にもとづく詳細な事項や、定期的または随時に改定の必要がある事項は、重要度に応じて内閣が閣議で決定し公布する「政令」、各省大臣が制定し公布する「省令」（府令）に委任する形で定められている。政令および省令は、それぞれ「施行令」「施行規則」と表示されることがある。

　「通達」は、法・令・則の趣旨、解釈など、関係部局宛てに出される指示（行政内の通知）であり、直接国民を拘束するものではない。「告示」は、一般周知のための通知という性格を有し、法令ではないものの、法令によりその制定が定められ、規定としての規範力をもつ。

(2) 障害者関係法の区分

　障害者雇用に関係する法律は、均等待遇など基本的な地位と、社会が遵守を求められる規範、雇用の前段階となる障害の概念、区分や対応の原則、さらに障害者ができるかぎり快適な生活を送るための支援事項、

障害特性その他を社会が理解し、払うべき注意などの規定に分かれ、その趣旨や目的によって①施策全般、②福祉、③社会的規範との整合、および④雇用のそれぞれに区分することができる。なお、雇用に関しては障害者雇用自体に関する「障害者雇用促進法」と、障害の有無にかかわらず雇用そのものを規定する法律とがある。

　本章では①〜③および④のうちの雇用そのものを規定する法律を概説し、障害者雇用促進法は第Ⅲ章で説明する。なお、本章および第Ⅲ章では前記のとおり表示を一部簡約化しているほか、次の点に留意願いたい。

◆説明の便宜上必ずしも法令の条項順でない箇所がある

◆法令各条項の表示は、特記ない場合法律の条文であり、政省令は「政令」「省令」を付記して引用、関係他法令の場合はその法令名を記した

◆各法とも制定趣旨を示す目的条項に下線を付した

　図表2-1は主要な法律がいつから施行され、どのような変遷を経て現行法にいたったかをまとめたものである。

図表2-1　わが国の主要障害者関連法の推移　　　　　　　　　　　　　（各下段は施行年）

分　野	旧法（前身法）	現　行　法
全　般	心身障害者対策基本法 1970（昭45） ÷	障害者基本法 1993（平5）
		障害者差別解消法（※1） 2016（平28）
雇　用	職業安定法…身体障害者雇用促進法 1947（昭22）　　　　1960（昭35） ÷	障害者雇用促進法（※2） 1987（昭62）
福　祉		身体障害者福祉法 1950（昭25）
	精神薄弱者福祉法 ÷ 1960（昭35）	知的障害者福祉法 1999（平11）
	精神病者監護法…精神病院法…精神衛生法 — 精神保健法 ÷ 1900（明33）　1919（大8）　1950（昭25）　1988（昭63）	精神保健福祉法（※3） 1995（平7）
		発達障害者支援法 2005（平17）
	障害者自立支援法 ÷ 2006（平18）	障害者総合支援法（※4） 2013（平25）
		障害者虐待防止法（※5） 2012（平24）

注：正式名称　※1 障害を理由とする差別の解消の推進に関する法律
　　　　　　　※2 障害者の雇用の促進等に関する法律
　　　　　　　※3 精神保健及び精神障害者福祉に関する法律
　　　　　　　※4 障害者の日常生活及び社会生活を総合的に支援するための法律
　　　　　　　※5 障害者虐待の防止、障害者の養護者に対する支援等に関する法律

第Ⅱ章●関係するわが国各法の概要　**43**

2. 障害者について直接規定する法律

（1）施策全般に関する法律

　日本の障害者関係法制度は、明治時代以降の流れを受ける精神障害者施策と、第2次世界大戦後のその他施策が単発的に規定、施行されてきたが、障害者問題を包括的に規定する法律が制定されるべきだとして、障害者基本法が生まれた。同法は障害者権利条約批准に対応するよう内容が改正され、さらにそこに実効性をもたせるために障害者差別解消法が制定された。

障害者基本法［昭和45年施行］

　わが国障害者施策の基本理念を明らかにし、関係施策を方向づける法律だが、施策の詳細は手続法的な関係諸法によって決められることから、企業の障害者雇用の舞台に直接関係してくることはない。

　福祉、雇用の2つの分野からなる障害者施策は、それぞれ所管行政部局ごとに行なわれてきたことから、両分野間の連携や、同一分野内での個別施策の調整の根幹となる基本理念規定として公布施行された「心身障害者対策基本法」を前身とする。障害者権利条約受け入れにより平成16年に差別禁止の強調などが改正され、さらに平成23年に新たな障害者関係法体系の基本とすべく公布、施行された。

　直近の改定では、福祉、雇用の両面で明確な規定を欠くとされてきた発達障害者を精神障害者に含める旨を定め、詳細は今後、整備するとされている。

【主要条項】

目的（第1条）　全ての国民が、障害の有無にかかわらず、等しく基本的人権を享有する

かけがえのない個人として尊重されるものであるとの理念にのつとり、障害の有無によつて分け隔てられることなく、相互に人格と個性を尊重し合いながら共生する社会を実現すること。

定義（第2条）　障害者とは、身体、知的、精神（発達障害を含む）の障害その他の心身の機能障害のある者で、障害及び社会的障壁により継続的に日常生活又は社会生活に相当な制限を受ける状態のものをいう。

　社会的障壁とは、障害がある者にとつて日常生活又は社会生活を営む上で障壁となる社会の事物、制度、慣行、観念その他一切のものをいう。

差別の禁止（第4条）　何人も障害者に対し障害を理由とする差別、その他権利利益の侵害行為をしてはならず、社会的障壁の除去に必要かつ合理的な配慮がされなければならない。

障害者政策委員会（第32～34条）　内閣府に障害者政策委員会を設置、障害者基本計画に関する意見、勧告などを行なう。

障害者差別解消法（障害を理由とする差別の解消の推進に関する法律）

［平成28年施行］

　障害者権利条約に関する国内法整備に際して、当時の民主党政権は「障害者差別禁止法」制定を目標に網羅的な議論を行なったが、それら意見は法としての所要事項にまとめられ、平成25年公布、同28年4月1日付で施行された。

　この法律は、障害者雇用促進法が特に雇用分野を規定するのに対し、社会全般を対象に障害者差別の発生を防止し、解決するため、理念法としての障害者基本法にもとづいて具体的措置を定めるもので、周知の方法として各省庁において担当領域に対する指針を示している。

　第2条（定義）では、障害者および社会的障壁について障害者基本法と同文を掲げるとともに、「行政機関」として国の行政機関、独立行政法人等、地方公共団体および地方独立行政法人をあげ（4～6号）、また7号において「事業者」を「商業その他の事業を行う者をいう」と定義している。

　事業主は、雇用の領域を超える部分についても、事業者（経済人）としてこの法律を意識し、障害者雇用促進法の指針とどのような関係を

第Ⅱ章●関係するわが国各法の概要　**45**

保って社会に定着させていくかなど、関心をもって見守るべきであろう。

〔主要条項〕

目的（第1条） 障害者基本法の基本的理念にのっとり、全ての障害者が、障害者でない者と等しく、基本的人権を享有する個人として尊厳が重んぜられ、その尊厳にふさわしい生活を保障される権利を有することを踏まえ、障害を理由とする差別の解消の推進に関する基本的な事項、行政機関等及び事業者における障害を理由とする差別解消の措置等を定めることにより、障害を理由とする差別の解消を推進し、全ての国民が、障害の有無によって分け隔てられることなく、相互に人格と個性を尊重し合いながら共生する社会の実現に資すること。

事業者における障害を理由とする差別の禁止（第8条） 事業者は、その事業を行うに当たり、障害を理由として障害者でない者と不当な差別的取扱いをすることにより、障害者の権利利益を侵害してはならない。

2 事業者は、その事業を行うに当たり、障害者から現に社会的障壁の除去を必要としている旨の意思の表明があった場合、その実施に伴う負担が過重でないときは、障害者の権利利益を侵害することとならないよう、その障害者の性別、年齢及び障害の状態に応じて、社会的障壁の除去の実施について必要かつ合理的な配慮をするように努めなければならない。

事業者のための対応指針（第11条） 主務大臣は、基本方針に即して、事業者が適切に対応するために必要な対応指針を定めるものとする。

事業主による措置に関する特例（第13条） 行政機関等及び事業者が事業主としての立場で労働者に対して行う障害を理由とする差別を解消するための措置については、障害者雇用促進法の定めるところによる。

(2) 障害者福祉の法律

　障害の態様および発現状況などに対応し、具体的に規定するものである。制定趣旨は、①生活面での福祉施策と職業リハビリテーションの分野を定める障害者総合支援法、②手帳制度の管理手段として福祉・保護を規定する身体障害者福祉法、知的障害者福祉法、精神保健福祉法、③障害の早期発見と支援を目的にその態様などを分類して周知をはかり、支援機関の設立その他公的な支援などを趣旨とする発達障害者支援法、④不当な取り扱いからの保護を目的とする障害者虐待防止法と、それぞ

れ異なる。

障害者総合支援法（障害者の日常生活及び社会生活を総合的に支援する
　ための法律）［平成18年施行］

　障害保健福祉制度は、身体、知的、精神に分かれて規定され、行政が
施設やサービスを決定して予算を配分する「措置制度」が長く行なわれ
てきたが、これが施設やサービスを運営する側の保守的な心理と障害者
の施設内滞留を生み、就労による自立を阻害してきたこと、障害の種類
により担当部局ごとに定められてきた取り扱いの一元化が求められたこ
と、さらには社会保障制度全体について財政負担問題が喫緊の課題と
なってきたことなどから、平成18年「障害者自立支援法」が制定された。
その概要は以下のとおりである。

◆障害福祉サービスの実施主体を基本的に市町村とし、障害種別で分か
　れていた制度を一元化する。精神障害者などへのサービスの充実と地
　域間格差の是正をはかる

◆障害者支援の施設・事業体系を障害種別にかかわらない共通の事業単
　位に見直し、サービス体系を介護給付、訓練などの給付、地域生活支
　援事業の三種に再編

◆働く意欲のある障害者が適性に応じて能力を発揮し、自立して生活し
　うるよう、就労移行支援事業などを創設する。福祉施策と雇用施策の
　連携をはかりながら、雇用など就労の実現を積極的に支援

◆障害福祉サービスの支給決定にあたり、障害者が必要程度に応じて公
　平に受けられるよう「障害程度区分」を導入。支給決定プロセスのな
　かに「ケアマネジメント」を制度化して透明化、明確化をはかる

◆制度をより安定的で持続可能にするため、利用者負担をサービスの利
　用量に応じた応益負担に改め、負担能力の乏しい者には軽減の仕組み
　を導入し、国・都道府県の負担を義務的なものとする

　これらの内容は、それまでの障害保健福祉制度で取り上げられること
のなかった雇用との連携など、方向性を示す画期的な内容と評価された

第Ⅱ章●関係するわが国各法の概要　**47**

が、一方で利用者負担に対する反発が強く、当事者と政府の間の係争事案とされるなどの経過を経て、国会審議の結果、次のような改正が行なわれ、「障害者総合支援法」として改めて公布された。

◆ 従来、主として障害福祉サービスの提供を主眼としていたものを、障害者基本法改正を受けて、理念規定として「地域社会への働きかけによる共生社会の実現をはかる」ことを定める

◆ 現行法（障害者自立支援法）の完全廃止は、サービス受給中の全障害者への影響が大きく、きわめて困難なため、理念展開と内容改定、法の名称の変更をもって事実上の現行法廃止と新法の制定とする（したがって施行の表示は平成18年のまま）

なお、この法律は日常的に企業の雇用局面に関係することはないが、障害者の雇用を支援する組織のうち、就労移行支援事業、就労定着支援事業（平成30年施行）および就労継続支援事業は、障害者総合支援法を設立根拠にしているので、内容を承知しておく必要がある。

〔主要条項〕

目的（第1条）　障害者基本法の基本的な理念にのっとり、身体障害者福祉法、知的障害者福祉法、精神保健福祉法、児童福祉法その他障害者及び障害児の福祉に関する法律と相まって、障害者及び障害児が基本的人権を享有する個人としての尊厳にふさわしい日常生活又は社会生活を営むことができるよう、<u>必要な障害福祉サービスに係る給付、地域生活支援事業その他の支援を総合的に行い</u>、もって障害者及び障害児の<u>福祉の増進を図るとともに、障害の有無にかかわらず国民が相互に人格と個性を尊重し安心して暮らすことのできる地域社会の実現に寄与すること。</u>

基本理念（第1条の2）　障害者支援は、共生社会実現のため、社会参加機会と生活選択機会の確保、地域社会において他との共生の妨げられぬこと、社会における事物・制度等一切の障壁の除去に資することを旨として、総合的かつ計画的に行われなければならない。

障害者の定義（第4条）　身体、知的、精神の各福祉法における18歳以上の障害者、並びに厚生労働大臣が決める範囲のいわゆる難病患者の内18歳以上の者を対象とする。精神障害者には、発達障害者を含む。

　障害の多様な特性その他心身の状態に応じて必要とされる標準的な支援の度合を総合的に示すものとして「障害支援区分」を定める。

自立支援給付（第6条）　自立支援給付は、介護給付費、特例介護給付費、訓練等給付費、特例訓練等給付費、特定障害者特別給付費、特例特定障害者特別給付費、地域相談支援給付費、特例地域相談支援給付費、計画相談支援給付費、特例計画相談支援給付費、自立支援医療費、療養介護医療費、基準該当療養介護医療費、補装具費及び高額障害福祉サービス等給付費の支給とする。

介護給付費、特例介護給付費、訓練等給付費及び特例訓練等給付費の支給（第28条）

2　訓練等給付費及び特例訓練等給付費の支給は、次に掲げる障害福祉サービスに関して次条及び第30条（筆者注：特例的扱い）の規定により支給する給付とする。

　1. 自立訓練
　2. 就労移行支援
　3. 就労継続支援
　4. 就労定着支援（平成30年4月施行）
　5. 自立生活援助（平成30年4月施行）
　6. 共同生活援助

介護給付費又は訓練等給付費（第29条）　市町村は、支給決定障害者等が、支給決定の有効期間内において、都道府県知事が指定する障害福祉サービス事業を行う者若しくは障害者支援施設からその指定に係る障害福祉サービスを受けたとき、又はのぞみの園（筆者注：国立重度知的障害者総合施設）から施設障害福祉サービスを受けたときは、厚生労働省令で定めるところにより、その支給決定障害者等に対し、その指定障害福祉サービス又は施設障害福祉サービスに要した費用について、介護給付費又は訓練等給付費を支給する。

3　介護給付費又は訓練等給付費の額は、1月につき、第1号に掲げる額から第2号に掲げる額を控除して得た額とする。

　1. 同一の月に受けた指定障害福祉サービス等について、障害福祉サービスの種類ごとに指定障害福祉サービス等に通常要する費用につき、厚生労働大臣が定める基準により算定した費用の額を合計した額
　2. その支給決定障害者等の家計の負担能力その他の事情をしん酌して政令で定める額

身体障害者福祉法［昭和25年施行］

　わが国では、戦争による負傷者に対して入院治療と恩給による所得保障政策がとられたほか、身体障害者については比較的早くからその原因、態様などが理解され、対策も講じられてきたが、第2次世界大戦後に大量の負傷兵の職業リハビリテーションが避けられなくなったことを契機に、それ以外の身体障害者も対象とする身体障害者福祉法が制定さ

れた。

　単なる保護にとどまらず、身体障害者の自立と社会経済活動への参加促進のための援助による福祉増進を目的とする。そのため多岐にわたる身体障害の態様を整理して障害による生活上の困難度などによって等級づけ、各障害の軽重に応じて対応の均衡をはかる方式であり、管理手段として障害者手帳を用いた最初の制度である。

〔主要条項〕

目的（第1条）　障害者総合支援法と相まつて、身体障害者の自立と社会経済活動への参加を促進するため、身体障害者を援助し、及び必要に応じて保護し、身体障害者の福祉の増進を図ること。

身体障害者の定義（第4条）　この法律において、「身体障害者」とは、同法の別表（筆者注：障害者雇用促進法でも、この別表と全く同じ内容を規定しており、両法の身体障害の定義は同じである。この別表の内容は、身体障害者福祉法施行規則第5条の別表でさらに等級別に整理されている）に掲げる身体障害がある18歳以上の者であつて、都道府県知事から身体障害者手帳の交付を受けたものをいう。

援護の実施者（第9条）　この法律に定める身体障害者又はその介護者への援護は、身体障害者の居住地の市町村・特別区が行う。ただし、身体障害者が居住地を有しないか、明らかでないときは、身体障害者の現在地の市町村が行う。

2　前項の規定にかかわらず、入所措置が採られ又は障害者総合支援法の規定により障害者支援施設に入所している身体障害者、及び生活保護法の規定により入所している身体障害者については、その者が障害者総合支援法で定める施設等への入所前に有した居住地の市町村が、この法律に定める援護を行う。

5　市町村・特別区は、この法律の施行に関し、次に掲げる業務を行わなければならない。

1. 身体障害者を発見し、又はその相談に応じて、その福祉の増進を図るために必要な指導を行う。
2. 身体障害者の福祉に関し、必要な情報の提供を行う。
3. 身体障害者の相談に応じ、その生活の実情、環境等の調査、更生援護の必要の有無及びその種類を判断の上、本人に対して社会的更生の方途を指導し、付随する業務を行う。

身体障害者手帳（第15条）　身体に障害のある者は、都道府県知事の定める医師の診断書を添えて、その居住地（居住地を有しないときは、その現在地）の都道府県知事（福祉事務所宛）に身体障害者手帳の交付を申請することができる。ただし、本人が15歳に満たないときは、その保護者が代わつて申請するものとする。

> ┌─**【省令】**─────────────────────────────────
> **手帳の申請**（第2条）　手帳の交付申請は、申請書に法第15条の医師の診断書、同じく
> 　意見書、本人の写真を添えて行うものとする。
> **身体障害者手帳の記載事項及び様式**（第5条）　身体障害者手帳に記載すべき事項は、
> 　次のとおりとする。
> 　1. 身体障害者の氏名、本籍、現住所及び生年月日
> 　2. 障害名及び障害の級別
> 　3. 補装具の交付又は修理に関する事項
> 　4. 身体障害者が15歳未満の児童であるときは、その保護者の氏名、続柄及び現住所
> 　2　身体障害者手帳の様式は、別表第4号（略）のとおりとする。
> 　3　第1項の障害の級別は、別表第5号（筆者注：上記の法第4条カッコ書きのもので、
> 　障害者雇用促進法においても通常これが用いられる）のとおりとする。
>
> **手帳の返還**（第16条）　本人が障害に該当しなくなつたとき、死亡したときはすみやかに
> 返還しなければならない。

知的障害者福祉法 ［昭和35年施行］

　福祉立法の必要性が増した成人の知的障害者を対象とする「精神薄弱者福祉法」（昭和35年制定、施行）を前身とする。

　前身法の制定当時は法令用語として一般的だった「精神薄弱」という表示を、より適切な表現に改めるべきであるとして、平成11年に「精神薄弱の用語の整理のための関係法律の一部を改正する法律」が施行され、すべての法令が「知的障害者」という表示に改定された。

　身体障害や精神障害の福祉法においては、障害の程度を分類し定義規定を設けているが、知的障害者福祉法では、知的な能力発揮の程度や形態が発達の状況によって個々に異なるなどの理由で、障害の定義などは規定せず、第11条をおいたうえで行政通達（昭和48年9月27日厚生省発児第156号事務次官通知「療育手帳制度要綱」）などにより各自治体（都道府県および政令指定都市）に判定上の基準を示し業務の実施を求めた。これを受けて、各自治体は独自の基準を設け判定を行なっているが、自治体ごとに判断の差が生じていることが問題視されている。

　なお上記行政通達は、平成12年施行の地方分権一括法により、国が業

務の実施を自治体に委ねる「機関委任事務」制度が廃止されたため、現在は通達内容を参考に第11条の規定にもとづき各自治体が自主的制度として判定業務を行なっている。

〔主要条項〕

目的（第1条）　障害者総合支援法と相まつて、知的障害者の自立と社会経済活動への参加を促進するため、知的障害者を援助するとともに必要な保護を行い、知的障害者の福祉を図ること。

更生援護の実施者（第9条）　この法律に定める知的障害者又はその介護者に対する市町村・特別区による更生援護は、知的障害者の居住地の市町村・特別区が行う。ただし、知的障害者が居住地を有しないか、明らかでないときは、現在地の市町村・特別区が行う。

7　市町村長・特別区区長は、18歳以上の知的障害者につき福祉に関する相談に応じ、必要な調査及び指導を行うに当たつて、特に医学的、心理学的及び職能的判定を必要とする場合には、知的障害者更生相談所の判定を求めなければならない。

連絡調整等の実施者（第11条）　都道府県は、この法律の施行に関し、次に掲げる業務を行わなければならない。

2. 知的障害者の福祉に関し、次に掲げる業務を行うこと。

　　イ　各市町村の区域を超えた広域的な見地から、実情の把握に努めること。
　　ロ　知的障害者に関する相談及び指導のうち、専門的な知識及び技術を必要とするものを行うこと。
　　ハ　18歳以上の知的障害者の医学的、心理学的及び職能的判定を行うこと。

精神保健福祉法（精神保健及び精神障害者福祉に関する法律）［昭和25年施行］

　第2次世界大戦後に廃止された精神病者監護法および精神病院法に代わり、精神障害者に対する医療・保護を規定した「精神衛生法」が昭和25年に公布、施行された。強制入院などの措置も包含されていたが、精神障害の治療、社会復帰へという一連の施策を包括する見地へと改正されたのち、昭和63年に人権への配慮に立った視点を強めた内容へとさらに改正され、名称も精神保健法と改められた。

　その後、障害者基本法が平成5年改正に際して精神障害者を対象に加

えたことなどを受けて、精神保健法も「精神障害者保健福祉手帳」制度の新設、社会適応訓練の法定化など、社会復帰のための施策強化を含む改正が行なわれ、名称も「精神保健及び精神障害者福祉に関する法律」（平成7年施行）へと変更された。これ以降、精神障害者福祉の比重を入院医療から地域生活へと転換する考え方が主流となった。

　一方で、この法が定めてきた「保護者」を指定して入退院や資産などの利益保護などの責任を負わせる制度が、家族構成の変化や高齢化などの社会的な実情に合わなくなっていることを考慮して、成年後見制度、障害者総合支援法の諸措置など公的な支援を重視する方向で検討した結果、「保護者」の規定を廃止し、医療保護入院の手続きを改めるとともに、医療の提供確保のための指針を策定するなどの点を改正し、一部を除き平成26年4月1日に施行した。

　この法では疾患の程度、入退院の必要性などを判定する等の規定を設けているが、判定結果にもとづく医療措置には、障害者本人の同意を原則とする「任意入院」、障害を疑われる場合の第三者による通報と診察、自傷・他害のおそれがあると判定された場合の「措置入院」、家族などの同意による「医療保護入院」などがあり、精神保健指定医のうち特定された者は公務員として行政上の強制措置を執行するという、公的権限による強制も含まれている。

〔主要条項〕

目的（第1条）　精神障害者の<u>医療及び保護</u>を行い、障害者総合支援法と相まつてその<u>社会復帰の促進及び自立と社会経済活動への参加の促進</u>のために必要な援助を行い、並びにその<u>発生の予防その他国民の精神的健康の保持及び増進</u>に努めることによつて、精神障害者の<u>福祉の増進及び国民の精神保健の向上を図る</u>こと。

定義（第5条）　この法律で「精神障害者」とは、統合失調症、精神作用物質による急性中毒又はその依存症、知的障害、精神病質その他の精神疾患を有する者をいう。

精神障害者保健福祉手帳（第45条）　精神障害者（知的障害者を除く）は、厚生労働省令で定める書類を添えて、その居住地（居住地を有しないときは、その現在地）の都道府県知事に精神障害者保健福祉手帳の交付を申請することができる。

第Ⅱ章●関係するわが国各法の概要　**53**

2 　都道府県知事は、前項の申請に基づいて審査し、申請者が政令で定める精神障害の状
　態にあると認めたときは、申請者に精神障害者保健福祉手帳を交付しなければならない。
3 　前項の規定による審査の結果、申請者が同項の政令で定める精神障害の状態にないと
　認めたときは、都道府県知事は、理由を付して、その旨を申請者に通知しなければなら
　ない。
4 　精神障害者保健福祉手帳の交付を受けた者は、厚生労働省令で定めるところにより、
　2年ごとに、政令で定める精神障害の状態にあることについて、都道府県知事の認定を
　受けなければならない。
5 　第3項の規定は、前項の認定について準用する。
6 　前各項に定めるもののほか、精神障害者保健福祉手帳に関し必要な事項は政令で定める。

発達障害者支援法［平成17年施行］

　わが国の障害者法体系では、福祉面での支援などを規定する法は、身
体障害、知的障害、および精神障害の三概念に区分されてきた。このう
ち知的障害および精神障害は心的活動面での障害であり、一般的には知
的障害が知的能力の全面的な発達遅滞、精神障害が疾病などによる異常
心理状態の発現と理解されていた。

　しかし知能検査などの結果、全面的な発達遅滞のほかに、特定分野だ
けの知的活動に難があり、疾病の併存もない発達遅滞の態様もあること
が認識されるようになり、1970年代以降ころから「発達障害」という新
たな概念が登場した。

　発達障害は幼少時の発育段階での発現が多く、その段階での対応が重
要であるなど、態様が次第に明確になってきているものの、独自の障害
分野として的確なリハビリテーションと社会経済活動への参加支援の方
途などを確立しにくいことなどから、早期の発見と発達を支援する視点
とを重視した法律として発達障害者支援法が制定、施行された。

　そのため目的に障害者総合支援法との連携を謳わず、また手帳制度に
よる職業リハビリテーションの規定を有しないなどの点で身体等の福祉
法と異なり、学校教育面での指針や発達障害者支援センターの活動など
を主として律しているが、制定後の状況変化として高齢期にいたる切れ

目のない支援が求められてきたこと、障害者差別解消法の施行など共生社会実現への取り組みが進められてきたことなどから平成28年に、目的（第1条）の表示が強化されたほか、基本理念（第2条の2）条項の新設、定義（第2条）に障害者基本法とほぼ同文の「社会的障壁」概念の追加など改正が行なわれた。

　なお、障害者基本法が平成23年改正に際し、発達障害を精神障害に含めることとしたのに対し、精神保健福祉法においては特段の具体的規定はなく、雇用の場面では実態上、その発現状況に応じて発達障害系の精神障害者または知的障害者と判定し、障害者手帳の取り扱いが定まることとなっている。

〔主要条項〕

目的（第1条）　発達障害者の心理機能の適正な発達及び円滑な社会生活の促進のために、発達障害の症状の発現後できるだけ早期に発達支援を行うとともに切れ目なく支援することが特に重要であることに鑑み、障害者基本法の理念にのっとり基本的人権を享有する個人の尊厳にふさわしい日常、又は社会生活を営むことができるよう、障害を早期に発見し、支援を行うことに関する国及び地方公共団体の責務を明らかにするとともに、学校教育における発達障害者への支援、発達障害者の就労の支援、発達障害者支援センターの指定等について定めることにより、発達障害者の自立及び社会参加のための生活全般にわたる支援を図り、もって全ての国民が共生社会の実現に資すること。

定義（第2条）　この法律において「発達障害」とは、自閉症、アスペルガー症候群その他の広汎性発達障害、学習障害、注意欠陥多動性障害、その他これに類する脳機能の障害であってその症状が通常低年齢において発現するものとして政令で定めるものをいう。

2　この法律において「発達障害者」とは、発達障害及び社会的障壁により日常生活又は社会生活に制限を受ける者をいい、「発達障害児」とは、発達障害者のうち18歳未満のものをいう。

3　この法律において「社会的障壁」とは、発達障害がある者にとって日常生活又は社会生活を営む上で障壁となるような社会における事物、制度、慣行、観念その他一切のものをいう。

4　この法律において「発達支援」とは、発達障害者に対し、その心理機能の適正な発達を支援し、及び円滑な社会生活を促進するため行う発達障害者の特性に対応した医療的、福祉的及び教育的援助をいう。

基本理念（第2条の2）　発達障害者の支援は、全ての発達障害者が社会参加機会、及び

第Ⅱ章●関係するわが国各法の概要　**55**

どこで誰と生活するかの選択機会が確保され、地域社会での他人との共生が妨げられないことを旨として行われなければならない。

2　支援は社会的障壁の除去に資することを旨として行われなければならない。

3　支援は個々の発達障害者の性別、年齢、障害の状態及び生活実態に応じ、医療、保健、福祉、教育、労働等に関する業務を行う関係機関及び民間団体相互の緊密な連携の下、その意思決定の支援に配慮しつつ、切れ目なく行われなければならない。

┌【政令】─────────────────────────────
│　**発達障害の定義**（第1条）　発達障害者支援法第2条第1項の政令で定める障害は、脳
│　機能の障害であってその症状が通常低年齢において発現するもののうち、言語の障
│　害、協調運動の障害その他厚生労働省令で定める障害とする。
└─────────────────────────────────

┌【省令】─────────────────────────────
│　**発達障害の定義**　発達障害者支援法施行令（筆者注：上記政令）第1条の規定に基づき、
│　厚生労働省令で定める障害は、心理的発達の障害並びに行動及び情緒の障害（自閉
│　症、アスペルガー症候群その他の広汎性発達障害、学習障害、注意欠陥多動性障害、
│　言語の障害及び協調運動の障害を除く。）とする。
└─────────────────────────────────

障害者虐待防止法（障害者虐待の防止、障害者の養護者に対する支援等に関する法律）〔平成24年施行〕

　社会的弱者とされる人々を不当な被害から防ぐことを目的とする法律として、児童虐待防止法（平成12年施行）および高齢者虐待防止法（平成18年施行）に加えて、平成23年に成立し、翌年施行されたのが、障害者虐待防止法である。障害者の尊厳を害する虐待の防止および養護者への支援施策促進を目的に、養護者による虐待、障害者福祉施設従事者による虐待、使用者（各現場管理者も含む）による虐待を対象とする。

　行政が把握した虐待事例件数などが毎年度発表されており、使用者による障害者虐待が認められた事業所は平成24年度133ヵ所、25年度253ヵ所、26年度299ヵ所、27年度507ヵ所が報告されている。

　このように障害者雇用企業のほとんどが雇用の理念や趣旨を理解しているとはいえ、虐待と判断されるケースは皆無ではない。この法律は刑事罰をともなうものではないが、都道府県や市町村または労働局への本人からの届出、もしくは第三者からの通報により、結果的に行政指導、

場合によっては民事係争となりうる。法にふれる行為があってはならないが、誤解にもとづく事案もあることを念頭に、雇用や管理に直接携わる者に限らず、厳格な注意を払う必要がある。

〔主要条項〕

目的（第1条）　障害者に対する虐待が障害者の尊厳を害するものであり、自立及び社会参加のために障害者に対する虐待を防止することが極めて重要であること等に鑑み、虐待の禁止、虐待の予防及び早期発見その他の虐待の防止等に関する国等の責務、虐待を受けた障害者に対する保護及び自立の支援のための措置、養護者の負担の軽減を図ること等の養護者に対する養護者による障害者虐待の防止に資する支援のための措置等を定めることにより、障害者虐待の防止、養護者に対する支援等に関する施策を促進し、障害者の権利利益の擁護に資すること。

定義（第2条）　この法律において「障害者」とは、障害者基本法に規定する障害者をいう。

2　この法律において「障害者虐待」とは、養護者による障害者虐待、障害者福祉施設従事者等による障害者虐待及び使用者による障害者虐待をいう。

5　この法律において「使用者」とは、障害者を雇用する事業主（その障害者が派遣労働者である場合は、労働者派遣の役務提供を受ける事業主、その他これに類する事業主を含む。）又は事業の経営担当者、その他その事業の労働者に関する事項について事業主のために行為をする者をいう。

8　この法律において「使用者による障害者虐待」とは、使用者がその事業所に使用される障害者について行う次のいずれかに該当する行為をいう。

1.障害者の身体に外傷が生じ、若しくは生じるおそれのある暴行を加え、又は正当な理由なく障害者の身体を拘束すること。

2.障害者にわいせつな行為をすること又は障害者をしてわいせつな行為をさせること。

3.障害者に対する著しい暴言、著しく拒絶的な対応又は不当な差別的言動その他の障害者に著しい心理的外傷を与える言動を行うこと。

4.障害者を衰弱させるような著しい減食又は長時間の放置、当該事業所に使用される他の労働者による前3号に掲げる行為と同様の行為の放置その他これらに準ずる行為を行うこと。

5.障害者の財産を不当に処分することその他障害者から不当に財産上の利益を得ること。

使用者による障害者虐待の防止等のための措置（第21条）　障害者を雇用する事業主は、労働者の研修の実施、その事業所に使用される障害者及びその家族からの苦情の処理の体制の整備その他の使用者による障害者虐待の防止等のための措置を講ずるものとする。

使用者による障害者虐待に係る通報等（第22条） 使用者による障害者虐待を受けたと思われる障害者を発見した者は、速やかに、これを市町村又は都道府県に通報しなければならない。

2　使用者による障害者虐待を受けた障害者は、その旨を市町村又は都道府県に届け出ることができる。

3　刑法の秘密漏示罪の規定その他の守秘義務に関する法律の規定は、第1項の規定による通報（虚偽であるもの及び過失によるものを除く。次項において同じ。）をすることを妨げるものと解釈してはならない。

4　労働者は、第1項の規定による通報又は第2項の規定による届出（虚偽であるもの及び過失によるものを除く。）をしたことを理由として、解雇その他不利益な取扱いを受けない。

使用者による障害者虐待に係る通報等（第23条） 市町村は、前条第1項の規定による通報又は同条第2項の規定による届出を受けたときは、厚生労働省令で定めるところにより、その通報又は届出に係る使用者による障害者虐待に関する事項を、その使用者による障害者虐待に係る事業所の所在地の都道府県に通知しなければならない。

使用者による障害者虐待に係る通報等（第24条） 都道府県は、第22条第1項の規定による通報、同条第2項の規定による届出又は前条の規定による通知を受けたときは、厚生労働省令で定めるところにより、その通報、届出又は通知に係る使用者による障害者虐待に関する事項を、その使用者による障害者虐待に係る事業所の所在地を管轄する都道府県労働局に報告しなければならない。

使用者による障害者虐待に係る通報等（第25条） 市町村又は都道府県が第22条第1項の規定による通報又は同条第2項の規定による届出を受けた場合においては、その通報又は届出を受けた市町村又は都道府県の職員は、その職務上知り得た事項であってその通報又は届出をした者を特定させるものを漏らしてはならない。都道府県が第23条の規定による通知を受けた場合における、通知を受けた都道府県の職員、及び都道府県労働局が前条の規定による報告を受けた場合における報告を受けた都道府県労働局の職員についても、同様とする。

報告を受けた場合の措置（第26条） 都道府県労働局が第24条の規定による報告を受けたときは、都道府県労働局長又は労働基準監督署長若しくは公共職業安定所長は、事業所における障害者の適正な労働条件及び雇用管理を確保することにより、その報告に係る障害者に対する使用者による障害者虐待の防止並びにその障害者の保護及び自立の支援を図るため、その報告に係る都道府県との連携を図りつつ、労働基準法、障害者雇用促進法、個別労働関係紛争の解決の促進に関する法律その他関係法律の規定による権限を適切に行使するものとする。

公表（第28条） 厚生労働大臣は、毎年度、使用者による障害者虐待の状況、使用者によ

る障害者虐待があった場合に採った措置その他厚生労働省令で定める事項を公表するものとする。

(3) 社会的規範との調整をはかる法律

　心身に何らかの事情をもつことによって社会生活上、自らが危険に遭遇、あるいは他者に危害を及ぼすおそれがある者に関して、それをあらかじめ回避するための措置を決めたもので、こうした対象に障害者も含まれることを想定した規定である。

心神喪失者等医療観察法（心神喪失等の状態で重大な他害行為を行った者の医療及び観察等に関する法律）［平成17年施行］

　殺人や強盗など重大な他害行為を行なった者は、責任能力を認められる事案では当然、刑法により処罰される。以前は心神喪失などを理由に裁判で無罪または執行猶予とされた場合は、行政処分として精神保健福祉法が規定する「措置入院」とされていたが、それは司法処分である裁判結果への処置としては不適切とされていたことから、この点を規定するものとして、平成17年に制定された法律である。

　対象者は検察官の申し立てにより審判を受け、精神鑑定結果も得たうえで強制治療の要否、入院措置などが決定される。

　精神障害者の雇用の分野への進出が活発化する一方で、一般社会においては精神障害の影響による事件が発生している状況下、企業が精神障害者保健福祉手帳と自らの判断とにより、適格性を見極めなければならない立場として、対策の充実が求められることも事実である。障害者雇用に直接かかわる法律ではないが、知っておく必要がある。

〔主要条項〕

目的等（第1条）　心神喪失等の状態で<u>重大な他害行為</u>（他人に害を及ぼす行為をいう。）を行った者に対し、その適切な処遇を決定するための手続等を定めることにより、継続的かつ適切な医療並びにその確保のために必要な観察及び指導を行うことによって、その病状の改善及びこれに伴う同様の行為の再発の防止を図り、その社会復帰を促進すること。

第Ⅱ章●関係するわが国各法の概要　**59**

2　この法律による処遇に携わる者は、前項に規定する目的を踏まえ、心神喪失等の状態で重大な他害行為を行った者が円滑に社会復帰をすることができるように努めなければならない。

自動車運転死傷行為処罰法（自動車の運転により人を死傷させる行為等の処罰に関する法律）［平成26年施行］

交通事故により人を死傷させた罪に対する罰則は、危険運転致死傷罪に加え、自動車運転過失致死傷罪が新設されるなど、刑法が強化されてきたが、実態に即さない事例も多くみられたことから、刑法から分離して新法が制定された。

この法律自体は障害者雇用を規定するものではないが、特定の病気の影響で運転が困難となり事故を生じさせたときの処罰の対象として病名を特定するなかに障害にかかわる症状が含まれている。

またこの法律には使用者責任の規定はないが、民法により責任を問われることになる。そのため雇用する障害者の業務上の自動車運転については十分な管理および注意が必要である。

〔主要条項〕

危険運転致死傷（第3条）　アルコール又は薬物の影響により、その走行中に正常な運転に支障が生じるおそれがある状態で、自動車を運転し、よって、そのアルコール又は薬物の影響により正常な運転が困難な状態に陥り、人を負傷させた者は12年以下の懲役に処し、人を死亡させた者は15年以下の懲役に処する。

2　自動車の運転に支障を及ぼすおそれがある病気として政令で定めるものの影響により、その走行中に正常な運転に支障が生じるおそれがある状態で、自動車を運転し、よって、その病気の影響により正常な運転が困難な状態に陥り、人を死傷させた者も、前項と同様とする。

【政令】

自動車の運転に支障を及ぼすおそれがある病気（第3条）　法第3条第2項の政令で定める病気は、次に掲げるものとする。

　1. 自動車の安全な運転に必要な認知、予測、判断又は操作のいずれかに係る能力を欠くこととなるおそれがある症状を呈する統合失調症

　2. 意識障害又は運動障害をもたらす発作が再発するおそれがあるてんかん（発作が睡

眠中に限り再発するものを除く。)
　3. 再発性の失神（脳全体の虚血により一過性の意識障害をもたらす病気であって、発作が再発するおそれがあるものをいう。)
　4. 自動車の安全な運転に必要な認知、予測、判断又は操作のいずれかに係る能力を欠くこととなるおそれがある症状を呈する低血糖症
　5. 自動車の安全な運転に必要な認知、予測、判断又は操作のいずれかに係る能力を欠くこととなるおそれがある症状を呈するそう鬱病（そう病及び鬱病を含む。)
　6. 重度の眠気の症状を呈する睡眠障害

バリアフリー新法（高齢者、障害者等の移動等の円滑化の促進に関する法律）〔平成18年施行〕

　公共建築物をはじめ多数の人が利用する建築物において、高齢者や身体障害者等が機能的な不自由を軽減でき、円滑に利用できるよう、施設の新・増改築にあたって守るべき基準を定めた法律である。障害者雇用にあたって、就労場所である事務所、工場などの施設を新・増改築する場合は、特定建築物として遵守の努力義務が生じる。

　平成6年に「高齢者、身体障害者等が円滑に利用できる特定建築物の建築の促進に関する法律」（通称「ハートビル法」）として制定され、平成18年に「高齢者、身体障害者等の公共交通機関を利用した移動の円滑化の促進に関する法律」（通称「交通バリアフリー法」）と統合され新法として施行された。

〔主要条項〕

目的（第1条） 高齢者、障害者等の自立した日常生活及び社会生活を確保することの重要性にかんがみ、公共交通機関の旅客施設及び車両等、道路、路外駐車場、公園施設並びに建築物の構造及び設備を改善するための措置、一定の地区における旅客施設、建築物等及びこれらの間の経路を構成する道路、駅前広場、通路その他の施設の一体的な整備を推進するための措置その他の措置を講ずることにより、高齢者、障害者等の移動上及び施設の利用上の利便性及び安全性の向上の促進を図り、公共の福祉の増進に資すること。

定義（第2条） この法律において次の各号に掲げる用語の意義は、それぞれ当該各号に

第Ⅱ章●関係するわが国各法の概要　**61**

定めるところによる。

16. 特定建築物　学校、病院、劇場、観覧場、集会場、展示場、百貨店、ホテル、事務所、共同住宅、老人ホームその他の多数の者が利用する政令で定める建築物又はその部分をいい、これらに附属する建築物特定施設を含むものとする。

特定建築物の建築主等の努力義務等（第16条）　建築主等は、特定建築物の建築（用途の変更をして特定建築物にすることを含む。）をしようとするときは、その特定建築物を建築物移動等円滑化基準に適合させるために必要な措置を講ずるよう努めなければならない。

┌─【政令】─────────────────────────────
特定建築物（第4条）　法第2条第16号の政令で定める建築物は、次に掲げるものとする。

　6. 卸売市場又は百貨店、マーケットその他の物品販売業を営む店舗

　8. 事務所

　11. 老人福祉センター、児童厚生施設、身体障害者福祉センターその他これらに類するもの

　16. 理髪店、クリーニング取次店、質屋、貸衣装屋、銀行その他これらに類するサービス業を含む店舗

　18. 工場

3. 雇用自体を規定する法律

　雇用契約のもと、使用者ならびに労働者本人が遵守しなければならない規範は、障害者を雇用する場合も当然、適用される。

　明治以降、社会体制が整備され、近代国家として必要な法制度が整えられていくなかで、労働者の雇用に関する立法も行なわれた。代表例として、第2次世界大戦後に労働基準法に引き継がれた「工場法」（大正5年施行）や「職業紹介法」（大正10年施行）などがあげられる。

　以下では、労働条件の設定にあたって特に趣旨の理解が必要と思われる法令の要旨を説明する。

労働基準法［昭和22年施行］

　労働基準法には、ほかの多くの法律と異なり「目的」条項はなく、従業員を雇用して事業を行なう場合に定めるべき労働条件の最低基準遵守が求められ、罰則によって強制されている。

　同法は全編にわたって承知しておく必要があるが、ここでは労働条件設定上の基本的条文の要点を示す。

　なお、政府は「日本再興戦略」を政策の基本に据えており、その一環として「働き方改革」の実現を推進している。その内容としてあげられているのが「同一労働同一賃金」といわれ、異なる働き方であっても質的に同じ仕事の場合の均等処遇や、長時間労働の抑制、柔軟な働き方の導入などの考え方で、これらは多かれ少なかれ労働基準法ならびにその周辺を構成する各法令の規定に連なる問題である。政策目標の具体化に従ってこれらの法令が大きく変わり、雇用管理に影響する時期がくることを想定しておく必要がある。

第Ⅱ章●関係するわが国各法の概要　**63**

〔主要条項〕

労働条件の原則（第1条）　労働条件は、労働者が人たるに値する生活を営むための必要を充たすべきものでなければならない。

2　この法律で定める労働条件の基準は最低のものであるから、労働関係の当事者は、この基準を理由として労働条件を低下させてはならないことはもとより、その向上を図るように努めなければならない。

契約期間等（第14条）　労働契約は、期間の定めのないものを除き、一定の事業の完了に必要な期間を定めるもののほかは、3年（次の各号のいずれかについては5年）を超える期間について締結してはならない。

1. 専門的な知識、技術又は経験であつて高度のものとして厚生労働大臣が定める基準に該当する専門的知識等を有する労働者（高度の専門的知識等を必要とする業務に就く者に限る。）との間に締結される労働契約

2. 満60歳以上の労働者との間に締結される労働契約

労働条件の明示（第15条）　使用者は、労働契約の締結に際し、労働者に対して賃金、労働時間その他の労働条件を明示しなければならない。この場合、賃金及び労働時間に関する事項その他の事項については、厚生労働省令で定める方法により明示しなければならない。

2　前項の規定によつて明示された労働条件が事実と相違する場合においては、労働者は、即時に労働契約を解除することができる。

3　前項の場合、就業のために住居を変更した労働者が、契約解除の日から14日以内に帰郷する場合においては、使用者は、必要な旅費を負担しなければならない。

【省令】

労働条件の明示（第5条）

絶対的明示事項（書面の交付（昇給に関する事項は除く）により明示しなければならない事項）

a. 労働契約の期間。

b. 就業場所、従事すべき業務。

c. 始終業時刻、所定時間外労働の有無、休憩時間・休日・休暇、交替勤務の場合の就業時転換に関する事項。

d. 賃金（退職金、賞与等を除く）の決定・計算・支払の方法、賃金の締切り・支払の時期、昇給に関する事項。

e. 退職に関する事項（解雇の事由を含む）。

相対的明示事項（定めている場合は明示しなければならない事項）

a. 退職手当：労働者の範囲、退職手当の決定・計算・支払の方法及び支払の時期。

---

b. 臨時の賃金等及び最低賃金額。

c. 労働者に食事、作業用品その他の負担をさせる場合。

d. 安全及び衛生。

e. 職業訓練。

f. 災害補償及び業務外の傷病扶助。

g. 表彰及び制裁：種類及び程度。

h. 休職。

解雇の予告（第20条）　使用者は、労働者を解雇しようとする場合は、少くとも30日前にその予告をしなければならない。30日前に予告をしない使用者は、30日分以上の平均賃金を支払わなければならない。但し、天災事変その他やむを得ない事由のために事業の継続が不可能となつた場合又は労働者の責に帰すべき事由に基いて解雇する場合を除く。

解雇の予告（第21条）　前条の規定は、次の各号の一に該当する労働者については適用しない。但し、１号に該当する者が１箇月を超えて引き続き使用されるに至つた場合、２号又は３号に該当する者が、所定の期間を超えて引き続き使用されるに至つた場合、又は４号に該当する者が14日を超えて引き続き使用されるに至つた場合はこの限りでない。

1. 日日雇い入れられる者

2. ２箇月以内の期間を定めて使用される者

3. 季節的業務に４箇月以内の期間を定めて使用される者

4. 試の使用期間中の者

労働契約法［平成20年施行］

　労働契約は当事者間の任意にもとづき締結されるものである。有期労働契約の規範についても、かつては労働基準法にもとづく告示「有期労働契約の締結、更新及び雇止めに関する基準」（平成15年）によっていた。しかし紛争の生じがちなことから、この問題を整理する意味で制定、施行されたのが労働契約法である。

　平成25年４月施行の改正により、有期契約の無期契約への転換を定めたが、第18条により有期労働契約を反復更新する場合５年を限度としたことから、平成30年４月以降の契約更改に際して本人から申込みを受けた場合、次の更改（１年契約の反復であったとすれば平成31年４月以降）については期間の定めのない契約締結の必要が生じることとなった。ま

第Ⅱ章●関係するわが国各法の概要　**65**

たこの法律に罰則はないが、転換前の雇止めを避けるよう別途行政指導を行なうとしている。

障害者雇用においては、パフォーマンスの把握困難、定着への不安、キャリアプランが定めにくいなどの理由で有期雇用契約を締結する例が多いことから、大きく影響を受ける規定である。今後、障害者雇用を含む人事管理体系において、企業は検討を求められることとなる。

なお制定に際して厚生労働省は、この法の趣旨について「従来労働契約に関する民事的なルールは、民法や個別の法律で部分的に規定されているのみで、体系的な成文法が存在せず、個別労働関係紛争が生じた場合は、判例の蓄積である判例法理により判断することが一般的であったが、こうした解決方法は当事者にとっても十分な知識があるといえなかったことから、平成13年からは個別労働関係紛争解決制度が、同18年からは労働審判制度が施行されるなど、手続き面における整備が進んできたが、個別労働関係の安定に資するため、民事的なルールの必要性が一層高まり、今般、労働契約の基本的な理念および労働契約に共通する原則や、判例法理に沿った労働契約内容の決定および変更に関する民事的なルールなどを一つの体系としてまとめるべく、労働契約法を新たに定めることとした」と説明している。

〔主要条項〕

目的（第1条）　労働者及び使用者の自主的な交渉の下で、労働契約が合意により成立し、又は変更されるという合意の原則その他労働契約に関する基本的事項を定めることにより、合理的な労働条件の決定又は変更が円滑に行われるようにすることを通じて、労働者の保護を図りつつ、個別の労働関係の安定に資すること。

労働契約の原則（第3条）　労働契約は、労働者及び使用者が対等の立場における合意に基づいて締結し、又は変更すべきものとする。

2　労働契約は、労働者及び使用者が、就業の実態に応じて、均衡を考慮しつつ締結し、又は変更すべきものとする。

3　労働契約は、労働者及び使用者が仕事と生活の調和にも配慮しつつ締結し、又は変更すべきものとする。

4　労働者及び使用者は、労働契約を遵守するとともに、信義に従い誠実に、権利を行使

し、及び義務を履行しなければならない。

5　労働者及び使用者は、労働契約に基づく権利の行使に当たっては、それを濫用することがあってはならない。

契約期間中の解雇等（第17条）　使用者は、期間の定めのある労働契約（有期労働契約）について、やむを得ない事由がある場合でなければ、その契約期間が満了するまでの間において、労働者を解雇することができない。

2　使用者は、有期労働契約について、その有期労働契約により労働者を使用する目的に照らして、必要以上に短い期間を定めることにより、その有期労働契約を反復して更新することのないよう配慮しなければならない。

有期労働契約の期間の定めのない労働契約への転換（第18条）　同一の使用者との間で締結され、反復更新された有期労働契約が通算して5年を超える場合、労働者が現に締結中の契約の期間満了以前に、満了後の期間の定めのない契約への転換を申込んだときは、使用者は申込みを承諾したものとみなす。その場合、新たな契約の労働条件内容は、別段の定めがない限り現に締結中の有期契約と同一とする。

2　有期契約と有期契約の間に6月以上の空白期間があるときは、当該空白期間前に満了した契約期間は通算しない。

有期労働契約の更新等（第19条）　過去に反復更新された有期契約で、現期間の満了時に更新しないことが、社会通念上期間の定めのない契約の労働者に解雇の意思表示をすることと同視できる場合、及び労働者において有期契約期間満了時に、更新を期待することに合理的な理由があると認められる場合であって、労働者が契約期間満了まで又は満了後遅滞なく再契約を申込み、使用者がそれを拒絶することが、合理的理由を欠き、社会通念上不当と認められるときは、使用者は従前の契約と同一条件で申込みを承諾したものとみなす。

期間の定めがあることによる不合理な労働条件の禁止（第20条）　有期労働契約の労働者の労働条件が、有期であることが理由で、期間の定めのない労働者の条件と相違する場合は、その相違は業務内容とそれに伴う責任の程度、及び配置変更の範囲その他の事情を考慮して、不合理と認められるものであってはならない。

最低賃金法 ［昭和34年施行］

　賃金の最低額を定める制度は多くの国で設けられている。わが国では設定単位を時間額のみとし、地域別最低賃金を基本としたうえで、地域別最低賃金を上回る金額を定めることが必要と認められる産業のみを対象とした産業別最低賃金（特定最低賃金制度）も適用している。

最低賃金額は、①労働者の生計費、②類似の労働者の賃金、③通常の企業の賃金支払能力などの要素を考慮し、①に関しては生活保護費水準との整合性が重視されている。また、政府の志向する「日本再興戦略」において「年率３％程度をめどに、名目GDPの成長率にも配慮しながら引き上げに努める」とされていることも重視しておく必要がある。

　障害者雇用の場合、本人の職務遂行能力の評価によっては、最低賃金の一律適用がかえって雇用機会を狭めるおそれが生じうるという理由から、減額適用を認める制度がある（第７条）。だがそれは、障害者の労働能力を適正に判断するという前提があって、はじめて適用申請に及ぶべき問題であり、安易な適用があってはならない。

〔主要条項〕

目的（第１条）　賃金の低廉な労働者について、賃金の最低額を保障することにより、労働条件の改善を図り、もつて、労働者の生活の安定、労働力の質的向上及び事業の公正な競争の確保に資するとともに、国民経済の健全な発展に寄与すること。

最低賃金の効力（第４条）　使用者は、最低賃金の適用を受ける労働者に対し、その最低賃金額以上の賃金を支払わなければならない。

２　最低賃金の適用を受ける労働者と使用者との間の労働契約で最低賃金額に達しない賃金を定めるものは、その部分については無効とする。この場合において、無効となつた部分は、最低賃金と同様の定をしたものとみなす。

３　次に掲げる賃金は、前２項に規定する賃金に算入しない。

1. １月をこえない期間ごとに支払われる賃金以外の賃金で厚生労働省令で定めるもの

2. 通常の労働時間又は労働日の賃金以外の賃金で厚生労働省令で定めるもの

3. その最低賃金において算入しないことを定める賃金

４　第１項及び第２項の規定は、労働者がその都合により所定労働時間若しくは所定労働日の労働をしなかつた場合又は使用者が正当な理由により労働者に所定労働時間若しくは所定労働日の労働をさせなかつた場合において、労働しなかつた時間又は日に対応する限度で賃金を支払わないことを妨げるものではない。

最低賃金の減額の特例（第７条）　都道府県労働局長の許可を受けたときは、次の労働者は、最低賃金額から労働能力その他の事情を考慮して厚生労働省令で定める率を乗じて得た額を減額して第４条を適用する。

1. 精神又は身体の障害により著しく労働能力の低い者

2. 試の使用期間中の者

3. 職業能力開発促進法の認定職業訓練中、基礎的技能及び知識を習得する内容のものの受講者

4. 軽易な業務に従事する者その他

【省令】

算入しない賃金（第１条）　最低賃金法第４条第３項第１号の厚生労働省令で定める賃金は、臨時に支払われる賃金及び１月をこえる期間ごとに支払われる賃金とする。

2　法第４条第３項第２号の厚生労働省令で定める賃金は、次のとおりとする。

1. 所定労働時間をこえる時間の労働に対して支払われる賃金

2. 所定労働日以外の日の労働に対して支払われる賃金

3. 午後10時から午前５時まで（労働基準法第37条第４項の規定により厚生労働大臣が定める地域又は期間については、午後11時から午前６時まで）の間の労働に対して支払われる賃金のうち通常の労働時間の賃金の計算額をこえる部分

最低賃金の減額の率（第５条）　法第７条の厚生労働省令で定める率は、次の表の左欄に掲げる者の区分に応じ、それぞれ同表の右欄に定める率以下の率であつて、その者の職務の内容、職務の成果、労働能力、経験等を勘案して定めるものとする。

法第７条第１号に掲げる者	本人と同一又は類似の業務に従事する労働者で、減額しようとする最低賃金額と同程度以上の額の賃金が支払われているもののうち、最低位の能力を有するものの労働能率の程度に対する本人の労働能率の程度に応じた率を100分の100から控除して得た率
法第７条第２号に掲げる者	100分の20
法第７条第３号に掲げる者	本人の所定労働時間のうち、職業能力開発促進法第24条第１項の認定を受けて事業主が行う職業訓練の時間の１日当たりの平均時間数を本人の１日当たりの所定労働時間数で除して得た率
法第７条第４号に掲げる者のうち、軽易な業務に従事する者	軽易な業務に従事する本人と異なる業務に従事する労働者で、減額しようとする最低賃金額と同程度以上の額の賃金が支払われているもののうち、業務の負担の程度が最も軽易なものの負担の程度に対する本人の業務の負担の程度に応じた率を100分の100から控除して得た率
法第７条第４号に掲げる者のうち、断続的労働に従事する者	断続的労働に従事する本人の１日当たりの所定労働時間数から、１日当たりの実作業時間数を控除して得た時間数に100分の40を乗じて得た時間数を、その所定労働時間数で除して得た率

地域別最低賃金の原則（第９条）　賃金の低廉な労働者について、賃金の最低額を保障す

るため、地域別最低賃金（一定の地域ごとの最低賃金をいう。以下同じ。）は、あまね
く全国各地域について決定されなければならない。

2　地域別最低賃金は、地域における労働者の生計費及び賃金並びに通常の事業の賃金支
払能力を考慮して定められなければならない。

3　前項の労働者の生計費を考慮するに当たつては、労働者が健康で文化的な最低限度の
生活を営むことができるよう、生活保護に係る施策との整合性に配慮するものとする。

労働安全衛生法［昭和47年施行］

　わが国の産業安全への関心は、工業化に取り組みはじめた明治初期か
ら、一部の自治体が安全衛生の規則を定めることで具体化されてきたと
される。そこでは、対象を一定以上の規模とし、また事業の性質が危険
もしくは衛生上有害のおそれのある工場に限り、工場法のもと規定され
ていた。

　労働安全衛生法は第２次世界大戦後の産業復興・発展期に労働災害が
多発したことなどから生まれたもので、近年の改正では、社会的な変化
の実態を踏まえ、①化学物質の管理強化の観点から、危険性、有害性の
調査、および把握の義務化、②勤務上のストレスが健康へ及ぼす影響に
対処するための検査実施義務化（50人未満規模の事業場は努力義務）、
③受動喫煙防止のため職場の全面禁煙・分煙義務化、④労働災害多発企
業に対する改善計画の作成指示などが創設されている。

　業務上疾病も対象とし、精神障害に関して「メンタルヘルス」の呼称
で対策を進めているが、これは基本的に精神障害者雇用と同根の問題で
あることを認識しておく必要がある。

〔主要条項〕

目的（第1条）　労働基準法と相まつて、労働災害の防止のための危害防止基準の確立、
責任体制の明確化及び自主的活動の促進の措置を講ずる等その防止に関する総合的計画
的な対策を推進することにより職場における労働者の安全と健康を確保するとともに、
快適な職場環境の形成を促進すること。

事業者等の責務（第3条）　事業者は、単にこの法律で定める労働災害の防止のための最

低基準を守るだけでなく、快適な職場環境の実現と労働条件の改善を通じて職場における労働者の安全と健康を確保するようにしなければならない。また、事業者は、国が実施する労働災害の防止に関する施策に協力するようにしなければならない。

2　機械、器具その他の設備を設計し、製造し、若しくは輸入する者、原材料を製造し、若しくは輸入する者又は建設物を建設し、若しくは設計する者は、これらの物の設計、製造、輸入又は建設に際して、これらの物が使用されることによる労働災害の発生の防止に資するように努めなければならない。

3　建設工事の注文者等仕事を他人に請け負わせる者は、施工方法、工期等について、安全で衛生的な作業の遂行をそこなうおそれのある条件を附さないように配慮しなければならない。

産業医等（第13条）　事業者は、政令で定める規模の事業場ごとに、医師のうちから産業医を選任し、その者に労働者の健康管理その他の厚生労働省令で定める事項を行わせなければならない。

2　産業医は、労働者の健康管理等を行うのに必要な医学に関する知識について厚生労働省令で定める要件を備えた者でなければならない。

3　産業医は、労働者の健康を確保するため必要があると認めるときは、事業者に対し、労働者の健康管理等について必要な勧告をすることができる。

4　事業者は、前項の勧告を受けたときは、これを尊重しなければならない。

産業医等（第13条の2）　事業者は、前条第1項の事業場以外の事業場については、労働者の健康管理等を行うのに必要な医学に関する知識を有する医師その他厚生労働省令で定める者に労働者の健康管理等の全部又は一部を行わせるように努めなければならない。

┌**【政令】**
│**産業医を選任すべき事業場**（第5条）　法第13条第1項の政令で定める規模の事業場は、常時50人以上の労働者を使用する事業場とする。

┌**【省令（労働安全衛生規則）】**
│**産業医を選任すべき事業場以外の事業場の労働者の健康管理等**（第15条の2）　法第13条の2の厚生労働省令で定める者は、労働者の健康管理等を行うのに必要な知識を有する保健師とする。

労働者災害補償保険法 ［昭和22年施行］

　産業の発展につれて労働災害への対処が急務となった20世紀初頭は、工場法のもと、事業主による工場労働者に対しての補償義務が定められていたが、対策として著しく不備であったことから、扶助責任を保険制

度とした「労働者災害扶助責任保険法」が昭和6年に制定された。そして第2次世界大戦後、労働者の業務上災害に対する事業主の補償責任が労働基準法に定められたことから、その負担を緩和して責任遂行を担保するため、労働者災害補償保険法が制定された。なお、保険料の徴収等の規定は「労働保険の保険料の徴収等に関する法律」（略称「徴収法」）に委ねられている。

対象は、制定時は一定規模以上の企業に限定し、またその補償範囲も労働基準法の定めに準じていたが、昭和47年にすべての事業場を対象とし、さらに翌48年には業務上災害とは別に通勤途上災害も含められた。

これらの規定は、当然ながら障害者雇用においても適用されるものであり、職場および通勤経路における環境認識にハンディキャップのある障害者の安全確保については、使用者の特段の意識が求められる。

〔主要条項〕

目的（第1条）　業務上の事由又は通勤による労働者の負傷、疾病、障害、死亡等に対して迅速かつ公正な保護をするため、必要な保険給付を行い、あわせて、業務上の事由又は通勤により負傷し、又は疾病にかかつた労働者の社会復帰の促進、その労働者及び遺族の援護、労働者の安全及び衛生の確保等を図り、もつて労働者の福祉の増進に寄与すること。

保険給付（第7条）　この法律による保険給付は、次に掲げる給付とする。

1. 労働者の業務災害（業務上の負傷、疾病、障害又は死亡）に関する保険給付
2. 労働者の通勤災害（通勤による負傷、疾病、障害又は死亡）に関する保険給付
3. 二次健康診断等給付

2　通勤とは、労働者が、就業に関し、次に掲げる移動を、合理的な経路及び方法により行うことをいい、業務の性質を有するものを除くものとする。

1. 住居と就業の場所との間の往復
2. 厚生労働省令で定める就業の場所から他の就業の場所への移動
3. 第1号に掲げる往復に先行し、又は後続する住居間の移動（省令で定める要件に該当するものに限る。）

保険料（第30条）　労働者災害補償保険事業に要する費用にあてるため政府が徴収する保険料については、労働保険の保険料の徴収等に関する法律（徴収法）の定めるところによる。

┌─【徴収法】───
│ **定義**（第2条）　この法律において「労働保険」とは、労働者災害補償保険（労災保険）
│ 　及び雇用保険を総称する。
│ 2　この法律において「賃金」とは、賃金、給料、手当、賞与その他名称のいかんを問
│ 　わず、労働の対償として事業主が労働者に支払うもの（通貨以外であつて、省令で定
│ 　める範囲外のものを除く。）をいう。
│ **労働保険料**（第10条）　政府は、労働保険の事業に要する費用にあてるため保険料を徴
│ 　収する。
│ **一般保険料の額**（第11条）　一般保険料の額は、賃金総額に一般保険料に係る保険料率
│ 　を乗じて得た額とする。
│ 2　前項の「賃金総額」とは、事業主がその事業に使用するすべての労働者に支払う賃
│ 　金の総額をいう。
└──

職業安定法［昭和22年施行］

　職業安定行政の根幹となる法律である。明治末期まで民間の営利・非営利事業に任されてきた職業紹介は、1911（明治44）年の内務省通達を受けて東京市が公立職業紹介所を設置したことをはじめとして、行政の手によって公的に行なわれることとなった。

　大正10年には職業紹介法が施行され、市町村を実施主体とする公営の職業紹介所体制が誕生したが、雇用の安定は国家の重要な政策という見地から、業務が国営化されたのは昭和13年である。その後、職業安定行政は戦争によって大きくその姿を変え、戦後は職を求める復員軍人と、外地からの引き揚げ者、軍需産業からの失業者などがちまたにあふれた。

　復員軍人の場合、統治者である連合軍が重症の負傷者を除く軍人恩給の制度を停止したことから、講和条約締結後の昭和28年に恩給が再開されるまでの間は生活に困窮する者が多かった。特に障害を負った旧軍人が街頭で物乞いをするなどの姿もみられ、雇用の安定は喫緊の課題であった。

　こうした社会情勢を踏まえて、昭和22年に職業安定法が制定された。障害者については別途要綱を設けて職業指導、紹介、訓練などを定めた

第Ⅱ章●関係するわが国各法の概要　**73**

が、「労働の意思、能力があるにもかかわらず就職に不利となるような障害のある者」という運用だったため、結果として軽度の障害者は対象からはずされ、また重度で労働能力に影響するほどの障害者も対象とならないなどの問題を残した。

この法の制定に際して、職業紹介は雇用安定政策上国家のみによる、とされたが、その後①民間事業の参入自由化、②派遣労働という新しい働き方の制定による労働者供給事業禁止の厳格な規定の緩和など改正が行なわれてきている。

障害者雇用との関連においては、①の民間職業紹介事業にあっては、職業安定へ向けての正しい運営が期待されていることはいうまでもない。また、②については、その後も「労働者派遣事業の適正な運営の確保及び派遣労働者の保護等に関する法律（略称「労働者派遣法」）の数次の改正で派遣労働の概念が変化していることとの関連などから、特例子会社が親会社または関係会社の業務を一部担当するなどの場合に、職業安定法に規定される「労働者供給事業」と労働者派遣事業、あるいは請負事業との異同など、解釈を誤らないことが必要である。詳しくは厚生労働省が示す「労働者供給事業業務取扱要領」(同省ホームページ参照)などを確認いただきたい。

なお、労働者派遣法には、関係派遣先への労働者派遣を全体の80%以下に制限する規定が盛り込まれたが、別法人を親会社の一部門とみなすことで労働環境を整えるという特別な方法を認めた特例子会社の場合、親会社と密接な関係のもとに雇用機会を生んで操業するための阻害要件ともなりかねない。

〔主要条項〕

目的（第1条）　雇用対策法と相まって、公共に奉仕する公共職業安定所その他職業安定機関が、関係行政庁又は関係団体の協力を得て職業紹介事業等を行うこと、職業安定機関以外の者の行う職業紹介事業等が労働力の需要供給の適正かつ円滑な調整に果たすべき役割にかんがみその適正運営を確保すること等により、各人にその有する能力に適合

する職業に就く機会を与え、産業に必要な労働力を充足し、職業の安定を図るとともに、経済及び社会の発展に寄与することを目的とする。

定義（第4条）　「職業紹介」とは、求人及び求職の申込みを受け、求人者と求職者との間における雇用関係の成立をあつせんすること。

「無料の職業紹介」とは、職業紹介に関し、いかなる名義でも、その手数料又は報酬を受けないで行う職業紹介。

「有料の職業紹介」とは、無料の職業紹介以外の職業紹介。

「職業指導」とは、職業に就こうとする者に対し、実習、講習、指示、助言、情報の提供その他の方法により、その者の能力に適合する職業の選択を容易にさせ、その職業に対する適応性を増大させるために行う指導。

「労働者の募集」とは、労働者を雇用しようとする者が、自ら又は他人に委託して、労働者となろうとする者に対し、その被用者となることを勧誘すること。

「労働者供給」とは、供給契約に基づいて労働者を他人の指揮命令を受けて労働に従事させることをいい、労働者派遣法第2条第1号に規定する労働者派遣に該当するものを含まないもの。

「職業紹介事業者」とは、第30条第1項等の許可を受け、又は第33条の2第1項等の届出をして職業紹介事業を行う者。

「労働者供給事業者」とは、第45条の規定により労働者供給事業を行う労働組合等。

「個人情報」とは、個人に関する情報であつて、特定の個人を識別することができるもの。

職業紹介の地域（第17条）　公共職業安定所は、求職者に対し、できる限り、就職の際にその住所又は居所の変更を必要としない職業を紹介するよう努めなければならない。

2　公共職業安定所は、その管轄区域内において、求職者にその希望及び能力に適合する職業を紹介することができないとき、又は求人者の希望する求職者若しくは求人数を充足することができないときは、広範囲の地域にわたる職業紹介活動をするものとする。

3　前項の広範囲の地域にわたる職業紹介活動は、できる限り近隣の公共職業安定所が相互に協力して行うように努めなければならない。

学生生徒等の職業紹介等（第26条）　公共職業安定所は、学校教育法第1条に規定する学校（筆者注：幼稚園、小学校、中学校、高等学校、中等教育学校、特別支援学校、大学および高等専門学校）の学生若しくは生徒又は学校を卒業し、又は退学した者（以下「学生生徒等」）の職業紹介については、学校と協力して、学生生徒等に対し、雇用情報、職業に関する調査研究の成果等を提供し、職業指導を行い、及び公共職業安定所間の連絡により、学生生徒等に対して紹介することが適当と認められるできる限り多くの求人を開拓し、各学生生徒等の能力に適合した職業にあつせんするよう努めなければならな

い。

2　公共職業安定所は、学校が学生又は生徒に対して行う職業指導に協力しなければならない。

3　公共職業安定所は、学生生徒等に対する職業指導を効果的かつ効率的に行うことができるよう、学校その他の関係者と協力して、職業を体験する機会の付与その他の職業の選択についての学生又は生徒の関心と理解を深めるために必要な措置を講ずるものとする。

学校による公共職業安定所業務の分担（第27条）　公共職業安定所長は、学生生徒等の職業紹介を円滑に行うために必要があると認めるときは、学校の長の同意を得て、又は学校の長の要請により、その学校の長に、公共職業安定所の業務の一部を分担させることができる。

2　前項の規定により公共職業安定所長が学校の長に分担させることができる業務は、次に掲げる事項に限られるものとする。

1. 求人の申込みを受理し、かつ、その受理した求人の申込みを公共職業安定所に連絡すること。
2. 求職の申込みを受理すること。
3. 求職者を求人者に紹介すること。
4. 職業指導を行うこと。
5. 就職後の指導を行うこと。
6. 公共職業能力開発施設（職業能力開発総合大学校を含む。）への入所のあっせんを行うこと。

有料職業紹介事業の許可（第30条）　有料の職業紹介事業を行おうとする者は、厚生労働大臣の許可を受けなければならない。

許可の基準等（第31条）　厚生労働大臣は、前条第1項の許可の申請が次に掲げる基準に適合していると認めるときは、同項の許可をしなければならない。

1. 申請者が、その事業を健全に遂行するに足りる財産的基礎を有すること。
2. 個人情報を適正に管理し、及び求人者、求職者等の秘密を守るために必要な措置が講じられていること。
3. 前2号に定めるもののほか、申請者がその事業を適正に遂行することができる能力を有すること。

学校等の行う無料職業紹介事業（第33条の2）　次の各号の施設長は、厚生労働大臣に届け出て、各号に定める者について、無料の職業紹介事業を行うことができる。

1. 学校（小学校及び幼稚園を除く。）　その学校の学生生徒等
2. 専修学校　その専修学校の生徒又はその専修学校を卒業した者
3. 職業能力開発促進法第15条の7第1項各号の施設（筆者注：障害者職業能力開発校等）

その施設の行う職業訓練を受ける者又はその職業訓練を修了した者

4. 職業能力開発総合大学校　その行う職業訓練若しくは職業能力開発促進法に規定する指導員訓練を受ける者又はその職業訓練若しくはその指導員訓練を修了した者

労働者供給事業の禁止（第44条）　何人も、次条に規定する場合を除くほか、労働者供給事業を行い、又はその労働者供給事業を行う者から供給される労働者を自らの指揮命令の下に労働させてはならない。

労働者供給事業の許可（第45条）　労働組合等が、厚生労働大臣の許可を受けた場合は、無料の労働者供給事業を行うことができる。

雇用対策法［昭和41年施行］

　職業安定法を補完し労働需給の均衡、拡大を志向するなど雇用の安定を目的としたものである。人口減少下における就業促進を目的に、①青少年の雇用機会拡大、②募集・採用に関する年齢制限禁止の義務化、③外国人の適正な雇用を事業主に要請しており、①②は障害者雇用にも関係する事項である。

〔主要条項〕

目的（第1条）　国が、少子高齢化による人口構造の変化等の経済社会情勢の変化に対応して、雇用政策全般にわたり、必要な施策を総合的に講ずることにより、労働市場の機能が適切に発揮され、労働力の需給が質量両面にわたり均衡することを促進して、労働者が有する能力を有効に発揮することができるようにし、これを通じて、労働者の職業の安定と経済的社会的地位の向上とを図るとともに、経済及び社会の発展並びに完全雇用の達成に資すること。

2　この法律の運用に当たつては、労働者の職業選択の自由及び事業主の雇用管理の自主性を尊重しなければならず、また、職業能力の開発・向上を図り、職業を通じて自立しようとする労働者の意欲を高め、かつ、労働者の職業を安定させるための事業主の努力を助長するように努めなければならない。

基本的理念（第3条）　労働者は、その職業生活設計が適切に行われ、その設計に即した能力の開発及び向上と転職に当たつての円滑な再就職の促進その他の措置が効果的に実施されることにより、職業生活の全期間を通じて、職業の安定が図られるように配慮されるものとする。

事業主の責務（第6条）　事業主は、事業規模の縮小等に伴い離職を余儀なくされる労働者について、その労働者が行う求職活動への援助その他再就職の援助を行うことにより、その職業の安定を図るように努めなければならない。

募集及び採用における年齢にかかわりない均等な機会の確保（第10条） 事業主は、労働者がその有する能力を有効に発揮するために必要であると認められるとして厚生労働省令で定めるときは、労働者の募集及び採用について、その年齢にかかわりなく均等な機会を与えなければならない。

【省令】

募集及び採用における年齢にかかわりない均等な機会の確保（第1条の3） 法第10条の厚生労働省令で定めるときは、次の各号を例外とした全ての場合とする。

1. 定年年齢を上限として、上限年齢未満の労働者を、期間の定めのない労働契約の締結を目的に募集及び採用を行うとき。
2. 労働基準法その他の法令の規定により年齢制限がある業務について、制限年齢の範囲外の労働者の募集及び採用を行うとき。
3. 募集・採用における年齢制限を、必要最小限の合理的な制限である場合として次のいずれかに該当するとき。

   イ　期間の定めのない労働契約を締結する場合に限り、かつ、その労働者が職業経験者であることを求人条件としない場合で、学校、専修学校、職業能力開発総合大学校の新卒者として、又はそれと同等の処遇で募集及び採用を行うときに限って、長期勤続によるキャリア形成を目的として、若年者の募集及び採用を行うとき。

   ロ　期間の定めのない労働契約を締結する場合に限り、技能及びこれに関する知識の継承を目的に、特定年齢、特定職種の労働者数が相当程度少ないとして厚生労働大臣が定める条件に適合する場合に限り、その職種の業務遂行に必要な労働者の募集及び採用を行うとき。

   ハ　芸術又は芸能の分野における表現の真実性確保などのため、特定の年齢範囲に属する労働者の募集及び採用を行うとき。

   ニ　高年齢者の雇用の促進を目的に、国の関係施策を活用しようとする場合に限り、60歳以上の高年齢者又は特定の年齢範囲に属する労働者の募集及び採用を行うとき。

高年齢者雇用安定法（高年齢者等の雇用の安定等に関する法律）［昭和46年施行］

　平成10年施行の改正で、定年を定める場合は60歳を下回ることができない旨が義務化され、さらに平成16年改正では、公的老齢年金支給開始年齢の段階的引き上げとの関連から、65歳までの雇用実現のための「高

年齢者雇用確保措置」導入義務が施行された。そこでは、事業主に対して①定年を65歳に引き上げる、②継続雇用制度を導入し65歳まで雇用する、③定年の規定を廃止する、のいずれかの措置によって平成25年度までに段階的な65歳までの雇用実現が義務化された。

　なお、②の継続雇用制度は、平成25年3月までの間、経過措置として労働組合との協定により対象者を特定することができるとし、同年4月以降は原則どおり希望者全員を対象とすることとされた。ただし、平成25年3月までに協定済みの内容については、次の期間中対象者特定の取り扱いを継続できることとされている。

◆ 平成25年4月1日〜同28年3月31日の間は、61歳以上である人について

◆ 平成28年4月1日〜同31年3月31日の間は、62歳以上である人について

◆ 平成31年4月1日〜同34年3月31日の間は、63歳以上である人について

◆ 平成34年4月1日〜同37年3月31日の間は、64歳以上である人について

　さらに継続雇用制度では定年時に在籍した企業だけでなく、特例子会社などの支配下企業、および関係企業における雇用も認められる。

　以上の経過措置を経て平成25年4月以降①〜③のいずれかにより65歳までの雇用実現を義務とする時代を迎えたが、これらは障害者雇用においても例外ではなく、障害の態様によって労働能力の急速な減退などの事情に直面する場合もみられることからすれば、65歳にいたるまでのさまざまな個人状況に対し、異動、職務変更その他、処遇制度上の配慮などによる対応が求められる。

〔主要条項〕

目的（第1条）　定年の引上げ、継続雇用制度の導入等による<u>高年齢者の安定雇用の確保促進、高年齢者等の再就職促進、定年退職者その他の高年齢退職者に対する就業の機会確保等の措置を総合的に講じ、高年齢者等の職業安定その他福祉の増進を図るとともに、経済及び社会の発展に寄与すること。</u>

定義（第2条）　この法律において「高年齢者」とは、厚生労働省令で定める年齢以上の者をいう（筆者注：55歳以上の者（省令第1条））。

2　この法律において「高年齢者等」とは、高年齢者及び次に掲げる者で高年齢者に該当

しないもの。

1. 中高年齢者（筆者注：45歳以上の者（省令第2条））である求職者（次号に掲げる者を除く）。
2. 中高年齢失業者等（筆者注：45歳以上65歳未満の範囲の者（省令第3条）その他就職が特に困難な失業者（障害者雇用促進法第2条で定める身体障害者で65歳未満の者（省令第3条2項）））。

事業主の責務（第4条）　事業主は、その雇用する高年齢者について職業能力の開発及び向上並びに作業施設の改善その他の諸条件の整備を行い、並びにその雇用する高年齢者等について再就職の援助等を行うことにより、その意欲及び能力に応じてその者のための雇用の機会の確保等が図られるよう努めるものとする。

2　事業主は、雇用する労働者が高齢期において意欲及び能力に応じて就業することにより、職業生活の充実を図ることができるようにするため、高齢期における職業生活設計について必要な援助を行うよう努めるものとする。

定年を定める場合の年齢（第8条）　事業主が雇用する労働者の定年の定めをする場合には、その定年は60歳を下回ることができない。ただし、その事業主が雇用する労働者のうち、高年齢者が従事することが困難であると認め厚生労働省令で定める業務（筆者注：鉱業法第4条に規定する坑内作業）に従事する労働者については、この限りでない。

高年齢者雇用確保措置（第9条）　65歳未満の定年の定めをしている事業主は、雇用する高年齢者の65歳までの安定した雇用を確保するため、次の各号に掲げる「高年齢者雇用確保措置」のいずれかを講じなければならない。

1. 定年年齢の引上げ
2. 現に雇用している高年齢者が希望するときは、その者を定年後も引き続いて雇用する継続雇用制度の導入
3. 定年の定めの廃止

2　継続雇用制度には、事業主が、特殊関係事業主（経営を実質的に支配することが可能な関係にある企業その他、その事業主と特殊の関係のある企業として厚生労働省令で定める事業主）との間に、その事業主の雇用する高年齢者で定年後に雇用されることを希望するものを、その特殊関係事業主が引き続いて雇用する契約を締結し、その高年齢者の雇用を確保する制度が含まれるものとする。

3　厚生労働大臣は、第1項の事業主が講ずべき高年齢者雇用確保措置の実施及び運用に関する指針を定めるものとする。

┌─**【省令】**─────────────────────────────────

特殊関係事業主（第4条の3）　法第9条第2項に規定する厚生労働省令で定める事業主は、次の各号に掲げる者とする。

1. 現事業主の子会社

2. 現事業主の親会社

3. 親会社が支配する子会社（現事業主及び1、2を除く）

4. 現事業主の関連企業

5. 親会社の関連企業等（4を除く）

（筆者注：各号について現在雇用している事業主との関係を加筆した。実施に際しては
ハローワークに照会するなど確認されたい）

公表等（第10条）　厚生労働大臣は、前条第1項の規定に違反している事業主に対し、必
要な指導及び助言をすることができる。

2　厚生労働大臣は、前項の規定による指導又は助言をした場合に、その事業主がなお前
条第1項の規定に違反していると認めるときは、その事業主に対し、高年齢者雇用確保
措置を講ずべきことを勧告することができる。

3　厚生労働大臣は、前項の規定による勧告をした場合、勧告を受けた者がこれに従わな
かつたときは、その旨を公表することができる。

雇用保険法［昭和50年施行］

　失業に対する公的給付制度は19世紀にヨーロッパで始まったとされる
が、わが国では第2次世界大戦後に当時の雇用市場対策として失業保険
法が制定された。当初は失業に対する給付を労使と国が拠出する原資で
行なう保険制度であったが、昭和49年の改正で失業を予防する見地から
の事業も対象とされ、新たに事業主が負担する積立金による雇用保険三
事業（雇用安定、能力開発、雇用福祉の各事業）が加えられて法律名も
雇用保険法に改められた。なお、これら事業はその後の改正で見直しが
行なわれ、現行は雇用安定と能力開発の二事業となっている。

　障害者雇用に関係する各種助成金のうち、ハローワークが担当するも
のはこの「雇用保険二事業」の制度であり、障害者雇用助成金制度によ
るものとともに、有効な支援策とされている。

　雇用保険法も、最近の労働に関する各種制度改正の一環として、平成
28年にいくつかの点が改正されたが、そのうち適用対象に65歳以降に雇
用される者を含める措置や妊娠中の従業員の就業環境整備義務（いずれ
も平成29年1月施行）などは、障害者雇用においても承知しておく必要

がある。

〔主要条項〕

目的（第1条）　労働者が失業した場合及び労働者について雇用の継続が困難となる事由が生じた場合に必要な給付を行うほか、労働者が自ら職業に関する教育訓練を受けた場合に必要な給付を行うことにより、労働者の生活及び雇用の安定を図るとともに、求職活動を容易にする等その就職を促進し、労働者の職業の安定に資するため、失業の予防、雇用状態の是正及び雇用機会の増大、労働者の能力の開発及び向上その他労働者の福祉の増進を図ること。

適用事業（第5条）　この法律においては、労働者が雇用される事業を適用事業とする。

適用除外（第6条）　次に掲げる者については、この法律は適用しない。

2. 1週間の所定労働時間が20時間未満の者（この法律適用時に日雇労働被保険者に該当する者を除く。）

3. 同一適用事業に継続して31日以上雇用されることが見込まれない者

4. 季節的に雇用される者であつて、次に該当するもの
   ・4箇月以内の期間を定めて雇用される者
   ・1週間の所定労働時間が20時間以上30時間未満の者

5. 学校（専修学校、各種学校を含む。）の学生生徒で2〜4に準ずるとして、厚生労働省令で定める者

失業等給付（第10条）　失業等給付は、求職者給付、就職促進給付、教育訓練給付及び雇用継続給付とする。

2　求職者給付は、次のとおりとする。

1. 基本手当

2. 技能習得手当

3. 寄宿手当

4. 傷病手当

3　前項にかかわらず、高年齢被保険者に係る求職者給付は高年齢求職者給付金、短期雇用特例被保険者に係る求職者給付は特例一時金、日雇労働被保険者に係る求職者給付は日雇労働求職者給付金とする。

雇用安定事業（第62条）　政府は、被保険者等に関し、失業の予防、雇用状態の是正、雇用機会の増大その他雇用の安定を図るため、雇用安定事業として、次の事業を行うことができる。

1. 経済上の理由により事業活動の縮小を余儀なくされた場合、労働者の雇用の安定を図るために必要な措置を講ずる事業主に対してする助成及び援助。

2. 離職を余儀なくされる労働者に対して、再就職を促進するために必要な措置を講ずる

事業主に対する助成及び援助。

3. 高年齢者の雇用延長、再就職の援助、雇入れその他高年齢者等の雇用安定を図るために必要な措置を講ずる事業主に対する助成及び援助。

5. 雇用機会増大の必要がある地域への事業所の移転により新たに労働者を雇い入れる事業主、季節的に失業する者が多数居住する地域でこれらの者を年間を通じて雇用する事業主その他雇用状況改善の必要がある地域での労働者の雇用安定を図るために必要な措置を講ずる事業主に対する助成及び援助。

6. 前各号のほか、障害者その他就職が特に困難な者の雇入れ促進、雇用状況が全国的に悪化した場合での労働者の雇入れの促進その他被保険者等の雇用の安定を図るために必要な事業。

能力開発事業（第63条）　政府は被保険者等に関し、職業生活の全期間を通じて能力を開発し向上させることを促進するため、能力開発事業として、次の事業を行うことができる。

1. 認定職業訓練、その他その事業主等の行う職業訓練を振興するため必要な助成及び援助、並びに必要な助成、援助を行う都道府県に対する経費の補助。

2. 公共職業能力開発施設又は職業能力開発総合大学校の設置、運営、職業訓練及び公共職業能力開発施設を設置、運営する都道府県に対する経費の補助。

3. 求職者及び退職予定者に対して、再就職を容易にするための職業講習並びに作業環境適応訓練の実施。

4. 有給教育訓練休暇を与える事業主に対する助成及び援助。

5. 公共職業能力開発施設又は職業能力開発総合大学校の行う職業訓練又は職業講習を受ける労働者に対し、それを容易にし、促進に必要な交付金の支給、及び雇用する労働者に職業訓練を受けさせる事業主に対する助成。

6. 技能検定の実施に要する経費の負担。

7. 前各号に掲げるもののほか、労働者の能力の開発及び向上のために必要な事業。

保険料（第68条）　雇用保険事業に要する費用に充てるため政府が徴収する保険料については、徴収法の定めるところによる。

パートタイム労働法（短時間労働者の雇用管理の改善等に関する法律）

［平成5年施行］

　増大する「パートタイマー」などと呼ばれる短時間労働者の処遇の改善をめざして施行されたものである。

　平成20年施行の大幅改正では、通常の労働者と職務が同一とみなされる場合の差別的取り扱い禁止、通常の労働者への転換推進、労働条件の

第Ⅱ章●関係するわが国各法の概要　**83**

文書による明示の義務化などが加えられた。

　平成27年改正以降の現行法では、差別的取り扱い禁止の対象とする短時間労働者の範囲拡大、労働条件明示の際の説明義務など、厳格化が進められた。特に従来、労働契約期間が無期の者のみ禁止されていた差別扱いが、労働契約期間の定めの有無にかかわらず対象となったことは注意しておかなければならない（第9条）。

　罰則規定はなく、紛争の解決策としてまず事業所内における自主的解決を規定し、不成立の場合は各地労働局長の支援、さらに調停という順序としている点は、障害者雇用促進法の差別禁止規定と同じである。

　なお、障害者雇用においては、障害特性への配慮等から短時間雇用とするケースもあることから、この法の求める内容に対する理解が求められる。また短時間労働者の定義は、この法では第2条のとおり広範だが、障害者雇用促進法においてはより具体的に週労働時間20時間以上30時間未満（告示ならびに雇用保険法に準拠）としていること、平成28年10月以降、社会保険（年金・医療）について被保険者の範囲が促進法と同じに拡大されたことなど関連事項も把握しておきたい。

〔主要条項〕

目的（第1条）　我が国における少子高齢化の進展、就業構造の変化等の社会経済情勢の変化に伴い、短時間労働者の果たす役割の重要性が増大していることにかんがみ、短時間労働者について、その適正な労働条件の確保、雇用管理の改善、通常の労働者への転換の推進、職業能力の開発及び向上等に関する措置等を講ずることにより、通常の労働者との均衡のとれた待遇の確保等を図ることを通じて短時間労働者がその有する能力を有効に発揮することができるようにし、もってその福祉の増進を図り、あわせて経済及び社会の発展に寄与すること。

定義（第2条）　この法律において「短時間労働者」とは、1週間の所定労働時間が同一の事業所に雇用される通常の労働者の1週間の所定労働時間に比し短い労働者をいう。

事業主等の責務（第3条）　事業主は、その雇用する短時間労働者について、その就業の実態等を考慮して、適正な労働条件の確保、教育訓練の実施、福利厚生の充実その他の雇用管理の改善及び通常の労働者への転換の推進等（雇用管理の改善等）に関する措置等を講ずることにより、通常の労働者との均衡のとれた待遇の確保等を図り、短時間労

働者がその有する能力を有効に発揮することができるように努めるものとする。

2　事業主の団体は、その構成員である事業主の雇用する短時間労働者の雇用管理の改善等に関し、必要な助言、協力その他の援助を行うように努めるものとする。

通常の労働者と同視すべき短時間労働者に対する差別的取扱いの禁止（第9条）　事業主は、職務の内容がその事業所に雇用される通常の労働者と同一の短時間労働者で、その事業所における慣行その他の事情からみて、事業主との雇用関係が終了するまでの全期間、その職務の内容及び配置が通常の労働者の職務の内容及び配置の変更の範囲と同一の範囲で変更されると見込まれるものについては、短時間労働者であることを理由として、賃金の決定、教育訓練の実施、福利厚生施設の利用その他の待遇について、差別的取扱いをしてはならない。

第Ⅱ章●関係するわが国各法の概要　85

第III章
障害者雇用促進法のあゆみ

1. 身体障害者雇用促進法の誕生

　第2次世界大戦により、わが国土の多くが廃墟と化し、産業は壊滅状態となった。そのようななかで海外からの引き揚げ者が官民合わせて500万人を超えたとされ、敗戦直後の社会に失業者があふれた事態に対し、政府は職業安定法を制定したこと、そのなかで障害者（この時点での意識としては「身体障害者」）の就業については十分な効果をあげなかったとされることは既述のとおりであるが、国際社会に復帰したわが国は海外情報の入手が可能となり、障害者をいかにして就労から自立への道に進ませるかという課題について、海外の先例を参考に真剣な検討を行なわなければならない時期を迎えたということでもあった。

　まず昭和25年の身体障害者福祉法制定により、福祉と職業リハビリテーションの観点からの支援体制が開始されたことに続いて、雇用による自立の道が検討され、当然の帰結として法制度によって組織体における雇用を推進するという方向が定められた。

　検討の結果としてヨーロッパにおいて主流的であった法定雇用率方式が選択されたが、わが国ではヨーロッパ各国にみられる、高めの法定雇用率設定と雇用に準ずる複数の実現手段の併用方式ではなく、達成方法を直接雇用に限定するとともに、雇用努力により達成可能な率を設定する方式が採用された。しかし障害者雇用が進むに従って、個別企業の期待する特性にもとづいた求人が困難になりつつあると感じられることや、雇用の進展により障害者雇用納付金会計が収入減・支出増になるという皮肉な現象などを考えれば、わが国の直接雇用限定主義は、再検討の時期を迎えているともいえよう。

こうして障害者の雇用を規定する法律は、「身体障害者雇用促進法」として昭和35年に公布、施行され、いくつもの変遷を経て今日の「障害者雇用促進法」となっている。

　本章では障害者雇用の基礎知識として、法制定後の推移を、要点を絞って紹介する。

2. 制定から平成20年まで

　制定時の身体障害者雇用促進法では、①身体障害者でないことを求人条件とすることの禁止、②障害者に対する適応訓練の実施、③雇用率制度の実施等が定められ、雇用率に関しては国、地方自治体等に対する達成義務および民間事業主に対する事業所単位の達成努力義務が課せられた。制定、施行時における法定雇用率は**図表3-1**のとおりである。

　こうしてスタートした同法は、その後のさまざまな状況変化に合わせて改正を重ね、名称も「障害者雇用促進法」と改められて今日にいたっている。以下、時系列で主要な改正内容を記す（法定雇用率等重要な政省令事項を含む）。

【昭和43年改正】

　民間および特殊法人の事務的事業所と現業的事業所の区分が実情に合致しない等から一本化され、また身体障害者雇用促進をさらにはかるとして、法定雇用率が改定された。

【昭和51年改正】

　民間部門に対する雇用を努力義務から雇用義務とし、全体に法定雇用率が引き上げられた。また法定雇用率の算定基準を算式として明示し、

図表3-1　法定雇用率の改定

		制定施行時〜		昭和43年10月改正〜	
民間	事務的事業所	1.3%	区分廃止		1.3%
	現業的事業所	1.1%			
特殊法人	事務的事業所	1.5%	区分廃止		1.6%
	現業的事業所	1.3%			
官公庁	非現業的機関	1.5%	非現業的機関		1.7%
	現業的機関	1.4%	現業的機関		1.6%

少なくとも 5 年ごとに見直すこと、算定基礎を事業所単位から企業単位として「経営」としての義務であることが明確化された。また雇用納付金制度の新設等、義務意識の強化策のほか、重度障害者のダブルカウント制、除外率制度など現行規定の基本となる事項が定められ、さらに「特例子会社制度」が通達にもとづき開始された。

◆民間事業主の雇用を努力義務から義務に（施行：昭和51年10月）

◆法定雇用率改定（施行：同上。民間事業主1.5％、特殊法人1.8％、国等の機関・非現業1.9％、現業1.8％）

◆民間事業主については雇用率適用単位を事業所から企業に改定（施行：同上）

◆除外労働者（職務）制を除外率制に改定（施行：同上）

◆身体障害者の対象範囲を身体障害者福祉法の 1 ～ 6 級および 7 級重複に（施行：同上）

◆身体障害者の 1 、 2 級および 3 級重複を重度とし、ダブルカウント制新設（施行：同上）

◆雇用実施勧告等に従わない事業主の企業名公表制新設（施行：同上）

◆身体障害者雇用納付金制度新設（施行：同上）

◆知的障害者を雇用の場合、納付金減額、職業紹介、適応訓練等の対象化（施行：同上）

◆解雇の場合の届出制度新設（施行：同上）

◆特例子会社制度の通達にもとづく試行開始（施行：同上）

【昭和55年改正】

◆身体障害者雇用納付金の額を改定（施行：昭和56年10月。雇用納付金30,000円→40,000円、雇用調整金14,000円→20,000円、報奨金8,000円→10,000円（平成 2 年に15,000円））

【昭和62年改正】

　法律の対象をすべての障害者とし、名称を「障害者の雇用の促進等に関する法律」に改定。ただし雇用義務の対象は従来どおり身体障害者の

第Ⅲ章●障害者雇用促進法のあゆみ　91

みとし、その他の障害者は助成金の給付対象等に限られたが、知的障害者については実際に雇用した場合、実雇用率に算入できることとした。

　法定雇用率は昭和61年が改定時期にあたったが、「身体障害者就業実態調査」を優先して実施した結果、審議会は「昭和63年からの改定が妥当」と答申し、実施を繰り下げた。

◆対象をすべての障害に拡大（施行：昭和63年４月）

◆特例子会社制度法定化（施行：同上）

◆知的障害者の実雇用率みなし算入開始（施行：同上）

◆障害者職業センターを雇用促進事業団から日本障害者雇用促進協会へ移管（施行：同上）

◆法定雇用率改定（施行：同上）（民間事業主1.6％、特殊法人1.9％、国等の機関・非現業2.0％、現業1.9％）

【平成３年改正】

◆障害者雇用納付金関係の改定（施行：平成４年４月）（雇用納付金40,000円→50,000円、雇用調整金20,000円→25,000円、報奨金15,000円→17,000円）

【平成４年改正】

　雇用促進策として短時間労働などが取り上げられ、また精神障害者の雇用対策に関する議論を開始。法定雇用率は再計算の結果、据置きとされた。

◆「障害者雇用対策基本方針」策定（施行：平成４年７月）

◆重度知的障害者のダブルカウント制開始（施行：平成５年４月）

◆重度身体障害者および重度知的障害者の短時間労働者に対する実雇用率算入（１人を１カウントと算定）開始（施行：同上）

【平成６年改正】

　重度身体障害者、知的障害者等の自立へ向けた継続的支援のため、市町村段階での実施機関を設け、また助成金制度を新設した。

◆障害者雇用支援センター制度創設（施行：平成６年10月）

◆障害者福祉施設設置等助成金等新設（施行：同上）

【平成9年改正】

　制定以来、身体障害者のみを雇用義務対象としてきたが、10年間の試行を経て知的障害者も義務対象に含める画期的な改正を行ない、新算定基礎にもとづく再計算の結果、法定雇用率が改定された。関連して官公庁の雇用率区分について現業的機関と非現業的機関を一本化した。

　精神障害者については、従来の統合失調症等に加えて「精神障害者保健福祉手帳所持者で症状が安定し、就労可能な者」の定義の新設、短時間勤務者の助成金支給対象化など、以降の精神障害者雇用義務化の布石となる制度が設けられた。

　なお、この改定以降の障害者雇用促進法諸規定および関連諸制度はおおむね現行法に継承されているので、詳細は第Ⅳ章および第Ⅴ章を参照願いたい。

◆知的障害者の雇用義務化（施行：平成10年7月）

◆精神障害者に対する支援措置の拡大（施行：平成10年4月）

◆特例子会社の認定基準（障害者比率等）緩和（施行：平成9年10月）

◆法定雇用率改定（施行：平成10年7月）（民間事業主1.8％、特殊法人2.1％、国等の機関2.1％、教育委員会2.0％）

【平成14年改正】

　特例子会社制度の障害者雇用進展に寄与する実績に鑑み、持株会社制、分社化の増加や国際会計基準の導入など、時代に即した新たな関係会社に対する実質支配形態に合わせ、特例子会社を保有する企業が、他の関係子会社を含めたグループを形成して障害者雇用を進める場合、一括して親会社の雇用とみなす方式が制定された。

　昭和51年以来の民間企業での雇用義務軽減制度である除外率制については、ノーマライゼーションの見地からの疑問、職場環境の改善により生じている実態との乖離、障害者の職域への制約などの点が議論された結果、段階的に縮小することとして、公務員に対する除外職員制度の原

則を除外率制度に変更することとあわせて、その旨の規定が本則から附則に移された。

継続検討中の精神障害者の雇用促進に関しては、定義規定（第2条）の「障害者」に精神障害を明示することとし、省令で「精神障害者保健福祉手帳の所持者と統合失調症、そううつ病及びてんかんにかかっている者」とした。

法定雇用率については再計算の結果、据置きとされた。

◆特例子会社を含む企業グループによるグループ適用制創設（施行：平成14年10月）

◆除外率制度の段階的縮小（除外率の第一次引き下げ）（施行：平成16年4月）

◆精神障害者の定義規定への明示（施行：平成14年5月）

◆障害者就業・生活支援センター事業の創設（施行：同上）

◆ジョブコーチ（職場適応援助者）事業の創設（施行：同上）

◆障害者雇用納付金関係の改定（施行：同上）（雇用納付金50,000円に据置き、雇用調整金25,000円→27,000円、報奨金17,000円→21,000円）

【平成17年改正】

法改正は従来、法定雇用率の再計算期に合わせて行なわれる傾向があったが、平成14年法改正後、精神障害者の雇用義務化論議が進んだこと、および障害者自立支援法審議との関連で、福祉・雇用両領域の連携による障害者就労への体制整備が必要となってきたことなどから、この時点で法改正が行なわれ、精神障害者は義務化対象としないが、実際に雇用する場合「精神障害者保健福祉手帳」所持者に限定して実雇用率にみなし算入すること、取り扱い上「重度」の適用は行なわない一方、長時間労働が困難な者が多いことに鑑み、短時間労働者を0.5カウントとすることとした。

◆精神障害者に対する実雇用率みなし算入と短時間労働者の0.5カウント算定（施行：平成18年4月）

◆在宅就業障害者への発注企業に対する特例調整金等の支給（施行：同上）
◆特例子会社に対する調整金の支給先選択可能化（施行：平成17年10月）
◆ジョブコーチ事業の再編成（配置型、1号、2号）（施行：同上）

【平成20年改正】

　平成19年に予定されていた次期雇用率再計算に合わせ、平成17年改正時に見送られた法改正案件等の検討テーマについて研究会が設置された。

◆多様な雇用形態等に対応する障害者雇用率制度の在り方に関する研究会…「障害者の短時間労働」「障害者の派遣労働」「その他（精神障害者の一般雇用へのステップアップ支援策など)」
◆中小企業における障害者の雇用の促進に関する研究会…「中小企業に対する雇用支援策の強化」「中小企業における経済的負担の調整の実施」
◆福祉、教育等との連携による障害者の雇用支援の推進に関する研究会…「福祉、教育等との連携による地域ネットワークの構築」「就労支援担当者の育成、確保」「雇用、福祉、教育等の各分野および企業が共通して利用し得るツールの開発・整備」

　上記各研究会検討項目のうち、大きな制度改正につながった事項は次の諸点である。

①従来短時間労働者は、雇用率上、重度障害者の場合のみ1人の雇用を1カウントと計算してきたが、今後は福祉的就労から一般雇用への移行円滑化のためなど短時間労働形態を重視することが議論され、前回改正で精神障害者の短時間労働者を0.5カウントとしたことで、重度でない短時間労働者も実雇用率対象とする措置が開始されたことから、各障害とも重度以外の短時間労働者を0.5カウントと算定すること。
②特例子会社制度以外にもグループ適用制度を設けること、および障害

第Ⅲ章●障害者雇用促進法のあゆみ　**95**

者雇用調整金を親会社、特例子会社、関係会社のいずれか、または分割支給する措置。

③制度創設以来、雇用達成状況の判断などから労働者規模301人以上の企業を対象としてきた障害者雇用納付金制度は、最近の雇用状況に鑑み法の原則適用を強化し、小規模企業の雇用改善を促す等の趣旨で、対象範囲拡大を実施すること。

法定雇用率は再計算が行なわれ1.9％と試算されたが、短時間労働者の雇用率化および除外率の引き下げが、ともに法定雇用率の低減効果を示すものであったため、これらの実施を前提に1.8％据置きとした。

◆短時間労働者の雇用率算入（施行：平成22年7月）

◆障害者雇用納付金制度の対象範囲拡大（下記期間中は障害者雇用納付金を40,000円に減額）

　　第一次…規模301人以上→201人以上、平成22年7月～平成27年6月
　　　　　　（施行：平成22年7月）

　　第二次…規模201人以上→101人以上、平成27年4月～平成32年3月
　　　　　　（施行：平成27年4月）

◆関係子会社特例（特例子会社を含まないグループ算定）（施行：平成21年4月）

◆特定事業主認定（事業協同組合等のグループ算定）（施行：同上）

◆障害者雇用調整金の分割支給等選択化（施行：同上）

◆除外率の第二次引き下げ（施行：平成22年7月）

3. 平成25年の改正

（1） 1.8％から2.0％へ

　平成10年以降1.8％に据え置かれていた法定雇用率は、平成24年の再計算により、雇用義務対象となる身体障害者、知的障害者は、通常時間労働者数、短時間労働者数および失業障害者数すべてが増加し、分母を形成する総労働者数が若干減少したことから2.072％と算出され、平成25年4月以降の法定雇用率は2.0％と決定された。

　このころまで、わが国の経済環境は良好とはいえない状況が続いていたが、企業努力の成果として、障害者の平均実雇用率は企業規模全体で平成10年の1.48％から平成24年の1.69％へと上昇し、雇用障害者数も25万1443人（カウント）から38万2363.5人（同）へと増加した。なかでも従業員数1000人以上の企業では1.90％の平均実雇用率を実現し、企業の57％強は法定雇用率を達成していた。しかし平成25年の法定雇用率改定により多くの企業が追加雇用をめざさざるをえなくなったこと、雇用義務の生じる最小企業規模（最小限1人雇用する義務のある規模）が法定雇用率1.8％（1÷0.018≒56人）から2.0％（1÷0.02＝50人）へ拡大されたことなど、法定雇用率改定がもたらした影響は小さくなかった。加えて近い将来、精神障害者雇用義務化によってさらなる法定雇用率の上昇も不可避のなか、平成10年以降15年間継続した1.8％の時代は終了し、障害者雇用は求人難も予測される新たな時期を迎えることとなった。

（2） 平成25年改正の要旨

　政府は平成19年に障害者権利条約の受け入れを表明して以来、批准に

第Ⅲ章●障害者雇用促進法のあゆみ　**97**

必要な国内法制度の改正に取り組んできた。

　障害者雇用促進法に関しても、それまでの法定雇用率方式による障害者雇用推進制度と、条約が求める障害者の権利の視点からの差別禁止や合理的配慮とをいかに整合させるべきかについて論議が行なわれ、わが国障害者雇用法制度において画期的ともいえる改正法が平成25年6月19日付で公布された。法の詳細は第Ⅳ章でふれることとし、以下では改正の大要を解説する。なお施行期日は、法全体として平成30年4月1日だが、事項別に3回に分けられた。

❶法の対象とする障害範囲の明確化（平成25年6月19日施行）

　「障害」の定義（第2条1号）について、法文上「身体障害、知的障害又は精神障害」から「身体障害、知的障害、精神障害（発達障害を含む）その他の心身の機能の障害」に表記を整理した。

　障害者雇用促進法は、法律そのものの対象とする障害者の範囲を改正前から広くとらえているが、発達障害者や高次脳機能障害者などは別条で特例的に一部の措置対象とするという決め方だったものを第2条（用語の意義）に法の対象である旨明示したものであり、表記上の整理であって、発達障害者などの、この法における取り扱いを変更するものではないため、改正法公布と同時に施行とされた。

❷差別禁止規定と雇用上の苦情・紛争処理（平成28年4月1日施行）

　障害者権利条約の規定にもとづく新しい概念を障害者雇用促進法に取り入れるにあたって、「障害者に対する差別の禁止等」（第2章の2）および「紛争の解決」（第3章の2）が新たに設けられた。

　第2章の2では、差別禁止規定として事業主に対し、①労働者募集・採用段階での障害者と非障害者との間の均等な機会付与、②雇用後のすべての段階での不当な差別的取り扱いの禁止、③差別の禁止に関する指針の策定、④均等な機会の確保等をはかるための合理的配慮措置の実施と事業主の過重な負担回避、⑤これらの体制整備、合理的配慮に関する指針の策定などを定め、また第3章の2では、①差別禁止および合理的

配慮措置に関して紛争が生じた場合、一義的には事業所内労使において自主的に解決されるべきこと、②解決しない場合、その段階では差別禁止に関する争いについて「個別労働関係紛争の解決の促進に関する法律」（略称「個別労働紛争解決促進法」）を適用せず、各地労働局長が助言等を行なうこと、③さらに調停の申請があった場合は個別労働紛争解決促進法の紛争調整委員会が行なうことなどを定めている。

❸精神障害者の雇用義務化（平成30年４月１日施行）

　精神障害者の雇用義務化については、「企業が着実に取り組めるよう十分な準備期間と大幅な支援策充実を進めつつ実施が必要」とされ、施行を平成30年４月からとし、さらにその後の５年間は激変緩和期間とする、より慎重な段階を踏むこととされた。

　対象者は精神障害者保健福祉手帳の所持者に限られ、また症状が安定し就労が可能な者（施行規則第１条の４）とされるなど、みなし算入時の対応が継承された。これにより雇用する側の不安感は払拭されると期待されているが、現実には個々の発現状況が変化をともなうことから、勤務するうえでの安定性と就労の継続や、手帳から読みとれる労働可能性についてこの規定のみで全幅の信頼がおけるとはいいきれず、平成35年と定められた完全施行期までにこれら懸念事項を払拭できるかは不透明といえる。

　いずれにせよ法定雇用率は、15年間続いた1.8％時代を終えたあとの10年間で急速に変化することになったが、精神障害者雇用の義務化とは、法定雇用率の上昇分を精神障害者の雇用で充当するという意味ではなく、身体、知的および精神の各障害者のなかから、自社の従業員としてふさわしい人を雇用するという点に変わりはない。

　完全実施にいたる間の段階は次のとおりとされた。

【平成25年４月から平成30年３月までの５年間】

　雇用義務の対象は身体障害者および知的障害者であり、精神障害者については実際に雇用した者を、身体障害者や知的障害者と同じとみなし

て自企業の実雇用率に算入するというルールを継承し、法定雇用率については別途算出された2.0％が適用される。

【平成30年4月から平成35年3月までの5年間】

平成29年度中に、法定雇用率について①前回と同様、身体および知的障害者のみの数値による試算、②算式に精神障害者の数値を加えた試算をそれぞれ行ない、①および②の中間数値となる率をもって、この期間に適用する法定雇用率とすることとした。なおこの中間数値は、雇用環境その他の見通し状況を勘案して政策的に決定されることとなる。

【平成35年4月以降】

その時点で算出された精神障害者を加えた法定雇用率が適用される。

❹平成30年度からの法定雇用率

平成30年度からの5年間に対する法定雇用率は、前2回と合わせて算

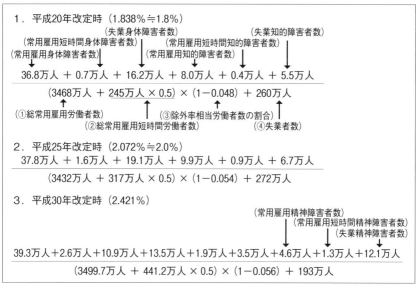

図表3-2　最近3回の法定雇用率算式

注：1. 算式2、3の各数値順序は算式1に同じ
　　2. 分母部分の原資料は、①、②、④は「労働力調査」総務省統計局、③は厚生労働省調べ
出典：厚生労働省資料

式を示す**図表3-2**のように、2.421％と算出のうえ審議会に付議され、激
変緩和措置としての率が平成29年5月に答申され、同6月30日付で改正
法令が公布された。改正の要旨は次のとおりである。

①障害者雇用率を次のとおり改定する。

　　民間事業主　　　　　　　　　2.3％

　　国、地方公共団体、特殊法人　2.6％

　　教育委員会　　　　　　　　　2.5％

②経過措置

　　上記①の障害者雇用率は、経過措置として改正政令の施行日（平成30
　　年4月1日）から3年経過時（注：平成33年3月31日）に至る前の当
　　分の間、次のとおりとする。

　　民間事業主　　　　　　　　　2.2％

　　国、地方公共団体、特殊法人　2.5％

　　教育委員会　　　　　　　　　2.4％

③上記②の3年経過日より前に、政府をはじめ関係者が協力して、障害
　　者雇用を促進し、安定させ、できるだけ速やかに雇用環境を整備し、
　　雇用状況を整える。

第Ⅲ章●障害者雇用促進法のあゆみ　101

第IV章
現行促進法の主要規定

本章では、平成25年に改正された障害者雇用促進法の諸規定や制度について、民間企業に特に関係のある事項を中心に要点を解説する。なお、次の点に留意されたい。

◆障害者雇用促進法各条項については、特に断わりのない場合、平成30年4月1日以降施行される文言によって記述しているため、その前の内容については別途、確認をお願いしたい

◆主要事項について、関連規定をまとめて取り上げているため、必ずしも法律の条項順には従っていない

◆条文の見出しや文言は、わかりやすくするため、原文どおりでない箇所がある

◆法令各条項の表示は、特記がないものは法律の条文であり、施行令については「政令」、施行規則については「省令」を付記したうえで引用し、ほかの法令等はその法令名を掲げた

◆本章に限らないが、法令はしばしば改正を重ねるので、最新規定については省庁ホームページなどで確認願いたい

1. 障害者雇用の基本的なきまり

(1) 法の考え方

　障害者雇用の目的や基本理念を、以下のとおりとしている。

〔関係条項〕

目的（第1条）　障害者の雇用義務等に基づく雇用の促進等のための措置、雇用の分野における障害者と障害者でない者との均等な機会及び待遇の確保、障害者がその有する能力を有効に発揮することができるようにするための措置、職業リハビリテーションの措置その他障害者がその能力に適合する職業に就くこと等を通じてその職業生活において自立することを促進するための措置を総合的に講じ、障害者の職業の安定を図ること。

基本的理念（第3条）　障害者である労働者は、経済社会を構成する労働者の一員として、職業生活においてその能力を発揮する機会を与えられるものとする。

基本的理念（第4条）　障害者である労働者は、職業に従事する者としての自覚を持ち、自ら進んで、その能力の開発及び向上を図り、有為な職業人として自立するように努めなければならない。

事業主の責務（第5条）　すべて事業主は、障害者の雇用に関し、社会連帯の理念に基づき、障害者である労働者が有為な職業人として自立しようとする努力に対して協力する責務を有するもので、その有する能力を正当に評価し、適当な雇用の場を与えるとともに適正な雇用管理を行うことによりその雇用の安定を図るように努めなければならない。

国及び地方公共団体の責務（第6条）　国及び地方公共団体は、障害者の雇用について事業主その他国民一般の理解を高めるとともに、事業主、障害者その他の関係者に対する援助の措置及び障害者の特性に配慮した職業リハビリテーションの措置を講ずる等、障害者の雇用の促進及びその職業の安定を図るために必要な施策を、障害者の福祉に関する施策との有機的な連携を図りつつ総合的かつ効果的に推進するように努めなければならない。

障害者雇用対策基本方針（第7条）　厚生労働大臣は、障害者の雇用の促進及びその職業の安定に関する施策の基本となるべき「障害者雇用対策基本方針」を策定するものとする。

第Ⅳ章●現行促進法の主要規定　**105**

(2) 対象とする障害の範囲

　障害者雇用促進法は、対象とする障害の範囲について、第2条1号で「心身の機能の障害があるため、長期にわたり、職業生活に相当の制限を受け、又は営むことが著しく困難な者」とし、具体的に期間や程度は示されていない。しかし障害が一般的概念として長期化するものであることなどを考えれば、障害があり就業に困難を感じる者はすべて対象と考えていることがわかる。ただし、雇用義務対象とされる範囲は別条の規定となる。

　次に促進法および同政省令における対象範囲に関する該当各項を記す。

〔関係条項〕

用語の意義（第2条）　この法律において、次の各号に掲げる用語の意義は、その各号に定めるところによる。

1. 障害者　身体障害、知的障害、精神障害（発達障害を含む。第6号において同じ。）その他の心身の機能の障害（以下「障害」と総称する。）があるため、長期にわたり、職業生活に相当の制限を受け、又は職業生活を営むことが著しく困難な者。
2. 身体障害者　別表に掲げる身体障害がある者。（筆者注：**図表4-1**参照）
3. 重度身体障害者　身体障害者のうち、厚生労働省令で定める障害の程度が重い者。（筆者注：**図表4-2**参照）
4. 知的障害者　厚生労働省令で定める知的障害がある者。
5. 重度知的障害者　知的障害者のうち、厚生労働省令で定める障害の程度が重い者。
6. 精神障害者　厚生労働省令で定める精神障害がある者。

---【省令】---

重度身体障害者（第1条）　促進法第2条第3号の省令で定める身体障害の程度が重い者は、省令の別表第1に掲げる身体障害がある者とする。

知的障害者（第1条の2）　法第2条第4号の省令で定める知的障害がある者は、児童相談所、知的障害者更生相談所、精神保健福祉センター、精神保健指定医又は障害者職業センター（知的障害者判定機関）により知的障害があると判定された者とする。

重度知的障害者（第1条の3）　法第2条第5号の厚生労働省令で定める知的障害の程度が重い者は、知的障害者判定機関により知的障害の程度が重いと判定された者とする。

精神障害者（第１条の４）　法第２条第６号の省令で定める精神障害がある者は、次に掲げる者であつて、症状が安定し、就労が可能な状態にあるものとする。

1. 精神保健福祉法第45条第２項の規定により精神障害者保健福祉手帳の交付を受けている者
2. 統合失調症、そううつ病（そう病及びうつ病を含む。）又はてんかんにかかつている者（前号に掲げる者に該当する者を除く。）

特定身体障害者（第48条）

4　事業主は、特定職種の労働者（短時間労働者を除く）の雇入れについては、雇用する特定身体障害者である特定職種労働者の数が、雇用する特定職種労働者の総数に、職種に応じて厚生労働省令で定める特定身体障害者雇用率（筆者注：70％）を乗じて得た数以上であるように努めなければならない。

5　厚生労働大臣は、特に必要があると認める場合には、特定身体障害者である特定職種労働者の数が前項の規定により算定した数未満で、かつ、その数を増加するのに著しい困難を伴わないと認められる事業主（雇用する特定職種労働者の数が厚生労働省令で定める数（筆者注：５人）以上であるものに限る。）に対して、特定身体障害者である特定職種労働者の数が規定数以上となるようにするため、厚生労働省令の定めにより、特定身体障害者の雇入れに関する計画の作成を命ずることができる。

6　親事業主、関係親事業主又は特定組合等に係る前２項の規定の適用については、その子会社及び関係会社が雇用する労働者は親事業主のみが雇用する労働者と、その関係子会社が雇用する労働者は関係親事業主のみが雇用する労働者と、その特定事業主が雇用する労働者はその特定組合等のみが雇用する労働者とみなす。

7　第46条（計画の作成）第４項及び第５項の規定は、第５項の計画について準用する。

【政令】

特定身体障害者等（第11条）　法第48条第１項の特定職種並びにこれに係る特定身体障害者の範囲及び特定身体障害者雇用率は、次の表のとおりとする。

特 定 職 種	特定身体障害者の範囲	特定身体障害者雇用率
あん摩マッサージ指圧師（主として、中欄に掲げる者では行うことができないと認められる厚生労働大臣が指定する業務に係るものを除く。）	次に掲げる視覚障害で永続するものがある者 1　両眼の視力の和が0.08以下のもの 2　両眼の視野がそれぞれ10度以内でかつ、両眼による視野についての視能率による損失率が90パーセント以上のもの	100分の70

第Ⅳ章●現行促進法の主要規定　**107**

(3) 各障害の概念と態様

障害の態様とは、あるグレーゾーンを境にハンディキャップとして表われている個人ごとの状況であり、本来類型化にはなじまないものであって、支援なども個人別の特性に応じて行なうのが正しいが、人間すべてが個性をもち、考え方や人生観も異なることに対して、一方で、社会が一定の規範を設け、秩序を形成していることからは、福祉・教育・雇用などの公的支援の仕組みのなかで、障害者についてグルーピングなどの基準が求められることは避けられない。

わが国の障害者法制も、現実的なとらえ方として身体障害、知的障害、精神障害などそれぞれの法を制定し、概念規定を設けているほか、障害者雇用促進法もそれらの規定を基盤とした概念によっている。

なお、雇用現場での対応の要点を記したものに「障害者差別禁止指針」「合理的配慮指針」「障害者雇用対策基本方針」がある（いずれも第Ⅶ章参照）。

以下は、第2条の概念規定にもとづく各障害の態様などである。

❶身体障害

①法令の規定

身体障害者福祉法では身体障害者について、18歳以上の者（18歳未満は児童福祉法が規定）で、「別表に掲げる身体上の障害があり、身体障害者手帳の交付を受けたもの」と規定している。別表では、対象障害を「視覚障害」「聴覚・平衡機能障害」「音声・言語・そしゃく機能障害」「肢体不自由」「内臓機能などの疾患による内部障害」の5種としているが、この別表は、障害者雇用促進法の別表とまったく同じ内容であり、両法の整合がとられている。なお、内臓機能に関しては、法別表で心臓、じん臓、呼吸器を示すほか、政令（第27条）で、ぼうこうまたは直腸、小腸、ヒト免疫不全ウイルスによる免疫、肝臓のそれぞれ機能不全を指定する形式をとる。

108

図表4-1　身体障害者障害程度等級表（身体障害者福祉法施行規則別表第5号）の適用等級

障害の区分			級別 1	2	3	4	5	6	7
視覚障害			○	○	○	○	○	○	
聴覚または平衡機能の障害	聴覚障害			○	○	○		○	
	平衡機能障害				○		○		
音声機能、言語機能またはそしゃく機能の障害					○	○			
肢体不自由	上肢		○	○	○	○	○	○	○
	下肢		○	○	○	○	○	○	○
	体幹		○	○	○		○		
	乳幼児期以前の非進行性の脳病変による運動機能障害	上肢機能	○	○	○	○	○	○	○
		移動機能	○	○	○	○	○	○	○
心臓、じん臓もしくは呼吸器またはぼうこうもしくは直腸、小腸、ヒト免疫不全ウイルスによる免疫もしくは肝臓の機能の障害	心臓機能障害		○		○	○			
	じん臓機能障害		○		○	○			
	呼吸器機能障害		○		○	○			
	ぼうこうまたは直腸の機能障害		○		○	○			
	小腸機能障害		○		○	○			
	ヒト免疫不全ウイルスによる免疫機能障害		○	○	○	○			
	肝臓機能障害		○	○	○	○			

　これら5種に大分類された各障害は、身体障害者福祉法第15条にもとづく施行規則第5条別表第5号として等級区分されている。この等級表（**図表4-1**はその要旨）は法の別表よりも区分が明確なため多用されるが、各障害別に程度が同じとなるよう1〜6の等級に態様を規定し、等級を手帳に記載することによって対応の均衡をはかろうとするものである。

　なお、肢体不自由に限って7級を設けたうえ、重複する場合に6級と扱っており、障害者雇用促進法の対象となる身体障害者は、この等級表で1級ないし6級に該当する者である。このことを含め等級表には次の規定が付記されている。

◆ 同一等級の2つの障害が重複した場合、すでにこの表で指定しているもの以外は1級上の等級とする
◆ 肢体不自由の場合、7級相当の障害が2つ以上あるときは6級とする
◆ 異なる等級で2つ以上障害が重複する場合は、程度を勘案して上の等級とすることができる

②**態様と留意点**

　障害によって失われた能力（換言すれば残存能力）は個々人で異なり、

個性や適性に応じて雇用の場に参画しうるかどうか、どういう形で加わるかなど、その可能性も各人各様である。その能力をどう補完するかで、活躍の場が大きく分かれる。

以下は、身体障害の態様と雇用管理上、留意すべき点の概要である。

【視覚障害】

視覚障害の原因は、未熟児網膜症などによる先天性のものと、緑内障などの後天的疾病によるものがあり、一般的には視力の障害（失明（全盲）、弱視（ロー・ヴィジョン））を想定するが、そのほかにも網膜色素変性症による視野狭窄や加齢黄斑変性症による視野欠損、虹彩の病変による光量の調節不全、神経細胞の機能低下による色覚異常などもあり、法的には矯正後の状態により障害の等級が決まる。

視覚障害者の就労について必要な配慮は、ひとつは移動に関してである。公共施設では点字ブロック設置などの対策が進んでいるものの、一般の街路には障害物が多く存在する。企業としては、少なくとも最寄りの公共交通機関と就業場所間の危険箇所に十分な関心をもち、本人と情報を共有すべきである。職場内のバリアフリー化なども含め、安全確保が第一に求められる。

もうひとつは、コミュニケーションの問題である。たとえば全盲の場合、聴覚と触覚によるコミュニケーションの成否が就労の鍵となる。聴覚や記憶力などの鋭敏な人が多いこと、中途失明の場合は必ずしも点字による意思疎通に熟達していないことから、パソコンの読み上げソフトや、弱視の場合の拡大読書器など、ハード、ソフト両面の活用により能力発揮をめざすなど、特性を理解し、成果を得るための配慮が欠かせない。

また昨今はIT技術の発展により、自宅や移動の少ない併設作業所などでの就労が可能となった。後述の肢体不自由者とも共通するが、移動手段の制約に配慮した在宅勤務による雇用も考えられる（第Ⅵ章参照）。「在宅勤務」とは、企業などに就労し勤務場所を自宅などとする勤務形態である。似た言葉に「在宅就業」があるが、これは個人の事業として

製造、製品販売、請負などの形で仕事をすることである。

なお、重度視覚障害者の伝統的な職業のように認識されてきた、あん摩、マッサージ、指圧、鍼灸などの仕事は、視覚障害者の職域として拡大する傾向がある一方で、健常者の参入も増えている。そこで障害者雇用促進法では「特定身体障害者」を定めたうえで、政令で「特定職種」としてあん摩、マッサージ、指圧の職業従事者を対象に特定の雇用率（70％）を設定し、重度の視覚障害で就職が特に困難な身体障害者について、その組織に雇用されるすべての特定職種の者のうち特定雇用率を超えて雇用することを国、地方公共団体に義務づけ、民間企業に対しても努力を求めている。

「特定職種」とは、第48条に定められる「労働能力はあるが、別表に掲げる障害の程度が重いため通常の職業に就くことが特に困難である身体障害者の能力にも適合すると認められ、政令で定める職種」であり、これらの職業に歴史的に従事してきた視覚障害者の就労を支援することを目的とする。

企業では近年、従業員のヘルスケアを目的にこうした職業従事者を雇用する例が多くみられることから、この規定を理解しておく必要がある。

【聴覚・音声言語障害】

聴覚障害（音を聴くことが不自由）と音声言語障害（言語が発せない、または不明瞭）は、原因の異なる単独な障害である場合もあるが、生まれつき音を聴く機能に障害があって音声言語の習得が困難だったために、発声機能が発達せず言語障害となることがあるなど相互に関係する場合も多く、個人の事情によって態様は異なる。

聴覚障害には、先天的または後天的な原因によって聴力が低下した難聴状態と、まったく聴力を失った聾状態とがあり、難聴は、外耳や中耳の障害が原因で、補聴器の音量で補完される「伝音性難聴」、内耳や脳神経の障害により音がゆがむなどのため音量のみでは補完できない「感音性難聴」などに分かれる。

第Ⅳ章●現行促進法の主要規定　111

一方、音声言語障害には、神経系の理由による運動障害または舌やあごなどの器官障害による発音機能の低下（構音障害）や吃音（どもり）などがある。

　先天性の聴覚障害のため言葉を聴くことができずに成長した人は、言語障害者（唖者）でもあり、手話、口話（読唇術）に依存することとなる。また、中途障害者の場合は聾者であっても普通の会話が可能なこともあるなど、個々に異なる。

　雇用の場で注意すべきことは、コミュニケーション面での離齬である。聴覚障害者は業務上の口頭指示や構内放送などに気づかないことがあるのに対して、本人としても有効であるかぎり補聴器の使用などを心がけるべきだが、職場の同僚や上司は音声伝達に代えて書面やモニターの使用、非常時の警告灯の設置など器具の整備や手話の習得、口話、筆談など視覚による情報交換に努める必要がある。これらは職場環境整備という合理的配慮の一環として意識されるべきである。

　また聴覚・音声言語障害者の多くは、身体運動機能などには問題がないことから外見上、障害の存在に気づかれにくい。そのため、他者の不快な対応に接したり、孤立感や疎外感から周囲の者の行動を誤解することもあるので、特に配慮が求められる。具体的には、作業手順を変更する際は変更内容を説明し、了解を求めることや、会議では事前に資料やレジュメを渡して説明しポイントを伝えること、本人以外の者だけで会話、談笑するようなことを避ける、などがあげられる。

【肢体不自由】

　肢体不自由は、部位の切断などによる機能喪失や、部分的または全身の麻痺などによる機能不全という障害の態様であり、そのために日常生活上の動作や、移動など運動機能を十分に行使できない状態をいう。手足（上下肢）、または首から腰に至る体幹部の機能障害と、出生前ないし乳幼児期における脳の病気などに起因する行動障害とに大きく分けられる。母親の服用した薬剤の副作用などによる先天性の原因のほかに、

出生前後に受けたダメージに起因する脳性麻痺、事故、脳疾患などの疾病といった後天的原因も多いとされる。

肢体不自由者の場合、一般的に移動、体勢維持などが不自由であることが多い。特に脳性麻痺では、平衡機能、言語機能に著しい不自由、困難をともなうことがあり、緊張によっても行動が意のままにならなくなるなど、一見きわめて重度と思われる場合も、実際には十分な判断力などの残存能力を有することがある。雇用にあたっては、外観のみに頼ってはならない。

さらに成長後の事故などに起因する高次脳機能障害（脳機能の損傷）は、知覚、記憶など精神的機能を低下させ、結果として行動障害を示すことがある。

一般的に肢体不自由者が仕事の場で残存能力を補完し成果を発揮するには、義手、義足、車椅子などの補装具について本人の対応が求められる一方で、企業は駐車場や建物のバリアフリー化などを整備するとともに、仕事の効率を支えるために、作業台や治工具など業務を容易化するための用具などハード面の準備と、工程改善、時差通勤といったソフト面の工夫などに努める必要がある。

【内部障害】

内部障害とは、人間の生命維持の基本となる血液循環、呼吸、消化、排泄などを受け持つ臓器機能、およびヒト免疫不全ウイルス（HIV）によって感染予防機能が障害をもつ状態の総称で、法律上7種に区分される障害を対象とする。

障害の程度によるが、慢性腎不全に対する透析や心臓疾患に対するペースメーカーなど、適切な医学的処置を得て障害を克服し仕事に就く人も多く、定期的な通院など勤務上の配慮により、健常者と変わらない成果を発揮する例が少なくない。

なおHIVは、人の免疫細胞を破壊して後天的に免疫不全を発症させるウイルスによる障害で、その英文名称から「AIDS」と通称される。感

染力が比較的弱く、感染者の血液等の体液が侵入するなどがなければ、通常の職業生活において感染するものではないとされている。根拠のない過剰な反応は避けるべきである。

③重度身体障害者

障害者雇用促進法では、前掲の第2条および施行規則「別表第1」で、特に障害の程度が重い場合を重度身体障害者として範囲を定めている。ただしその表示は、前記のように身体障害者福祉法の別表と同じく単に障害別範囲を示したものであり、重度であることの判断が困難であることから、通常は身体障害者福祉法施行規則の等級表（**図表4-1**）に当てはめて判断されている。障害者雇用促進法でいう重度身体障害とは、「等級表上の1級と2級に該当する障害及び3級障害が重複し、より上級の障害とされる場合」である。**図表4-2**は、等級表上で重度と判定される範囲の規定である（身体障害者福祉法施行規則別表第5号（身体障害者障害程度等級表）をもとに作成）。

❷知的障害

①法令の規定

知的障害は一般的に、遺伝子の影響、ダウン症候群での染色体異常など先天性の原因によるものや、出産・周産期、乳幼児期における脳の疾病、損傷など後天性的原因により、おおむね18歳未満の発達期といわれる生育過程において知能の発達が遅滞した状態とされている。

知的障害者に該当するか否かは通常、知能指数（IQ；Intelligence Quotient）などの知能検査によって確認されるが、障害者雇用促進法では、知的障害者の定義を「知的障害者判定機関で判定された者」とし、施行規則において児童相談所、知的障害者更生相談所、精神保健福祉センター、精神保健指定医、障害者職業センターの各施設を、判定機関と定めているにすぎない。したがって、その判定は上記各施設の設置根拠法である児童福祉法、知的障害者福祉法、精神保健福祉法などの規定に委ねられ、これら各施設または指定医により知的障害であると判定され

図表4-2　重度身体障害の範囲

			1級	2級	3級
視覚障害			両眼の視力（万国式試視力表によって測ったものをいい、屈折異常のある者については矯正視力について測ったものをいう。以下同）の和が0.01以下のもの	1. 両眼の視力の和が0.02以上0.04以下のもの 2. 両眼の視野が各10度以内でか両眼による視野の視能率による損失率が95%以上のもの	1. 両眼の視力の和が0.05以上0.08以下のもの 2. 両眼の視野が各10度以内でか両眼による視野の視能率による損失率が90%以上のもの
聴覚障害				両耳の聴力レベルがそれぞれ100db以上のもの（両耳全ろう）	両耳の聴力レベルが90db以上のもの（耳介に接しなければ大声語を理解し得ないもの）
平衡機能障害					平衡機能の極めて著しい障害
音声機能、言語機能、咀嚼機能の障害					音声機能、言語機能、又は咀嚼機能の喪失
肢体不自由	上　　肢		1. 両上肢の機能を全廃したもの 2. 両上肢を手関節以上で欠くもの	1. 両上肢の機能の著しい障害 2. 両上肢のすべての指を欠くもの 3. 一上肢を上腕の2分の1以上で欠くもの 4. 一上肢の機能を全廃したもの	1. 両上肢のおや指及びひとさし指を欠くもの 2. 両上肢のおや指及びひとさし指の機能を全廃したもの 3. 一上肢の機能の著しい障害 4. 一上肢のすべての指を欠くもの 5. 一上肢のすべての指の機能を全廃したもの
	下　　肢		1. 両下肢の機能を全廃したもの 2. 両下肢を大腿の2分の1以上で欠くもの	1. 両下肢の機能の著しい障害 2. 両下肢を下腿の2分の1以上で欠くもの	1. 両下肢をショパー関節以上で欠くもの 2. 一下肢を大腿の2分の1以上で欠くもの 3. 一下肢の機能を全廃したもの
	体　　幹		体幹の機能障害により坐っていることができないもの	1. 体幹の機能障害により坐位又は起立位を保つことが困難なもの 2. 体幹の機能障害により立ち上ることが困難なもの	体幹の機能障害により歩行が困難なもの
	乳幼児期以前の非進行性の脳病変による運動機能障害	上肢機能	不随意運動・失調等により上肢を使用する日常生活動作がほとんど不可能なもの	不随意運動・失調等により上肢を使用する日常生活動作が極度に制限されるもの	不随意運動・失調等により上肢を使用する日常生活動作が著しく制限されるもの
		移動機能	不随意運動・失調等により歩行が不可能なもの	不随意運動・失調等により歩行が極度に制限されるもの	不随意運動・失調等により歩行が家庭内での日常生活動作に制限されるもの
心臓機能障害			心臓の機能の障害により自己の身辺の日常生活活動が極度に制限されるもの		心臓の機能の障害により家庭内での日常生活活動が著しく制限されるもの
じん臓機能障害			じん臓の機能の障害により自己の身辺の日常生活活動が極度に制限されるもの		じん臓の機能の障害により家庭内での日常生活活動が著しく制限されるもの
呼吸器機能障害			呼吸器の機能の障害により自己の身辺の日常生活活動が極度に制限されるもの		呼吸器の機能の障害により家庭内での日常生活活動が著しく制限されるもの
ぼうこう又は直腸の機能障害			ぼうこう又は直腸の機能の障害により自己の身辺の日常生活活動が極度に制限されるもの		ぼうこう又は直腸の機能の障害により家庭内での日常生活活動が著しく制限されるもの
小腸機能障害			小腸の機能の障害により自己の身辺の日常生活活動が極度に制限されるもの		小腸の機能の障害により家庭内での日常生活活動が著しく制限されるもの
ヒト免疫不全ウイルスによる免疫機能障害			ヒト免疫不全ウイルスによる免疫の機能の障害により日常生活がほとんど不可能なもの	ヒト免疫不全ウイルスによる免疫の機能の障害により日常生活が極度に制限されるもの	ヒト免疫不全ウイルスによる免疫の機能の障害により日常生活活動が著しく制限されるもの（社会での日常生活活動が著しく制限されるものを除く）
肝臓機能障害			肝臓の機能の障害により日常生活活動がほとんど不可能なもの	肝臓の機能の障害により日常生活活動が極度に制限されるもの	肝臓の機能の障害により日常生活活動が著しく制限されるもの（社会での日常生活活動が著しく制限されるものを除く）

第Ⅳ章●現行促進法の主要規定　115

ると、知的障害者福祉法の定めにもとづき対応がなされることとなる。そのため、障害者雇用促進法における知的障害者の概念は、知的障害者福祉法の規定によることとなる。

　知的障害者福祉法では知的障害について、身体障害者福祉法とは異なり、障害を分類、定義づけるといった規定を行なわず、同法第11条の規定で都道府県（政令指定都市）に判定業務を課したうえで通達（**図表4-3**）によってまず重度の概念を示し、それに該当しない一定範囲の重度以外の者を合わせて知的障害者としている。重度については、おおむねIQ35以下（重度身体障害との重複者は50以下）と示し、この基準による療育手帳の発給とそれに記載すべき障害判定に関する業務を委ねているが、これを受けて自治体はそれぞれ独自の基準を設けることとなり、わかりにくさが生じている。

　たとえば重度の境界として「IQ35以下」を明示する自治体もあれば、「おおむね」と表示する自治体もある。また「障害程度区分」の刻み方は自治体で異なり、重度とそれ以外の2段階とする自治体が19、重度・それ以外とも2区分して計4段階とする自治体が18、重度またはそれ以外のいずれかのみ2区分して都合3段階とする自治体が6、重度のみをさらに細分する自治体が4という複雑な状況を示している。さらに、判

図表4-3　療育手帳制度要綱および関連通達の要旨

1. 制度の目的：知的障害者への一貫した指導・相談、援助の簡易化、福祉の増進。
2. 交付対象者：知的障害者更生相談所等で知的障害と判定された者。
3. 手帳の名称：療育手帳。ただし、自治体で別名を用いてもよい。
4. 程度の判定：
　①重度（Aと記載）　標準化された知能検査によって測定された知能指数がおおむね35以下（肢体不自由、盲、聾唖等の身体障害（身体障害者福祉法の等級が1～3級に該当すること）を有する者は50以下）と判定された知的障害者で、次のいずれかに該当するもの。
　　ア．日常生活における基本的な動作が困難で、個別的指導、介助を必要とする。
　　イ．失禁、興奮等の問題行為を有し、常時注意と指導を必要とする。
　②その他（Bと記載）
　③障害の程度区分については、重度、その他以外に中度等の他の区分を設けてもよい。

注：療育手帳制度要綱は昭和48年9月27日、厚生事務次官通知

定基準を一般に情報公開していない自治体も多く、知能検査の方式選択も各自治体の任意となっている。こうしたことで、最も問題を感じるのは、国内で住居を移動する知的障害者であろう。

　図表4-4は重度、重度以外を各2段階とする東京都の基準で、知的障害と判定するIQの限界を75以下としているが、岐阜県、京都市などは70以下としている。さらに手帳の名称も、青森県は「愛護手帳」、東京都は「愛の手帳」、埼玉県は「みどりの手帳」など任意であることから、便利とはいいがたい状況である。

　なお、重度知的障害者であることは、各判定機関の判定による療育手帳または判定書によって表示されるが、雇用の場合はこれとは別に、障害者職業センターにおいて職業能力判定を行ない、認められた者が「職業重度」として実雇用率の算定上、重度の扱いとなる。

図表4-4　東京都における療育手帳（愛の手帳）の判定基準

項　目	1度（最重度）	2度（重度）	3度（中度）	4度（軽度）
知能測定値	知能指数およびそれに該当する指数がおおむね0から19のもの	知能指数およびそれに該当する指数がおおむね20から34のもの	知能指数およびそれに該当する指数がおおむね35から49のもの	知能指数およびそれに該当する指数がおおむね50から75のもの
知的能力	文字、数の理解力の全くないもの	文字、数の理解力の僅少なもの	表示をある程度理解し、簡単な加減ができるもの	テレビ、新聞等をある程度日常生活に利用できるもの、給料などの処理ができるもの
職業能力	簡単な手伝いなどの作業も不可能なもの、職業能力のないもの	簡単な手伝いや使いは可能なもの、保護的環境であれば単純作業が可能なもの	指導のもとに、単純作業、自分の労働による最低生活が可能なもの	単純な作業、自分の労働による最低生活が可能なもの
社会性	対人関係の理解、社会的生活の不能なもの	集団的行動の殆ど不能なもの、社会的生活の困難なもの	対人関係の理解及び集団的行動がある程度可能なもの、他人の理解のもとに従属的社会生活が可能なもの	対人関係が大体良く集団的行動がおおむね可能なもの、従属的な立場での社会生活が可能なもの
意思疎通	言語が殆ど不能なもの	言語がやや可能なもの	言語が幼稚で文通の不可能なもの	言語及び簡単な文通が可能なもの
身体的健康	特別な治療、看護が必要なもの	特別の保護が必要なもの	特別の注意が必要なもの	正常で特に注意を必要としないもの
日常行動	日常行動に異常及び特異な性癖があるため特別の保護指導が必要なもの	日常行動に異常があり、常時注意と指導が必要なもの	日常行動に大した異常はないが指導が必要なもの	日常行動に異常がなく殆ど指導を必要としないもの
基本的生活	身辺生活の処理が殆ど不可能なもの	身辺生活の処理が部分的にしか可能でないもの	身辺生活の処理が大体可能なもの	身辺生活の処理が可能なもの

出典：東京都資料

②態様と留意点

　知的障害とは、知的能力面全体にわたって発達遅滞をみせる状態を指すとされ、精神的能力の発達が遅滞しているという意味で広義には「発達障害」（知的能力のうちの一定分野の発達遅滞とされる）と共通点のある、精神面の障害ととらえられる。また精神障害のおもな理由とされる「疾患」ではないが、その発現には発達障害の特性と同様な状態がみられるケースもあれば、精神疾患をともなうケースもある。

　このようなことから、「知的障害者」と判定される人たちには、精神障害と重複した態様の者と発達障害の傾向をもつ者が含まれると理解するのが妥当であり、個々人の発現態様は一様ではない。知的障害者福祉法は、知的能力の発達が一定程度に達しない人の福祉を全般的に規定するにあたって、その判定基礎を知能検査を基礎とした判断におくことで妥当性を求めたものであり、雇用面の障害者雇用促進法もその規定に準拠して取り扱いを行なっている。

　なお、知的障害者福祉法に10年先立って制定された精神衛生法（現「精神保健福祉法」）では、知的障害も精神的能力の障害という意味で精神障害に含むものとし、これは現行法に継承されている。

　知的障害者の特性を概論的に示すと、一定の成果へのこだわりが強い、あるいは感情の起伏があるなど行動上の傾向をみせるほか、考えを論理的に組み立てることが不得手、日常経験しない突発の事象には対応が困難といった状況がみられる。その反面、決められた作業は忠実に遂行し、単調で反復的な作業に耐えられる人も少なくなく、身体障害との重複がなければ通常身体的条件に問題はない。

　こうした特性を理解して課業を設定するなら、一般に想定される能力を上回る成果が得られるケースも少なくない。また知的障害者が訓練や習熟によって知的な労働能力を高める可能性があることは、雇用経験のある企業には周知のことである。

　これらを踏まえて、知的障害者に雇用の場で能力を発揮して生産性へ

の貢献を求めるには、たとえば①雇用に際して本人の障害程度を見極めるために「トライアル雇用」や「委託訓練」といった雇用促進制度を活用すること、②社会人としての基礎訓練を担う就労支援機関や学校との濃密な関係をつくること、③雇用後は課業の目的や手順、目標などについて、あいまいな話し方ではなく、図示を用いるなど具体的に説明し、理解させることなどが必要である。とりわけ業務の内容が変更されたときには説明を十分に行なうなど、雇用側の対処は不可欠である。

　また一般論として、知的障害者の作業形態は、少人数のチームを形成して比較的変化の少ない定型的作業を指導員と近い距離で行なうような方式が現実的で、指導員を的確に配置することが重要である。そのため、特例子会社による雇用方式が適切と考えられることが多い。

　なお知的障害者は、社会生活上のノウハウについて、学習機会を得にくかったなどの理由により、通勤時のマナーや対人的なスキル、あるいは給与の使途など、基本的な対処に関する知識が十分でないまま就職し、社内外でトラブルに巻き込まれることがある。企業は基本的には個人の私生活に関与しないものだが、管理者や同僚が支援にあたらざるをえない場合も生じる。こうした状況への対処として知的障害者（家族）が私的に加入する保険もあるが、私的領域（保護者も含む）に関しては本人が登録し就労訓練を受けた各就労支援機関の情報や知識、経験を活用すると有効な例が多いことから、知的障害者および精神障害者の雇用にあたっては、それら機関を有力なパートナーと認識し、その実績、特色などを見極めながら連携を深めることが重要である。

❸精神障害

①法令の規定

　精神障害は、基本的には医学的見地から精神または神経疾患として治療対象とされる広範な概念である。福祉制度上の対象としての精神障害者は、社会的な見地から障害者基本法が規定する「障害及び社会的障壁により継続的に日常生活又は社会生活に相当な制限を受ける状態」にあ

り、かつ医学的見地からの「精神保健福祉法第5条記載の症名に該当する」者であって、精神疾患全般にわたる。

精神保健福祉法は精神障害者保健福祉手帳制度を行政上の管理手段として（第45条）、政令第5条および第6条（詳細については厚生省保健医療局長通知）で症状にもとづき3等級に区分し（**図表4-5**）、これらに該当すると認められた場合、管理者である都道府県知事は療育手帳が交付されるべき知的障害者を除いて精神障害者保健福祉手帳を交付しなければならない。なお、同手帳は症状の変化に対応するため、有効期間は2年とされている点が、ほかの手帳制度とは異なる。

雇用の領域では、障害者雇用促進法が省令で「症状が安定し、就労が可能な状態にあるもの」という前提のもと、精神障害者保健福祉手帳を交付されている者と、同手帳保持者以外の統合失調症、躁うつ病（躁病およびうつ病を含む）、またはてんかんの罹患者を法の対象としている。法定雇用率算定にあたっては、この前提を保障する手段として、精神障害者保健福祉手帳所持者に限定されるが、「症状が安定し、就労が可能な状態」であることが手帳に記載されているのではなく、雇用労働に適格かどうかは企業の判断に委ねられている。

なお、精神障害者保健福祉手帳が1級から3級までの程度区分がなされているにもかかわらず、障害者雇用促進法の規定には重度精神障害の概念はない。これは、精神障害者の等級判定上、1級者はほとんど労働の可能性を認めにくいと考えざるをえず、身体障害者および知的障害者の重度障害とは意味を異にすると判断され、2級および3級であっても、たとえば症状の変動などにより就労に適しない発現状態がありうることから、精神保健福祉法による判定の準用は困難だとして、別途「就労が可能な状態」という一律な基準でとらえる方法を採用し、重度の扱いは適用しないこととしたと考えられる。

これらの方針は、精神障害者が社会の一員として就労に挑戦するとともに、雇用側にとって受け入れを容易にし、安定的継続雇用を進めるた

図表4-5　精神保健福祉法にもとづく精神障害等級と通達による説明

障害等級	障害の状態
1級	（政令で定める状態） 　日常生活の用を弁ずることを不能ならしめる程度のもの （障害等級の基本的なとらえ方） 　日常生活の用を弁ずることを不能ならしめる程度とは、他人の援助を受けなければ、ほとんど自分の用を弁ずることができない程度のものである。 　たとえば、入院患者においては、院内での生活に常時援助を必要とする。在宅患者においては、医療機関等への外出を自発的にできず、付き添いが必要である。家庭生活においても、適切な食事を用意したり、後片付け等の家事や身辺の清潔保持も自発的には行なえず、常時援助を必要とする。 　親しい人との交流も乏しく引きこもりがちである。自発性が著しく乏しい。自発的な発言が少なく発言内容が不適切であったり不明瞭であったりする。日常生活において行動のテンポが他の人のペースと大きく隔たってしまう。些細な出来事で、病状の再燃や悪化を来しやすい。金銭管理は困難である。日常生活の中でその場に適さない行動をとってしまいがちである。
2級	（政令で定める状態） 　日常生活が著しい制限を受けるか、または日常生活に著しい制限を加えることを必要とする程度のもの （障害等級の基本的なとらえ方） 　日常生活が著しい制限を受けるか、または日常生活に著しい制限を加えることを必要とする程度とは、必ずしも他人の助けを借りる必要はないが、日常生活は困難な程度のものである。 　たとえば、付き添われなくても自ら外出できるものの、ストレスがかかる状況が生じた場合に対処することが困難である。医療機関等に行く等の習慣化された外出はできる。また、デイケア、障害者総合支援法にもとづく自立訓練（生活訓練）、就労移行支援事業や就労継続支援事業等を利用することができる。食事をバランス良く用意する等の家事をこなすために、助言や援助を必要とする。清潔保持が自発的かつ適切にはできない。社会的な対人交流は乏しいが引きこもりは顕著ではない。自発的な行動に困難がある。日常生活の中での発言が適切にできないことがある。行動のテンポが他の人と隔たってしまうことがある。ストレスが大きいと病状の再燃や悪化を来しやすい。金銭管理ができない場合がある。社会生活の中でその場に適さない行動をとってしまうことがある。
3級	（政令で定める状態） 　日常生活もしくは社会生活が制限を受けるか、または日常生活もしくは社会生活に制限を加えることを必要とする程度のもの （障害等級の基本的なとらえ方） 　精神障害の状態が、日常生活または社会生活に制限を受けるか、日常生活または社会生活に制限を加えることを必要とする程度のものである。 　たとえば、一人で外出できるが、過大なストレスがかかる状況が生じた場合に対処が困難である。デイケア、障害者総合支援法にもとづく自立訓練（生活訓練）、就労移行支援事業や就労継続支援事業等を利用する者、あるいは保護的配慮のある事業所で、雇用契約による一般就労をしている者も含まれる。日常的な家事をこなすことはできるが、状況や手順が変化したりすると困難が生じてくることもある。清潔保持は困難が少ない。対人交流は乏しくない。引きこもりがちではない。自主的な行動や、社会生活の中で発言が適切にできないことがある。行動のテンポはほぼ他の人に合わせることができる。普通のストレスでは症状の再燃や悪化が起きにくい。金銭管理はおおむねできる。社会生活の中で不適当な行動をとってしまうことは少ない。

出典：「精神保健福祉法政令第6条および精神障害者保健福祉手帳の障害等級の判定基準について」
　　（平成7年9月12日、厚生省保健医療局長通知 別添2）

第Ⅳ章●現行促進法の主要規定　121

めに妥当な方向ではあるが、各企業での職種や作業内容などが異なるなかで、精神障害者保健福祉手帳が企業の求める「就労が可能な状態」を保障する十分な役割を果たしているかは不明である。

②態様と留意点

精神保健福祉法の対象となる精神障害者は、「統合失調症、精神作用物質による急性中毒又はその依存症、知的障害、精神病質その他の精神疾患を有する者」と包括的に表示したうえ、同法の施行にともなって出された通知「精神障害者保健福祉手帳の障害等級の判定基準について」（**図表4-5**）および付属する説明により判定を求めていて、判定結果により精神障害と認められた場合、いずれかの等級により手帳が発給される。

以下には障害者雇用促進法が省令で具体的に示している対象障害3種について記述するが、精神疾患には、このほかに「非定型精神病」（統合失調症および気分障害が同時、同程度に存在する状態）、「中毒精神病」（有機溶剤、覚せい剤その他による精神・行動障害）、「器質性精神障害」（先天異常、頭部外傷、中毒などを原因とする精神疾患）、その他の精神疾患（神経性障害、パーソナリティ障害など）がある。

【統合失調症】

当初、「精神分裂病」（Schizophreniaの直訳）と称されていたが、より適切な表示が望ましいとして、平成17年に精神保健福祉法を改正して名称を改めた。

青壮年期に発症しやすく、発症時→急性（陽性）期→慢性（陰性）期へと移行し、さらに急性を再発、という経過をたどるとされる。陽性期の症状としては幻聴を中心とする幻覚、周囲の状況を被害としてとらえる妄想、考えや会話が支離滅裂となる思考障害、および興奮状態など、また陰性期には意欲低下、感情・表情の平板化、無関心などの症状が認められる。いずれも本人の自覚をともなわず、先天的な素質、環境におけるストレス、脳内神経伝達物質の異常（ドーパミンの過剰分泌など）が原因といわれている。

最近は抗精神薬などが新たに開発され、陽性症状については専門医の処方に従って服薬を怠らなければ状態の改善が可能となり、比較的安定状態を示す慢性期とあわせて、雇用の対象となる可能性は増したと考えられている。高度な知能を有する者も多く、雇用の余地は十分にあるが、一般に選考時は最も状態のよいときにのぞむ傾向があることから、トライアル雇用による慎重な見極め、産業医や嘱託医などによる精神障害者保健福祉手帳の記載内容確認、本人をサポートする就労支援機関の意見聴取などを交えて判断することが望ましい。

【気分（感情）障害】

　一般的には、気分の変動が病的に現われる状態を指し、「双極性障害」といわれる2つの極端な現象を示す「躁うつ病」と、「うつ」の状態のみが顕著な「単極性障害」があげられる。

　躁うつ病は、昂揚期には爽快感にあふれ、自己中心的な特異な行動をみせる一方で、低迷期には気分が重く、食欲や活動意欲を失い、これらを交互に繰り返す病気であり、うつ病は、熟睡できない、憂鬱、悲観的な気持ち、体調不良などの低迷期症状のみが継続する。ともにその程度や軽快と再発の期間などは人により一様ではない。

　この障害は周囲の者が早期に気づくことが重要で、落ち着きのない態度、自らを責める発言、遅刻や休む頻度の増加、不眠や体調不良についての訴えなどに注意を払うとともに、落ち着いた環境で本人と会話をすること、無意味な激励などを避けて平常どおり接すること、医療機関受診を助言すること等、同僚などの配慮が必要とされる。

　企業の業務システムのIT化やグローバル化に追随できずに発症することが一因とされ近年、患者数が増加している。多くはうつ病とされ、平成8年に43.3万人だった気分障害の総患者数は、同26年には111.6万人と2.6倍に増加している（「患者調査」各年調査、厚生労働省）。厚生労働省は平成27年12月からストレスチェック制度を導入し、定期的なストレス検査を通じて本人の認識を促すとともに、労働安全衛生面から企業

の適切なメンタルヘルス対策を呼びかけている。

　なお、統合失調症や気分障害の場合、新たな生活環境へ順応するためには、緊張状態の持続や不要なストレスを極力避けることが不可欠である。たとえば、就労時間は短時間勤務から開始して習熟に合わせて徐々に延長すること、日常的に相談できる資質をもった特定の担当者を配置すること、症状の変化に注意することが、一般的な対処法として重要となる。これらを通じて、集中力の低下、不眠、食欲不振、発言の増加や減少などの兆候を、本人の申告と周囲の観察によってとらえ、日々の体調を把握する管理システムをつくること、継続的な服薬と適切な通院機会を確保すること、体調不良時に休暇・休憩をとりやすくすることなどの配慮が有効とされている。

【てんかん】

　発作の反復をともなう慢性の脳疾患で、平成26年の前出患者調査によればわが国の患者数は25.2万人とされている。精神疾患ではなく、神経疾患に分類される。生来の要因にもとづくものと脳器質の障害によるものがあり、症状としての発作は全身のけいれんをともなったり、記憶や認知などの意識障害状態を示すことなどがあるとされるが、現われ方はさまざまであり、一定時間意識を失う場合もあれば、短時間居眠り状態となり本人も気づかない程度のこともある。

　薬物療法により発作を抑制できる症例が多く、規則正しい服薬により通常の就労が可能となるが、服用を怠ったために交通事故を起こし、多数の人命を奪った事案により、自動車運転死傷行為処罰法が制定されたことは記憶に新しい。

③安定した継続勤務の実現

　精神疾患（障害）の特性に対応し、安定した継続勤務を実現しうるか否かの判断責任は現在、企業のみに負わされているといっても過言ではないが、企業が採用選考時点での観察などの負荷を軽減し雇用を推進するには、精神障害者の多くが就労に際してサポートを受ける就労支援機

関から、その把握する個人の実態情報を的確に伝えてもらい、企業の求める求人像とのマッチングをゆるぎないものにすることが必要である。

また、企業が本人の疾患そのものを正しく理解するためには、精神科医師や精神保健福祉士（PSW；Psychiatric Social Worker）の力に頼ることのできる体制の整備が不可欠である。とりわけ、精神障害は疾患であり、企業の人事管理が立ち入ることのできない医学領域での措置が決定的に重要なことから、専門医には少なくとも次の2点を期待したい。

ひとつは、企業が精神障害者を雇用するにあたって、そのプロセスを誤らないための指導である。産業医または嘱託医から専門的な助言が得られる体制は、PSWの配置とあいまって、精神障害者の雇用促進に不可欠と考えられる。現在、全国医療施設で精神科の診療に従事する医師は1万5187人（平成26年12月31日現在。厚生労働省「医師、歯科医師、薬剤師調査」）であり、雇用義務対象の企業数8万9359社（平成28年6月1日現在。厚生労働省「障害者雇用状況調査」）に比べて十分とはいいがたい。PSWについては、全国登録者数は6万9286人と、社会福祉士の19万人弱の3分の1程度にすぎない（平成27年7月31日現在。日本精神保健福祉士協会資料）。

もうひとつは、精神障害者保健福祉手帳発給に際して医師の下す判断に、労働の可能性に関する項目を追加することである。現在は疾患の状況のほかに生活能力の状態欄があり、日常生活の可能性が評価されているが、そこに労働作業に対する所見（少なくとも単位動作の実行や持続の可能性などを分析的にとらえた評価）が記載され、それが手帳に示されれば、採用選考にあたって企業が本来医療領域に頼るべき判断を求められる負荷は軽減する。医学の世界において企業の業務を構成する作業動作などへの理解が進むことが重要だろう。

❹発達障害

①法令の規定

発達障害は、何らかの先天的要因により幼少時の発育段階で特定分野

の知能発達遅滞がみられるもので、すぐれた特性として現われる部分もある。見方を変えれば、だれもが有する個性の端的な現われともいえる。現段階では、障害とする境界線が解明し尽くされていないことなどから、発達障害者支援法は区分と態様を可能なかぎり定義づけるとともに、学校教育や就労などの支援措置を中心とした規定となっており、身体などの福祉法におけるリハビリテーションの見地からの定めとは異なる。

　なお、発達障害に該当しても知的障害または精神障害と判定される発現状態もある。促進法においては、障害者基本法の規定を受けて精神障害に含めるが、雇用との関係では知的障害または精神障害として手帳を所持する等の場合は雇用義務の対象とし、それ以外の者については高次脳機能障害および難病の者とともに、本章4に記す対応を定めている。

②態様と留意点

【自閉症スペクトラム障害】（自閉症、アスペルガー症候群）

　英語名称Autism Spectrum DisorderからASDと略称される。

　自閉症の特徴は、発語能力の遅滞、他人の発言のおうむがえし、自分の関心事だけを発言し他人との会話が困難といったコミュニケーション能力の低さ、他人の感情察知が不得手で他者とのかかわりに関心がもてないなどの社会性の不足、想像力が欠如し既知の手順への強いこだわり、状況に応じた変更が困難といった点にある。発生の原因は先天的なもの、または幼児期の病気、外傷の後遺症などが知能発達の障害要因として影響したものとされる。

　知的障害者として雇用されている場合もこのタイプが多く含まれ、定型反復作業などで成果をあげる例が多い。

　アスペルガー症候群は高機能自閉症と称され、知能指数面では健常者と変わらないなど、全般的な知能の停滞はなく、言語や認知面での障害をあまりともなわない一方、柔軟性に欠け、異常なこだわりを示すなど自閉症の特徴もみられる。自閉症のうち言語の発達に遅れがないものを

アスペルガー症候群と指すこともある。

　雇用の面では、その特性を活かして一定の課業遂行ですぐれた成果を発揮することが期待できる。

　これら障害は「広汎性発達障害」と呼称されていたが、平成25年以降は「自閉症スペクトラム障害」に改められた。

【学習障害】

　通常、LD（Learning Disorder（またはDisability））と呼ばれる。

　全般的には知能の発達遅滞がみられないにもかかわらず、読むこと、書くこと、計算、推論など学習上の限られた分野のみに障害のある状態をいい、ほかの発達障害にみられる傾向をあわせもつ場合もあるとされる。困難がある特定の分野以外ではすぐれた成果を期待できることから、適切な職務を担当させることで能力発揮につなげられる。

【注意欠陥／多動性障害】

　AD／HD（Attention Deficit／Hyperactivity Disorder）と称される。

　注意欠陥とは、作業活動などでの不注意な誤り、注意散漫、持続困難、物の紛失などの状態、多動性は、そわそわとしたしぐさ、離席・走りまわり、多弁などの状態を指す。おもな行動傾向によって不注意優勢型、多動・衝動性優勢型、混合型の３タイプに分類される。

　正確な原因は未解明だが、中枢神経系の機能障害によるとされる。幼少時に顕著な発現があるものの、成人後は多動性がみられなくなるなど、雇用への適格性を認められる場合があるとされる。

❺高次脳機能障害

　脳の血管障害や外傷性の原因で脳が損傷を受けたことで出現する障害である。損傷部位によって身体機能、精神機能の両面に障害が起こり、その態様は「意識障害および認知症」「失語症」「記憶障害・注意障害」などの傾向に分かれる。

　脳卒中や交通事故による脳の負傷は、障害者雇用促進法上の概念として「長期にわたり、職業生活に相当の制限を受け、または職業生活を営

むことが著しく困難」という判定のもと、後遺症が身体障害として固定
する場合は身体障害者手帳を、身体障害をともなわない記憶障害・注意
障害では精神障害者保健福祉手帳をそれぞれ取得することとなる。

❻難病などの慢性疾患

　難病という言葉についての明確な医学的定義はないが、一般に治療が
困難で慢性的であることが多い疾病の総称であり、わが国では1960年代
の小児疾病対策にはじまる。昭和47年に厚生省が8疾患を対象とする
「特定疾患調査研究事業」によって対応を開始し、その後次第に事業の
範囲を広げて、平成25年には障害者総合支援法の定める障害者福祉サー
ビスに難病が加えられ、給付などの支援が受けられることとなって、平
成27年7月には332疾患が、さらに平成29年4月以降26を加えて358疾患
が対象となっている。

　雇用の面では、障害者雇用促進法に規定された雇用義務対象者の状態
であれば当然考慮することになるが、該当しない場合も、就労が不能で
なければ、本人の意思と担当医の診断を確認のうえ、その能力の活用が
考えられるべきである。

(4) 障害の確認手続き

　雇用義務対象とされている障害の事実を確認することは、企業として
欠かせない手続きである。また雇用義務非対象の障害者であっても、障
害者雇用促進法の適用を受ける「長期にわたり、職業生活に相当の制限
を受け、または職業生活を営むことが著しく困難な者」であるか否かは、
助成金などを活用するためにも確認しておくべきである。

❶確認の方法

【身体障害者】

　「身体障害者手帳」による確認を原則とするが、都道府県知事が身体
障害者福祉法にもとづき指定する医師（指定医）の診断書、または企業
の産業医による診断書（内部障害を除く）によっても確認できる。

【知的障害者】

「療育手帳」または知的障害者判定機関が交付する判定書により確認する。重度であることは、療育手帳に「療育手帳制度要綱」のAに相当する段階と記載されるか、判定書にそれに相当する旨記載されていることから確認できる。なお、就職経験のある者は、前勤務先で職業重度判定を得ていることがあるので確認が必要である。

【精神障害者】

「精神障害者保健福祉手帳」または主治医の診断書（意見書）によって確認する。ただし、雇用関係においては手帳所持者のみが雇用率算定の対象である。

手帳所持者であっても「症状が安定し、就労可能な状態にある」ことは確認しなければならない。そのためには主治医の診断書または意見書を求める必要があり、就労を希望する本人に対して提出を要請する。

【発達障害者】

都道府県の担当課、発達障害者支援センターまたは精神保健福祉センターが指定する専門医の診断書で確認することを原則とする。しかし実際には、その態様によって精神障害者または知的障害者の判定を受け、それぞれの手帳を取得することにより雇用率算定の根拠となることから、就労に際しての確認も同様の方法によることが多い。

【高次脳機能障害者】

身体障害もしくは精神障害の判定は、それぞれの手帳で確認される。それ以外は、難病患者に準じた対応となる。

【難病患者】

雇用選考にあたって、病態が明らかな場合以外は、雇用側からの確認は困難であり、通常は本人の開示による。本人の意思により開示されたときは、医師の診断書を求め、確認を行なう。

❷確認にあたっての留意事項

障害の事実確認は企業として欠かすことのできない手続きだが、本人

第Ⅳ章●現行促進法の主要規定　**129**

のプライバシーにふれることから不必要なトラブルが生じるおそれもある。厚生労働省は、平成18年に精神障害者を実雇用率の算入対象とした際、企業在籍者が精神疾患を発症し精神障害者として認識する必要が生じた場合の対応などを意識して、「プライバシーに配慮した障害者の把握・確認ガイドライン」をまとめている。

このガイドラインは、「採用段階での障害の把握・確認」「把握・確認した情報の処理・保管」「障害への理解」で構成され、障害の確認に際しての注意事項を「採用段階」「採用後」に分けて示しており、障害全般にわたって活用されることが望ましい。第Ⅶ章に概要を掲載したが、詳細は厚生労働省ホームページなどを参照されたい。

2. 雇用義務とその達成状況

(1) 雇用義務の基本的なルール

事業主の雇用義務については、以下の条文のとおり規定されている。平成30年4月以降は精神障害者が雇用義務対象に加わり、条文上は「身体障害者又は知的障害者」の表示が「対象障害者」となる。同様に、改正前の「身体障害者又は知的障害者である労働者」は、「対象障害者である労働者」と表示される（本書では、「対象障害労働者」と略記）。

また、条文が規定する法定雇用率（各再計算期における実数は**図表3-2**参照）および各企業の現状を示す実雇用率の算式、障害の程度および週所定労働時間による取り扱いは**図表4-6**のとおりである。

図表4-6　障害者雇用義務に関する算式等要旨

1 法定雇用率の算定基準算式

$$法定雇用率 = \frac{\begin{array}{l}（常用雇用身体障害者数＋常用雇用短時間身体障害者数×0.5＋失業身体障害者数）\\＋（常用雇用知的障害者数＋常用雇用短時間知的障害者数×0.5＋失業知的障害者数）\\＋（常用雇用精神障害者数＋常用雇用短時間精神障害者数×0.5＋失業精神障害者数）\end{array}}{常用雇用労働者数＋常用雇用短時間労働者数×0.5－除外率相当労働者数＋失業者数}$$

2 各企業での実雇用率算式

$$実雇用率 = \frac{\begin{array}{l}\{（重度身体常用雇用労働者数＋重度知的常用雇用労働者数）×2\}\\＋\{（重度以外身体常用雇用労働者数＋重度以外知的常用雇用労働者数＋精神常用雇用労働者数）×1\}\\＋\{（重度身体短時間常用雇用労働者数＋重度知的短時間常用雇用労働者数）×1\}\\＋\{（身体短時間常用雇用労働者数＋知的短時間常用雇用労働者数＋精神短時間常用雇用労働者数）×0.5\}\end{array}}{常用雇用労働者数＋常用雇用短時間労働者数×0.5－除外率相当労働者数}$$

3 実雇用率算定における週所定労働時間別・障害態様別の扱い

週所定労働時間	30時間以上	20時間以上30時間未満
身体障害者	○	△
重度	◎	○
知的障害者	○	△
重度	◎	○
精神障害者	○	△

◎→1人につき2カウント
○→1人につき1カウント
△→1人につき0.5カウント

第Ⅳ章●現行促進法の主要規定　**131**

〔関係条項〕 平成30年3月31日まで

身体障害者又は知的障害者の雇用に関する事業主の責務（第37条）　すべて事業主は、身体障害者又は知的障害者の雇用に関し、社会連帯の理念に基づき、適当な雇用の場を与える共同の責務を有するものであつて、進んで身体障害者又は知的障害者の雇入れに努めなければならない。

一般事業主の雇用義務等（第43条）　事業主は、厚生労働省令で定める雇用関係の変動がある場合には、その雇用する身体障害者又は知的障害者である労働者の数が、その雇用する労働者の数に障害者雇用率を乗じて得た数以上であるようにしなければならない。

〔関係条項〕 平成30年4月1日以降

対象障害者の雇用に関する事業主の責務（第37条）　全て事業主は、対象障害者の雇用に関し、社会連帯の理念に基づき、適当な雇用の場を与える共同の責務を有するものであつて、進んで対象障害者の雇入れに努めなければならない。

2　この章、雇入れ計画不提出の罰則、及び納付金の規定において「対象障害者」とは、身体障害者、知的障害者又は精神障害者（精神障害者保健福祉手帳の交付を受けているものに限る。）をいう。

一般事業主の雇用義務等（第43条）

1　事業主（常時雇用労働者を雇用する事業主をいい、国及び地方公共団体を除く。）は、厚生労働省令で定める雇用関係の変動がある場合には、その雇用する対象障害者である労働者（筆者注：以下「対象障害労働者」と略記する）の数が、その雇用労働者数に法定雇用率を乗じて得た数以上であるようにしなければならない。＜筆者注：基礎となる雇用労働者数×法定雇用率以上を雇用する義務＞

2　前項の法定雇用率は、労働者の総数（労働の意思及び能力を有するにもかかわらず、安定した職業に就くことができない状態にある者（筆者注：求職中の失業者）を含む。）に対する対象障害労働者の総数（労働の意思及び能力等前記と同じ状態の対象障害者を含む。）の割合を基準として設定するものとし、少なくとも5年ごとに、その割合の推移を勘案して政令で定める（筆者注：**図表4-6**参照）。＜筆者注：法定雇用率の算式と再計算＞

3　第1項の対象障害労働者の数及び前項の対象障害労働者の総数の算定に当たつては、対象障害者である短時間労働者（1週間の所定労働時間が、その事業所で雇用する通常の労働者の1週間の所定労働時間に比し短く、かつ、厚生労働大臣の定める時間数（筆者注：現行30時間）未満である常時雇用する労働者）は、その1人をもつて、厚生労働省令で定める数（筆者注：0.5人）とみなす。＜筆者注：短時間の対象障害労働者のカウント＞

4　第1項の対象障害労働者の数及び第2項の対象障害労働者の総数の算定に当たつては、重度身体障害者又は重度知的障害者である労働者（短時間労働者を除く。）は、そ

の１人をもつて、政令で定める数（筆者注：２人）の対象障害労働者に相当するものと
みなす。＜筆者注：重度である対象障害労働者のカウント＞

5　第１項の対象障害労働者の数及び第２項の対象障害労働者の総数の算定に当たつて、
重度身体障害者又は重度知的障害者である短時間労働者は、第３項の規定にかかわらず
その１人をもつて、前項の政令で定める数に満たない範囲内（筆者注：２人未満の意）
において厚生労働省令で定める数（筆者注：１人）の対象障害労働者に相当するものと
みなす。＜筆者注：重度である短時間の対象障害労働者のカウント＞

7　事業主（雇用労働者数が常時厚生労働省令で定める数（筆者注：最小限１人の雇用が
義務である規模（法定雇用率２％の場合は１人÷0.02＝50人）以上である事業主））は、
毎年１回、厚生労働省令の定め（筆者注：下記省令第８条参照）により、対象障害労働
者の雇用状況を厚生労働大臣に報告しなければならない。＜筆者注：６月１日現在の雇
用状況報告＞

8　第１項及び第７項の雇用する労働者の数並びに第２項の労働者の総数の算定に当たつ
ては、短時間労働者は、その１人をもつて、厚生労働省令で定める数（筆者注：0.5人）
の労働者に相当するものとみなす。＜筆者注：雇用義務数、雇用状況報告及び法定雇用
率計算における短時間労働者のカウント＞

【省令】

法第43条第１項の厚生労働省令で定める雇用関係の変動（第５条）　法第43条第１項の
　厚生労働省令で定める雇用関係の変動は、常時雇用する労働者（以下単に「労働者」
　という。）の雇入れ及び解雇（労働者の責めに帰すべき理由による解雇を除く。）とす
　る。

法第43条第３項、第８項、第44条第２項、第３項、第45条の２第４項の厚生労働省令
で定める数（第６条）　法第43条第３項、第８項、第44条第２項、第３項、第45条の
　２第４項の厚生労働省令で定める数は0.5人とする。

法第43条第５項、第45条の２第６項の厚生労働省令で定める数（第６条の２）　法第43
　条第５項、第45条の２第６項の厚生労働省令で定める数は１人とする。

法第43条第７項の厚生労働省令で定める数（第７条）　法第43条第７項の厚生労働省令
　で定める数は50人（独立行政法人等は43.5人）とする（筆者注：平成30年３月31日ま
　での人数）。

身体障害者、知的障害者及び精神障害者の雇用に関する状況の報告（第８条）　法第43
　条第７項に規定する事業主は、毎年、６月１日現在における身体障害者、知的障害
　者及び精神障害者（精神障害者保健福祉手帳所持者に限る。）の雇用状況を、翌月15
　日までに、厚生労働大臣の定める様式により、その主たる事務所の所在地を管轄す
　る公共職業安定所の長に報告しなければならない。

(2) ダブルカウントと短時間労働の扱い

障害者雇用率は当初、雇用実人数によって算定されていたが、昭和51年の法改正で、全常用労働者数を分母、全常用身体障害者（当時）数を分子として、ともに失業者を含むという法定雇用率の算出式が定まるとともに、重度身体障害者の雇用比率が重度以外の者に比べて低かったことから、使用者の雇用意欲喚起を目途に、実雇用率上1人の雇用を2人に数える「ダブルカウント制」が導入された。

さらに平成4年の法改正では、重度知的障害者に対するダブルカウント制の適用、および重度障害者については身体、知的ともフルタイム勤務や、通勤による労働以外に多様な働き方が考慮されるべきであるという見地から、短時間労働や在宅勤務などが検討された。その結果、特に短時間労働は重度障害者が雇用のステージにあがるきっかけとなりフルタイム勤務への道となることが期待され、また雇用率の対象とすることで雇用側のインセンティブになるとされて、短時間労働の重度身体・知的障害者は実雇用率上1人の雇用を1人とカウントすることとし、短時間以外の重度知的障害者のダブルカウントとともに平成5年4月から施行された。

その際、短時間労働者の概念規定として、上限を厚生労働省告示で週所定労働時間30時間未満の者、下限を雇用保険法と同様20時間以上とした。これは、雇用労働者の実態として、少なくとも週法定労働時間の上限である40時間の半分以上労働するべきだという考えによるものである。

このように重度障害者への対策が行なわれたのち、平成17年法改正で精神障害者の実雇用率みなし算入に際して、短時間労働精神障害者の雇用率0.5カウント算入が開始され、続く平成20年の法改正では、身体および知的障害のある短時間労働者も0.5カウントとして算入対象とされた。

なお、重度障害者のカウント制は雇用促進の観点から実雇用率に関してのみ算入対象とするのに対し、短時間労働は多様な分子部分に対し

て、すべての一般短時間労働者数と雇用されている短時間の対象障害労働者数の比を、法定雇用率および実雇用率それぞれにおいて、分母、分子とも0.5の比重で反映させる仕組みである。

(3) 除外率

　旧身体障害者雇用促進法の制定に際して、専門性や危険等の理由で障害者が就労困難と考えられる坑内労働や、船員、車両運転手、高所作業員など法令で定める特定の職種は、雇用率算定の対象から除かれたが（除外労働者制度）、昭和51年の法改正でこれら就労が困難と認められる職種が相当の割合となる業態については、実雇用率算定にあたって事業所単位にその職種が占める比率に応じた労働者数（分母数）を控除することで、雇用義務の軽減をはかる措置（除外率制度）に変更された。除外率の影響する状況を例示すると**図表4-7**のとおりである。

　除外率制は該当する業態の企業にとって有効な措置として評価される反面、理念的に疑問視する意見もあった。また、平成14年の法改正において、産業界の実情として技術革新が著しいこと、職場の安全措置の改善など環境整備が進み、就労困難とされた職域への障害者の進出がみられること、全般的には、「障害者等に係る欠格事由の適正化等を図るための関係法律の整備に関する法律」（略称「障害者等欠格事由適正化法」）の制定（平成14年）により欠格条項が改められるなかで障害者の職域開発に逆行するおそれがあることなどから、除外率制度は廃止に向けて段階的に縮小することとなり、規定する条項も法の附則に移された。同時

図表4-7　実雇用率に対する除外率の影響（障害者の要雇用数計算例）

（設例）　労働者数：本社200人、事業所800人、合計1000人の企業
①本社、事業所ともに除外率非適用の場合の要雇用数
200人＋800人＝1000人　　　　　1000人×2.0％＝20人（要雇用数）
②事業所に除外率適用の場合（除外率50％と仮定）
800人×50％＝400人　　　　　（200人＋400人）×2.0％＝12人（要雇用数）
この例では除外率適用により要雇用数が8人減少する。

第Ⅳ章●現行促進法の主要規定　**135**

に、公務員における除外職員制度も改定され、警察官、自衛官など、や
むをえないとされる職種を除き、除外率制度へ転換し、民間と同様な取
り扱いとなった。

　縮小措置は、平成16年に一律10％ポイントの、次いで平成22年に一律
10％ポイントの切り下げが行なわれ、障害者権利条約への対応が一段落
した現在、法定雇用率改定との関連をみながらの第3次縮小が企画され
る可能性がある。これまでの除外率縮小は**図表4-8**のとおりである。

〔関係条項〕

雇用に関する国及び地方公共団体の義務に関する経過措置（附則第3条）

1　除外率設定機関にあつては、職員の総数から、その職員の総数にその機関に係る除外
　率（95パーセント以内において政令で定める率）を乗じて得た数を控除した数とする。
　＜筆者注：公務員等の扱い＞

2　第43条の規定の適用については、当分の間、同条第1項中「その雇用する労働者の数」
　とあるのは「その雇用する労働者の数（除外率設定業種に属する事業を行う事業所の事
　業主にあつては、雇用する労働者の数から、その事業所に係る除外率設定業種ごとの労
　働者の数にその除外率設定業種に係る除外率（業種ごとに95パーセント以内で厚生労働
　省令の定める率）を乗じて得た数）」と、同条第2項中「総数に」とあるのは「総数か
　ら除外率設定業種ごとの労働者の総数にその除外率設定業種に係る除外率を乗じて得た
　数の合計数を控除した数に」とする。＜筆者注：民間事業主の扱い＞

3　第1項の規定により読み替えて適用する政令及び前項の規定により読み替えて適用す
　る厚生労働省令は、除外率設定機関及び除外率設定業種における対象障害者の雇用の状
　況、障害者が職業に就くことを容易にする技術革新の進展の状況その他の事項を考慮
　し、その政令及び厚生労働省令で定める率が段階的に縮小されるように制定され、及び
　改正されるものとする。＜筆者注：段階的な縮小＞

（4）雇用成果の歩み

　図表4-9は、雇用義務制となった昭和52年以降の民間企業の障害者雇
用実績を毎年の雇用状況報告によってまとめたものである（厚生労働省
「障害者雇用状況調査」をもとに作成）。法定雇用率1.6％時代までの間、
100人未満規模の企業は一貫して高い雇用率を示し、300人未満規模の企
業もまずまずの成果で推移したこととあわせると、中小企業の障害者雇

図表4-8　除外率改定の推移

(単位：%)

除外率設定業種	平成16年3月まで	平成16年4月から	平成22年7月から
タイヤ・チューブ製造業／窯業・土石製品製造業／金属製品製造業／一般機器器具製造業／ガス業／機械等修理業	10		
有機化学工業製品製造業／石油製品・石炭製品製造業／輸送用機械器具製造業(船舶製造・修理業、舶用機関製造業を除く)	15	5	
その他の運輸に附帯するサービス業(通関業、海運仲立業を除く)／電気業	20	10	
非鉄金属製造業(第一次製錬・精製業を除く)／船舶製造・修理業、舶用機関製造業／航空運輸業／倉庫業／国内電気通信業(電気通信回線設備を設置して行なうものに限る)	25	15	5
採石業／砂・砂利・玉石採取業／窯業原料用鉱物鉱業(耐火物・陶磁器・ガラス・セメント原料用に限る)／その他の鉱業／水運業	30	20	10
非鉄金属第一次製錬・精製業／貨物運送取扱業(集配利用運送業を除く)	35	25	15
建設業／鉄鋼業／道路貨物運送業／郵便業(信書便事業を含む)	40	30	20
港湾運送業	45	35	25
鉄道業／医療業／高等教育機関	50	40	30
林業(狩猟業を除く)	55	45	35
金属鉱業／児童福祉事業	60	50	40
特別支援学校(専ら視覚障害者に対する教育を行なう学校を除く)	65	55	45
石炭・亜炭鉱業	70	60	50
道路旅客運送業／小学校	75	65	55
幼稚園／幼保連携型認定こども園(平成27年4月追加)	80	70	60
船員等による船舶運航等の事業	100	90	80

用は一定の水準を維持していた。このこともあって障害者雇用納付金制度は「当分の間、この層を不適用」とされていたが、反面、300人規模以上、特に500人以上の中堅・大企業は惨憺たる状況が続いていたといわざるをえない。

　平成に入り、いわゆる「失われた20年」期には、中小規模企業の障害者雇用は低下の一途をたどり、全体として雇用率達成企業の比率は50％台から40％台へと低迷することとなる。

　こうした実態に対し、政府は個別企業の指導を強めるとともに、平成10年の緊急経済対策で「障害者緊急雇用安定プロジェクト」を実施して障害者の雇用機会拡大をはかるなどに努めたものの、それまで上昇を続

第Ⅳ章●現行促進法の主要規定　**137**

図表4-9　民間企業・規模別実雇用率等推移　　　　　　　　　　　　　　　　（白抜きは対前年比で低下した年）

年	法定雇用率(%)	企業人数規模別実雇用率(%)						雇用数(千カウント)	達成企業比率(%)	おもな関係制度改定など
		~99人	100~299人	300~499人	500~999人	1000人以上	規模計			
1977(昭52)		1.71	1.48	1.21	1.04	0.80	1.09	128.4	52.8	
1978(　53)		1.68	1.49	1.19	1.04	0.83	1.11	126.5	52.1	
1979(　54)		1.66	1.46	1.19	1.05	0.86	1.12	128.5	52.0	
1980(　55)		1.68	1.45	1.20	1.05	0.90	1.13	135.2	51.6	
1981(　56)		1.81	1.46	1.21	1.08	0.98	1.18	144.7	53.4	
1982(　57)	1.5	1.78	1.46	1.22	1.10	1.05	1.22	152.6	53.8	
1983(　58)		1.76	1.43	1.18	1.09	1.10	1.23	155.5	53.5	
1984(　59)		1.76	1.43	1.20	1.09	1.14	1.25	159.9	53.6	
1985(　60)		1.77	1.42	1.23	1.10	1.16	1.26	168.3	53.5	
1986(　61)		1.75	1.42	1.24	1.11	1.16	1.26	170.2	53.8	
1987(　62)		1.74	1.39	1.20	1.11	1.16	1.25	171.9	53.0	
1988(　63)		1.94	1.48	1.24	1.17	1.18	1.31	187.1	51.5	知的障害みなし算入、特例子会社法制化
1989(平1)		1.99	1.50	1.24	1.17	1.17	1.32	195.3	51.6	
1990(　2)	1.6	2.04	1.52	1.26	1.16	1.16	1.32	203.6	52.2	
1991(　3)		2.06	1.52	1.27	1.19	1.16	1.32	214.8	51.8	
1992(　4)		2.04	1.51	1.29	1.22	1.23	1.36	229.6	51.9	
1993(　5)		2.11	1.52	1.32	1.28	1.30	1.41	241.0	51.4	重度知的障害ダブルカウント、重度短時間算入
1994(　6)		2.07	1.50	1.33	1.30	1.36	1.44	245.3	50.4	
1995(　7)	1.6	1.99	1.48	1.36	1.34	1.41	1.45	247.1	50.6	
1996(　8)		1.95	1.47	1.34	1.35	1.44	1.47	248.0	50.5	
1997(　9)		1.91	1.46	1.35	1.36	1.46	1.47	250.0	50.2	
1998(　10)		1.86	1.45	1.37	1.38	1.48	1.48	251.4	50.1	知的義務化、対象規模63人以上→56人以上
1999(　11)		1.72	1.41	1.39	1.44	1.52	1.49	254.6	44.7	
2000(　12)	1.8	1.66	1.40	1.39	1.46	1.55	1.49	252.8	44.3	
2001(　13)		1.63	1.36	1.41	1.46	1.57	1.49	252.9	43.7	
2002(　14)		1.52	1.31	1.46	1.43	1.56	1.47	246.3	42.5	関係会社特例適用
2003(　15)		1.47	1.29	1.48	1.47	1.58	1.48	247.1	42.5	
2004(　16)		1.46	1.25	1.44	1.44	1.60	1.46	257.9	41.7	除外率引下げ
2005(　17)	1.8	1.46	1.24	1.46	1.48	1.65	1.49	269.1	42.1	
2006(　18)		1.46	1.27	1.48	1.53	1.69	1.52	283.8	43.4	精神障害みなし算入
2007(　19)		1.43	1.30	1.49	1.57	1.74	1.55	302.7	43.8	
2008(　20)		1.42	1.33	1.54	1.59	1.78	1.59	325.6	44.9	
2009(　21)		1.40	1.35	1.59	1.64	1.83	1.63	332.8	45.5	
2010(　22)	1.8	1.42	1.42	1.61	1.70	1.90	1.68	343.0	47.0	短時間労働者算入、除外率引下げ
2011(　23)		1.36	1.40	1.57	1.65	1.84	1.65	366.2	45.3	
2012(　24)		1.39	1.44	1.63	1.70	1.90	1.69	382.4	46.8	
2013(　25)		1.41	1.52	1.71	1.77	1.98	1.76	408.9	42.7	対象規模56人以上→50人以上
2014(　26)	2.0	1.46	1.56	1.76	1.83	2.05	1.82	431.2	44.7	
2015(　27)		1.49	1.68	1.79	1.89	2.09	1.88	453.1	47.2	
2016(　28)		1.55	1.74	1.82	1.93	2.12	1.92	474.4	48.8	

けていた民間企業全体の障害者雇用率は平成14年に低下した。そのため行政は雇用指導のいっそうの強化措置を打ち出し、企業側もコンプライアンスの意識も含めて努力を進める態勢を示すなど、大規模企業が中心となって雇用を進める情勢へと変化していった。

　現在は、大企業が牽引役のように雇用の実績をあげつつあることに加え、より小規模な企業でも雇用への努力が行なわれている。その結果、雇用率は、平成16年と平成23年が短時間労働者の雇用率算入など算定式の大きな変更のために低下したことを除けば、着実な上昇傾向を示し、特に1000人以上規模の企業では、平成21年以降平均でおおむね法定雇用率を達成している。

　図表4-10は平成28年6月1日現在の、公・私両部門の障害者雇用義務対象組織における雇用状況で、障害者雇用促進法にもとづく障害別に、実人数による雇用数と、厚生労働省発表資料の要点をまとめたものであ

図表4-10　公・私両部門の障害者雇用義務対象組織における雇用状況　(平成28年6月1日現在)

区　分 (法定雇用率)		企業・ 機関数	障害者の数(実人数)(人)				計 (カウント)	実雇用率 (%)	達成 企業率 (%)
			身体障害者	知的障害者	精神障害者	計			
民間企業	1000人以上	3,232	118,773	45,122	23,068	186,963	236,943.5	2.12	58.9
	500～999人	4,585	29,802	10,048	6,056	45,906	57,069.5	1.93	48.1
	300～499人	6,712	22,834	8,383	4,727	35,944	43,378.0	1.82	44.8
	100～299人	34,681	49,647	19,585	10,063	79,295	93,480.0	1.74	52.2
	50～99人	40,149	21,877	11,179	5,442	38,498	43,503.0	1.55	45.7
	計　(2.0%)	89,359	242,933	94,317	49,356	386,606	474,374.0	1.92	48.8
公務	国の機関	42	5,699	199	688	6,586	7,436.0	2.45	97.6
	都道府県機関	155	6,105	138	266	6,509	8,474.0	2.61	96.8
	市町村機関	2,333	17,725	710	1,414	19,849	26,139.5	2.43	88.0
	計　(2.3%)	2,530	29,529	1,047	2,368	32,944	42,049.5	2.46	88.7
教育委員会 (2.2%)		125	10,078	396	765	11,239	14,448.5	2.18	80.0
独立行政法人等 (2.3%)		330	5,375	954	1,239	7,568	9,927.0	2.36	74.2
公的部門計		2,986	44,982	2,397	4,372	51,751	66,425.0	2.38	86.8
総　　　計		92,344	287,915	96,714	53,728	438,357	540,799.0	1.97	50.0

出典：「平成28年障害者雇用状況調査」(厚生労働省)

第Ⅳ章●現行促進法の主要規定　**139**

る。

　通常の労働時間を就労する者と短時間就労の者を合わせると、民間企業では、身体障害・知的障害・精神障害の合計で38万6606人、公的部門では５万1751人が雇用され、その比率は88.2対11.8となっている。

　また現在では、知的障害者が雇用義務対象となり、そこに精神障害者も加わるなど、この両障害者の雇用が重点政策となっている。実際、知的障害者はこの30年たらずの間で、精神障害者は10年弱で急速に雇用数が増えた。全体としてみると、身体障害者の雇用が大きな比率を占めているが、民間企業はこの両障害を合わせた雇用を実人数の37％にまで伸ばしており、公的部門が13％にとどまっていることとは対照的である。

　民間企業では、知的障害者の雇用管理ノウハウが確立されつつあり、さらに精神障害者の定着および戦力化に努め、労働契約法を受けた雇用の長期化をできるかぎり志向していることから、公的部門においても、最長３年間が限度の「チャレンジ雇用」に依存するのではなく、知的および精神障害者の常勤職員化を実現し、社会の範となるべく真剣に工夫がなされるべきである。

　民間部門では、上述のように大規模企業の雇用増が顕著な反面、小規模企業の苦戦は続き、たとえば100人未満規模では、平成28年度は全体の54.3％にあたる２万1802社が未達成である（**図表4-11**）。このような状況が長年続いている理由は、小規模企業では事業主自らが従業員の雇用管理を含むあらゆる面で日常的に多忙な経営問題を処理せざるをえないなかで、障害者雇用納付金の対象でもなく、知識もスキルもない障害者雇用を行なう余裕はないという心境も影響している。しかし未達企業のいずれもが１人を雇用することで、雇用率が達成できるため、障害者雇用について、小規模企業においても成果をあげることをめざすならば、雇用に取り組みやすいスキームを提供することが急務となろう。単なる指導や説得のみでは解決困難な問題なのである。

　たとえば、「事業協同組合等算定特例」（**図表4-15**参照）のバリエーショ

図表4-11　企業規模別の雇用未達成状況　　　　　　　　　　（単位：社、（　）内は％）

規　模	雇用義務対象企業数	うち、未達成企業数	不足人数別の企業数					うち、雇用0人の企業数
			1人不足	1人超〜4人	4人超〜20人	20人超〜50人	50人超不足	
1000人以上	3,232 (100.0)	1,329 (41.1)	223 (6.9)	614 (19.0)	467 (14.4)	22 (0.7)	3 (0.1)	0 (—)
500〜999人	4,585 (100.0)	2,378 (51.9)	496 (10.8)	1,388 (30.3)	494 (10.8)	—	—	8 (0.2)
300〜499人	6,712 (100.0)	3,705 (55.2)	916 (13.6)	2,410 (35.9)	379 (5.6)	—	—	55 (0.8)
100〜299人	34,681 (100.0)	16,576 (47.8)	6,986 (20.1)	9,505 (27.4)	85 (0.2)	—	—	5,945 (17.1)
50〜99人	40,149 (100.0)	21,802 (54.3)	21,802 (54.3)	—	—	—	—	20,946 (52.2)
計	89,359 (100.0)	45,790 (51.2)	30,423 (34.0)	13,917 (15.6)	1,425 (1.6)	22 (0.0)	3 (0.0)	26,954 (30.2)

注：平成28年6月1日現在
出典：「平成28年障害者雇用状況調査」（厚生労働省）

ンとして、一定の小規模企業の事業主を構成員とする同業種、もしくは異業種団体を「事業組合」に加え、そのうちの障害者雇用が可能な「特定事業主」を集中雇用の場として、ほかの特定事業主は納付金を基準とした経済的負担を行なうなどの柔軟なアイデアが必要ではないか。産業別にみた場合に、一部の業態でなお雇用の前進が求められている問題とあわせて、これが解決されなければ、中堅以上規模でかつ一定分野の企業がおもに背負うという状況が永続することとなりかねない。

　近年、雇用機会を求める求職者の構造は**図表4-12**のとおり、明らかな変化を示し、精神障害者の求職と就職が著しい伸びをみせている。その結果、企業が主たる戦力として重視してきた身体障害者はもちろんのこと、時間をかけて適切な雇用管理手法をつくりあげてきた知的障害者の獲得が次第に困難となりつつある。特に最近の情勢として、企業が多く集まる東京をはじめとした大都市圏では、求人難の声も聞かれるようになってきている。

　企業の雇用姿勢は、あくまでも自社の計画に合致する人材の獲得である以上、雇用の進展（求人数の増加）とは、企業が自らの条件に合うと

図表4-12　最近の障害別職業紹介状況（全国）

	新規求職申込件数（件）					就職件数（件）				
	身体障害	知的障害	精神障害	その他	計	身体障害	知的障害	精神障害	その他	計
平成21年度	65,142	25,034	33,277	2,435	125,888	22,172	11,440	10,929	716	45,257
22年度	64,098	25,815	39,649	3,172	132,734	24,241	13,164	14,555	971	52,931
23年度	67,379	27,748	48,777	4,454	148,358	24,864	14,327	18,845	1,331	59,367
24年度	68,798	30,224	57,353	5,566	161,941	26,573	16,030	23,861	1,857	68,321
25年度	66,684	30,998	64,934	6,906	169,522	28,307	17,649	29,404	2,523	77,883
26年度	65,265	32,313	73,482	8,162	179,222	28,175	18,723	34,538	3,166	84,602
27年度	63,403	33,410	80,579	9,806	187,198	28,003	19,958	38,396	3,834	90,191
28年度	60,663	34,225	85,926	11,039	191,853	26,940	20,342	41,367	4,580	93,229

出典：「障害者職業紹介状況」（厚生労働省）

判断できる人をさがしだす可能性を高める求職者数増加があってはじめて実現するという意味で、理解されなくてはならない。企業が採用の可能性の高い地域で求人するといった努力も必要な一方で、求職者のプールをいっそう拡大し、マッチングの可能性を高めることは、障害者雇用をさらに進める必須条件である。

　現在、企業がこの点に不安を感じているのであれば、それは改善されなければならない。企業は精神障害者の定着と長期就労へ向けたノウハウ獲得などにいっそう努力すべきだが、行政も就職件数の増加のみを強調するのではなく、離職統計にも踏み込んで障害者の定着度などに客観的な指針を提供するなどの努力が求められるだろう。

　また、企業が独自の判断で精神障害者の適性や安定雇用の可能性を見出さなければならない現状を解決するには、中期的な障害者雇用義務達成上の大きな課題として、精神障害者保健福祉手帳への記載その他既述の企業の負担を軽減させる体制の整備、雇用機会に恵まれていない地域の障害者を参加させる手段の確立、福祉の領域に存在する雇用の可能性をもった人たちの発掘などが、今後いっそう積極化されなければならない。

（5）雇用義務達成のための行政指導

　障害者雇用促進法は、行政指導によって障害者雇用義務の履行を促す仕組みだが、十分な効果をあげえない場合について、下記のとおり第46条、47条の規定を設けている。第46条の「雇入れ計画」は、計画作成から雇用義務達成までの期間を短縮するなど、次第に厳格化の方向をたどり、最終的な行政上のペナルティ措置として第47条に規定される「企業名公表」とともに、企業に対する強い要請手段とされている。なお、雇入れ計画作成を命じられたにもかかわらず、作成しない場合や、提出しない場合は、罰金が科せられる（「罰則」の項参照）。

　障害者雇用実現の原動力は企業の理解と意欲であり、本来は産業界自身が積極的に進めるべきである。行政指導や企業名公表という最終的な手段は、社会的地位を確立し、さらに上昇させようと努力する企業のプライドにかけての措置であり、企業としてはその対象となることを極力避けなければならない。

〔関係条項〕

一般事業主の対象障害者の雇入れに関する計画（第46条）　厚生労働大臣は、対象障害者の雇用を促進するため必要があると認める場合には、その雇用する対象障害労働者の数が法定雇用障害者数未満である事業主（第45条の３の特定組合等及び特定事業主を除く）に対して、対象障害労働者の数がその法定雇用障害者数以上となるようにするため、厚生労働省令で定めるところにより、対象障害者の雇入れに関する計画の作成を命ずることができる。

2　第45条の２第４項から第６項までの規定は、前項の対象障害労働者の数の算定について準用する。

3　親事業主又は関係親事業主に係る第１項の規定の適用については、その子会社及び関係会社が雇用する労働者はその親事業主のみが雇用する労働者と、関係子会社が雇用する労働者はその関係親事業主のみが雇用する労働者とみなす。

4　事業主は、第１項の計画を作成したときは、厚生労働省令で定めるところにより、これを厚生労働大臣に提出しなければならない。これを変更したときも、同様とする。

5　厚生労働大臣は、第１項の計画が著しく不適当であると認めるときは、当該計画を作成した事業主に対してその変更を勧告することができる。

6 厚生労働大臣は、特に必要があると認めるときは、第1項の計画を作成した事業主に対して、その適正な実施に関し、勧告をすることができる。

一般事業主についての公表（第47条）　厚生労働大臣は、前条第1項の計画を作成した事業主が、正当な理由がなく、同条第5項又は第6項の勧告に従わないときは、その旨を公表することができる。

「障害者雇用状況報告」以降、「障害者雇入れ計画」から「企業名公表」までの行政指導内容および企業名公表に関する基準は次のとおりである。なお実名をともなう企業名公表は官報、厚生労働省の報道発表およびホームページ記載に限られることから、情報を得るにはこれらを閲覧する必要がある。

【障害者雇用状況報告】

　毎年、6月1日現在における障害者雇用状況報告書を7月15日までにハローワークに提出。

【障害者雇入れ計画】

　6月1日現在で障害者の雇用状況が次に該当する企業に対し、原則として10月末までに、翌年1月1日から2年間を対象期間とする「障害者雇入れ計画」の作成を命令。

◆実雇用率が前年の全国平均実雇用率未満で、かつ雇用不足数が5人以上の企業

◆雇用を要する法定の人数が3〜4人で、雇用障害者数が0人（実雇用率が0％）の企業（筆者注：法定人数が3〜4人に該当するのは、法定雇用率2％で、ダブルカウントなどの措置を無視した場合、150〜249人規模の企業となる）

◆不足数が10人以上の企業

　障害者雇入れ計画は、次の点について企業全体および障害者の雇入れを予定する事業所ごとの雇用計画内容を明らかにしたものとし、その命令が行なわれた日以後の直近の12月15日までに提出。

◆計画の始期と終期

144

◆期間中に雇入れを予定する、常用雇用労働者および障害者それぞれの
　人数

◆その結果見込まれる計画終期現在の、常用雇用労働者および障害者そ
　れぞれの人数

【適正実施勧告】

　障害者雇入れ計画第1年目の12月1日現在で、次のいずれかの状態で
あった場合は、第2年目の2月末までに、計画に沿った実施を求める
「適正実施勧告」が行なわれる。

◆計画の実施率が50％未満

◆計画始期の年の12月1日現在における実雇用率が、その計画始期の前
　年の6月1日現在における実雇用率を上回っていない

【企業名公表を前提とした特別指導】

　適正実施勧告を行なった企業で、その勧告となった障害者雇入れ計画
の終期において、次のいずれかに該当する場合には、企業名公表を前提
として雇入れ計画終了の翌年（障害者雇入れ計画の始期から起算して第
3年目）の4月1日から12月31日の間「特別指導」が行なわれる。

◆実雇用率が適正実施勧告を受けた計画の始期の年の6月1日現在の全
　国平均実雇用率未満であること

◆不足数が10人以上であること

◆法定雇用障害者数が3人または4人の企業で、雇用障害者数が0人
　（実雇用率が0％）であること

【企業名公表】

　特別指導の結果、なお実雇用率が雇入れ計画第2年目の全国平均実雇
用率未満で、かつ「公表猶予基準」の対象にできないと判断される場合
は、特別指導終了の翌年（障害者雇入れ計画の始期から起算して第4年
目）の、3月末に企業名を公表する。

【公表猶予基準】

　次のいずれかに該当する場合は、初回に限り公表を猶予する。

◆直近の障害者雇用の取り組み状況から、実雇用率が速やかに全国平均実雇用率（特別指導の開始年の前年の数値）以上、または不足数が0人となることが見込まれる

◆特別指導期間終了後の1月1日から1年以内に特例子会社の設立を実現し、かつ実雇用率が速やかに全国平均実雇用率（特別指導の開始年の前年の数値）以上、または不足数が0人となることが見込まれる

3. 特例子会社制度とグループ適用

(1) 特例子会社と「グループ適用」

❶制度の経緯

　障害者雇用促進法の定める雇用義務達成手段の原則が、企業単位での障害者の直接雇用に限られていることは前述のとおりだが、昭和51年の法改正において達成義務を企業単位とした際、企業の雇用をさらに積極化するため、障害者雇用にとって有効な一定要件下で設立された子会社を、親会社の一部門とみなして集中的に雇用する方式が試行されることとなった。いわゆる「特例子会社」制度である。

　制度第1号は、シャープ特選工業（親会社はシャープ）で、最近では全国に450社を超える特例子会社がある。

　この制度は、昭和63年施行の法改正で「子会社特例」の正式名称で法定事項に組み入れられ、親会社の支配要件について特例子会社資本の過半所有などが明確化された。実雇用率へのみなし算入が開始された知的障害者も対象とされたことで、指導、設備などの面から、特定職場への集中配置が効率的とされる知的障害者の有効な雇用方式として定着していった。

　さらに平成9年施行の法改正では、特例子会社が雇用すべき障害者数などの緩和措置がとられ、制度がいっそう利用しやすくなったほか、行政措置としての「トライアル雇用制度」が、知的障害者が新たに雇用のステージに参入するにあたっての強い支援ツールとなり、それまでの身体障害者中心の雇用構造が大きく変化した。

　特例子会社制度が次第に定着し、全国で100社に到達しようとしてい

第Ⅳ章●現行促進法の主要規定　**147**

た時期に厚生労働省が開催した障害者雇用問題研究会の報告では、知的等障害特性に適合した仕組みとしての特例子会社制度を評価するとともに、①分社化など経営形態の変化のなかで障害者の配置転換を余儀なくされ、前向きの雇用が困難になっていること、②持株会社制度の導入により企業グループの再編が進み、特例子会社の親会社が経営吸収されるなど、雇用の不安定化がみられること、③企業グループの連結決算化にともない企業会計上の子会社の範囲が持株基準から支配力基準に変化していることなどの新たな環境が生まれつつある状況に対し、親会社の責任のもとに企業グループ全体で障害者雇用促進にあたる仕組みが必要、との提言をまとめている。

　このような状況に対応するため、平成14年の法改正に際して、関係会社特例制度（一般には「グループ適用」と呼称）が創始された。この法改正に際しては、厚生労働省から特例子会社単体およびグループ適用の双方について、「子会社特例及び関係会社特例の認定基準と手続き」（第Ⅶ章参照）が発表されている。

　なお、特例子会社制度は障害者雇用に特化した経営であるがゆえに、業種業態を超えた共通の課題、悩みなどについて立場を同じくする企業間の親睦、情報共有などが大きな効果を有する。そこで相互の交流をめざすことを目標に日本経営者団体連盟（日経連）が創設した「全国障害者特例子会社連絡会」は現在、障害者雇用企業支援協会（SACEC）に継承され、すべての特例子会社が任意に参加しうる組織という考えのもと運営されている。

❷特例子会社設立の手順

　特例子会社設立の手順はおおむね次のとおりである。詳細は第Ⅶ章およびロードマップ（**図表6-3**）を参照いただきたい。

①情報収集

　特例子会社の設立について必要な情報や資料をハローワーク、障害者雇用企業支援協会等から入手し、不明点を確認する。

②設立プランの策定

　新規設立か既存の子会社を活用するかなどを選択して事業目的と定款を定め、実施する作業と適合する障害者像を確定し、あわせて開設地などを決定する。この際、責任者およびプロジェクト担当者を選任すること（特例子会社設立後の経営当事者とするかを含む）と、プラン実施のスケジュール（ロードマップ／工程表）を設定することは必須事項である。

③社内への周知と理解深耕

　プラン実行の間は、社内各部門の理解を深める努力が不可欠である。障害者雇用の意義とトップの考え方を伝え、予定される業務の提案と意見集約による計画のブラッシュアップを行なうとともに、仕事の切り出しを進める。

④管轄ハローワークとの調整

　並行して管轄ハローワークに計画の概要を伝え、必要書式や求人手続きなどの助言を得ながら、特例子会社としての開業日（認定希望日）を想定し、そこから逆算して法人としての設立日の設定、設備計画、採用計画などを立案、実行に移す。

⑤ハローワークへの設立認定の申請

　添付資料など必要書式を整え、本社を管轄するハローワークへ設立認定を申請する。提出書類などに問題がなければ通常、実地確認を経て1ヵ月程度で認定される。設立計画を起案の当初からハローワークに説明し、要件、必要書類等や認定希望日を含めて逐一協議に努めれば、申請から認定の期間を短縮することは可能である。

⑥認定申請の留意点

　法人としての設立日には、設備や親会社からの出向役職員、新規採用の従業員が整っていることが望ましいが、設立後速やかに整備する場合もある。ただし障害者である従業員の所定人数が揃っていなければ、特例子会社の認定申請はできない。また法人としての特例子会社設立以前

の採用にあたって、親会社の立場で求人等を行なう場合は、雇用後の所属が特例子会社である点の了解を応募者から得ることが前提となる。

❸特例子会社の得失

特例子会社を設立するメリットとしては、以下の点が考えられる。

◆障害者を集中的に雇用できるため、雇用の促進に大きく寄与し、企業にとり社会的責任の履行を示す手段となる

◆雇用管理上の資源（人、設備、ノウハウなど）の集中的な投入が可能

◆親企業本体に配置するのと比べて理解と配慮が行き届き、作業・技術指導が体系的に行なえる（知的障害者、精神障害者などの障害特性に対応した就労形態とされる）

◆親企業と別の処遇体系を設定でき、障害の特性に適合した賃金、勤務などの労働条件を適用できる

一方、経営にあたって注意すべき点としては、以下があげられる。

◆営業上親会社への依存度が高いため、親会社の経営状況が業務に直接影響する

◆障害者雇用問題を特例子会社に一任する風潮が生まれ、親（グループ）企業の障害者雇用に対する当事者意識が低下する

◆時間の経過により設立時の理解者の異動などがあると、障害者雇用の理念的な面が後退し、業績への要求が高まる等の傾向が増すことをはじめ、親（グループ）企業の支援意識が減退することもある

それら問題を解消する着眼点としては、以下があげられる。

◆社長（非常勤）を親会社人事担当役員とするなど、親会社と価値基準を密接なものとする

◆親会社に欠くことのできない根幹業務を取り込む、グループ各社またはグループ外に商圏を広げる

◆障害により中軽度は親会社、重度は子会社としたり、あるいは身体障害は親会社、知的障害は子会社などとすみ分けを工夫する

◆日常業務や社内報、厚生施設の利用などを通じて、親会社と子会社の

従業員が接する機会を増やし、障害者に対する理解を深める
◆親会社の既存施設設備などを極力活用し、創業費、運営コストを低減させる

❹関係会社特例（特例子会社を含むグループ適用）

関係会社特例（グループ適用、認定基準など詳細は第Ⅶ章参照）の認定要件は以下のとおりとなる。なおこの制度では、適用に際してグループに加える子会社は任意に選定できるが、いったんグループ化された関係会社は、経営上などの妥当な理由がないかぎり、除外は認められない（**図表4-13**）。

①親会社と特例子会社の関係

平成14年改正で、親会社の支配要件が前述の資本過半所有から支配力基準（子会社の議決権の40％以上、その他の実質支配は第Ⅶ章参照）に拡大された。

②親会社と関係会社の関係

同じく平成14年に開始された関係会社特例においても、親会社とグループを構成する関係会社（特例以外の子会社）の間は「親事業主と関係会社との間に特殊の関係があること」として同じ基準が設けられている。

図表4-13　特例子会社とグループ適用のイメージ

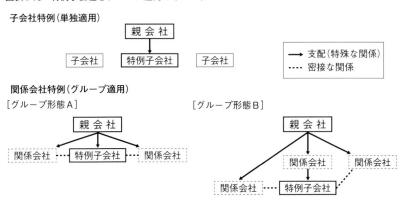

③関係会社と特例子会社の関係

　親会社の責任のもと、企業グループとして障害者雇用に取り組む枠組み構築のため、関係会社と特例子会社の間にも、次のいずれかの方法で経営上の密接な関係を求めている。

◆特例子会社の役員や従業員が関係会社から選任・派遣されるなどの緊密な人的交流

◆関係会社から特例子会社への発注取引（年間最低60万円程度）

◆関係会社が特例子会社へ出資（100万円以上）または議決権所有（5％以上）

④障害者雇用推進者の選任

　親会社は、障害者雇用のための条件整備、雇用状況報告および雇入れ計画作成に際しての国（ハローワーク）との連絡などについて、関係会社と特例子会社の業務も担当させる「障害者雇用推進者」を選任する。

⑤申請時点の留意事項

　申請時点において、企業グループ合算で障害者雇用義務を達成しているか、達成すると認められること、任意の認定取り消しは認められないこと、本人が希望した場合などを除き関係会社から特例子会社への障害者配置転換は認められないことを了承し、親会社がグループ内雇用促進と雇用安定を行なうと認められること。

〔関係条項〕

子会社に雇用される労働者に関する特例（第44条）　特定の株式会社（子会社）と厚生労働省令で定める特殊の関係のある事業主で、その事業主及びその子会社の申請に基づいて、その子会社について次に掲げる基準に適合する旨の厚生労働大臣の認定を受けたもの（以下「親事業主」という。）に係る第43条第1項及び第7項（筆者注：法定雇用義務）の適用については、その子会社が雇用する労働者はその親事業主のみが雇用する労働者と、その子会社の事業所はその親事業主の事業所とみなす。

1. その子会社の行う事業とその事業主の行う事業との人的関係が緊密であること。

2. その子会社が雇用する対象障害労働者の数及びその子会社が雇用する労働者の総数に対する対象障害労働者数の割合が、それぞれ、厚生労働大臣が定める数及び率（筆者

注：5人、20%）以上であること。

3. その子会社が雇用する対象障害労働者の雇用管理を適正に行うに足りる能力を有するものであること。

4. 前2号に掲げるもののほか、その子会社の行う事業において、その子会社が雇用する重度身体障害者又は重度知的障害者その他の対象障害者である労働者の雇用の促進及びその雇用の安定が確実に達成されると認められること。

2　前項第2号の労働者の総数の算定に当たつては、短時間労働者は、その1人をもつて、厚生労働省令で定める数（筆者注：前掲省令第6条（0.5人））の労働者に相当するものとみなす。

3　第1項第2号の対象障害労働者の数の算定に当たつては、対象障害者である短時間労働者は、その1人をもつて、厚生労働省令で定める数（筆者注：前掲省令第6条（0.5人））の対象障害労働者に相当するものとみなす。

4　厚生労働大臣は、第1項の規定による認定をした後において、親事業主が同項に定める特殊の関係についての要件を満たさなくなつたとき若しくは事業を廃止したとき、又はその認定に係る子会社について同項各号に掲げる基準に適合しなくなつたと認めるときは、認定を取り消すことができる。

【省令】

法第44条第1項の厚生労働省令で定める特殊の関係のある事業主（第8条の2）　法第44条第1項に規定する厚生労働省令で定める特殊の関係のある事業主は、同項に規定する特定の株式会社の財務及び営業又は事業の方針を決定する機関（株主総会その他これに準ずる意思決定機関）を支配している者をいう。

関係会社特例（第45条）　親事業主であつて、特定の株式会社（特例子会社及び第45条の3の事業協同組合等とその組合員である事業主を除く。）と厚生労働省令で定める特殊の関係にあるもので、親事業主、特例子会社及びその株式会社（関係会社）の申請に基づき、その親事業主及びその関係会社について、次に掲げる基準に適合する旨の厚生労働大臣の認定を受けたものに係る第43条第1項及び第7項（筆者注：法定雇用義務）の適用については、その関係会社が雇用する労働者は親事業主のみが雇用する労働者と、その関係会社の事業所は親事業主の事業所とみなす。

1. その関係会社の行う事業と特例子会社の行う事業との人的関係若しくは営業上の関係が緊密であること、又はその関係会社が特例子会社に出資していること。

2. 親事業主が第78条第1項各号に掲げる業務を担当する者を同項の規定により選任しており、かつ、その者が特例子会社及びその関係会社についても同項第1号に掲げる業務を行うこととしていること。

3. 親事業主が、自ら雇用する対象障害労働者並びに特例子会社及びその関係会社に雇用

される対象障害労働者の雇用の促進及び雇用の安定を確実に達成することができると認められること。
2　関係会社が、前条第一項（筆者注：特例子会社）又は次条第一項（筆者注：関係子会社特例）の認定を受けたものである場合は、関係会社特例の申請をすることができない。
3　前条第4項の規定は、第1項の場合について準用する。

(2) その他のグループ適用制度
❶関係子会社特例（特例子会社を含まないグループ適用）

　平成20年の法改正で誕生したグループ適用制度である。「企業グループとしての障害者雇用促進に関して、障害者の就労が比較的容易な業務の子会社と、そうでない子会社が存在する場合、それぞれの業務内容に応じて採用し、グループ全体として雇用を促進できるようなケースでは、特例子会社がなくても全体として雇用率を算定できる制度を設ける」ため法制化された（**図表4-14**）。名称が「関係会社特例」とたいへん紛らわしいことから「企業グループ算定特例」とも呼ばれている。

　グループを形成するためには、対象とする関係子会社が障害者を常用労働者数×1.2％（小数点以下切捨て）以上雇用していることを原則とするが、関係子会社が中小規模の場合は次のとおりである。

◆常用労働者250人以上300人以下の企業　→　2人以上
◆常用労働者167人以上250人未満の企業　→　1人以上

図表4-14　関係子会社特例のイメージ

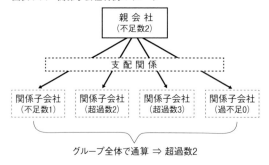

◆常用労働者167人未満の企業　　　　　→　要件なし

　この制度は、子会社の支配、障害者雇用推進者の選任、密接な人的関係などの条件や、グループ全体の雇用状況を親会社の雇用状況とみなす点は「特例子会社を含むグループ適用」（関係会社特例）と同じだが、支配下の全企業を対象としたグループ編成でなければならないことと、各子会社の人員規模によって最小限雇用すべき障害者の数が定められている点が異なる。

　なお、支配下全企業を対象とすることから、子会社がすでにこの制度の適用を受けている場合は、そのグループ全体に対し重ねて認められることはない（第45条の2第3項）。

〔関係条項〕

関係子会社に雇用される労働者に関する特例（第45条の2）　事業主であつて、その事業主及びすべての子会社の申請に基づいてその事業主及びその申請に係る子会社（関係子会社）について次に掲げる基準に適合する旨の厚生労働大臣の認定を受けたもの（以下「関係親事業主」）に係る第43条第1項及び第7項の規定（筆者注：障害者雇用義務及び雇用状況報告義務）の適用については、その関係子会社が雇用する労働者は関係親事業主のみが雇用する労働者と、その関係子会社の事業所は関係親事業主の事業所とみなす。

1. その事業主が第78条第1項（筆者注：障害者雇用推進者）を同項の規定により選任しており、かつ、その者がその関係子会社についても同項第1号に掲げる業務を行うこととしていること。
2. その事業主が、自ら雇用する対象障害労働者及びその関係子会社に雇用される対象障害労働者の雇用の促進及び雇用の安定を確実に達成することができると認められること。
3. その関係子会社が雇用する対象障害労働者の数が、厚生労働大臣が定める数以上であること。（筆者注：告示により規定）
4. その関係子会社がその雇用する対象障害労働者の雇用管理を適正に行うに足りる能力を有し、又は他の関係子会社が雇用する対象障害労働者の行う業務に関し、その行う事業と他の関係子会社の行う事業との人的関係若しくは営業上の関係が緊密であること。

2　関係子会社が第44条第1項（筆者注：特例子会社）又は第45条第1項（筆者注：グループ適用）の認定を受けたものである場合については、これらの規定にかかわらず、その子会社又はその関係会社を関係子会社とみなして、前項第1号及び第2号の規定を適用する。

3　事業主であつて、その関係子会社に第1項の認定を受けたものがあるものは、同項の

認定を受けることができない。
4　第１項第３号の対象障害労働者の数の算定に当たっては、対象障害者である短時間労働者は、その１人をもって、厚生労働省令で定める数（筆者注：0.5人）の対象障害者である労働者に相当するものとみなす。
5　第１項第３号の対象障害労働者の数の算定に当たっては、重度身体障害者又は重度知的障害者である労働者（短時間労働者を除く）は、その１人をもって、政令で定める数（筆者注：２人）の対象障害労働者に相当するものとみなす。
6　第１項第３号の対象障害労働者の数の算定に当たっては、第４項の規定にかかわらず、重度身体障害者又は重度知的障害者である短時間労働者は、その１人をもって、厚生労働省令で定める数（筆者注：１人）の対象障害労働者に相当するものとみなす。
7　第44条第４項の規定（筆者注：認定の取消）は、第１項の場合について準用する。

❷事業協同組合等算定特例

平成20年の法改正に際し、「複数の中小企業が協同組合等を活用して共同で雇用機会を拡大する」という構想にもとづき施行されたグループ適用制度である（**図表4-15**）。

300人規模以下の中小企業が、障害者雇用促進のための事業組合を形成し、実雇用率を通算する共同事業を行なうという枠組みで、次の４つの事業協同組合を対象としたものである。

◆中小企業等協同組合法にもとづく「事業協同組合」
◆中小企業団体の組織に関する法律にもとづく「商工組合」

図表4-15　事業協同組合等算定特例のイメージ

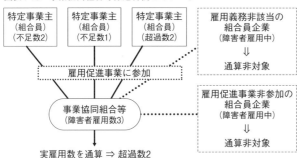

◆ 商店街振興組合法にもとづく「商店街振興組合」

◆ 水産業協同組合法にもとづく「水産加工業協同組合」

　これら事業協同組合のなかに、組合自体と加盟する事業主（特定事業主）との事業上の緊密な人的関係または営業上の関係があること、組合の規約に未達成の場合の障害者雇用納付金を特定事業主に賦課する規定を設けること、共同事業としての雇用実施計画を作成することなどの雇用促進共同事業を形成する形態があることが求められる。また組合に対しては常用労働者の20％以上の障害者雇用、特定事業主に対しては事業協同組合等の組合員であり、かつ雇用促進事業に参加していること、雇用義務の対象となる規模であること、および関係子会社特例と同様の雇用数（前記❶参照）を要件としている（第45条の３）。

　商店街や中小企業の工業団地などを念頭においたとされるが、理解が十分に得られているとはいいがたい。

【関係条項】

特定事業主に雇用される労働者に関する特例（第45条の３）　事業協同組合等（組合等）であつて、その組合等及び複数のその組合員たる事業主（「特定事業主」、雇用する労働者数が常時第43条第７項の厚生労働省令で定める数（筆者注：現状では50人）以上である事業主に限り、特例子会社、関係会社、関係子会社又は既にこの項の組合員である事業主を除く）の申請に基づいてその組合等及び特定事業主について次に掲げる基準に適合する旨の厚生労働大臣の認定を受けたもの（特定組合等）に係る第43条第１項及び第７項の規定（筆者注：障害者雇用義務および雇用状況報告義務）の適用については、その特定事業主が雇用する労働者はその特定組合等のみが雇用する労働者と、その特定事業主の事業所はその特定組合等の事業所とみなす。

1. その組合等が自ら雇用する対象障害労働者が行う業務に関し、その組合等の行う事業と特定事業主の行う事業との人的関係又は営業上の関係が緊密であること。

2. その組合等の定款、規約その他これらに準ずるものにおいて、事業協同組合等が障害者雇用納付金を徴収された場合に、特定事業主の対象障害労働者の雇用状況に応じてその障害者雇用納付金に係る経費を特定事業主に賦課する旨の定めがあること。

3. その組合等が、自ら雇用する対象障害労働者及び特定事業主に雇用される対象障害労働者の雇用の促進及び雇用の安定に関する雇用促進事業を適切に実施するための実施計画を作成し、実施計画に従つて、その対象障害労働者の雇用の促進及び雇用の安定

を確実に達成することができると認められること。

4. その組合等が自ら雇用する対象障害労働者の数及びその数の組合等が雇用する労働者総数に対する割合が、それぞれ、厚生労働大臣が定める数及び率以上であること。

5. その組合等が自ら雇用する対象障害労働者の雇用管理を適正に行うに足りる能力を有するものであること。

6. その特定事業主が雇用する対象障害労働者の数が、厚生労働大臣が定める数以上であること。

2　この条において「事業協同組合等」とは、事業協同組合その他の特別の法律により設立された組合であつて厚生労働省令で定めるものをいう。

3　実施計画には、次に掲げる事項を記載しなければならない。

1. 雇用促進事業の目標（事業協同組合等及び特定事業主がそれぞれ雇用しようとする対象障害労働者の数に関する目標を含む。）

2. 雇用促進事業の内容

3. 雇用促進事業の実施時期

4　特定事業主が、第44条第1項又は前条第1項（筆者注：特例子会社、関係会社、関係子会社又はすでにこの項の組合員）の認定を受けたものである場合は、同項の申請をすることができない。

5　第43条第8項の規定は、第1項の雇用する労働者の数及び同項第4号の労働者の総数の算定について準用する。

6　第45条の2第4項の規定は第1項第4号の対象障害労働者の数の算定について、第45条の2第4項から第6項までの規定は第1項第6号の対象障害労働者の数の算定について準用する。（筆者注：前掲参照）

7　厚生労働大臣は、第1項の規定による認定をした後において、認定に係る事業協同組合等及び特定事業主について同項各号に掲げる基準に適合しなくなつたと認めるときは、認定を取り消すことができる。

4. 雇用義務対象外の障害者への対応

　雇用義務対象外の適用障害者に関して促進法は、平成30年3月までの規定では、精神障害者については精神障害者保健福祉手帳所持者に限って実雇用率算入対象とする特例扱い、および精神障害者全般を対象としての助成金支給などの措置を行なうことなどを規定するとともに（第3章第3節）、身体障害者・知的障害者・精神障害者以外の「その他の障害者」に対する措置を定めていた（同第4節）。しかし、平成30年4月以降施行される条文では、「対象障害者以外の障害者に対する特例」として、雇用義務対象外の精神障害者（精神障害者保健福祉手帳不所持の者）および「その他の障害者」を規定し（同第3節）、それぞれを対象とする措置の範囲を定めている。この措置に対する関係各条の対象助成金は本書第V章2（1）を参照願いたい。

　なお、身体障害者・知的障害者・精神障害者以外の障害者の範囲は、平成25年の法改正後においても、「発達障害者等とそれ以外の障害者」となっており（省令第34条）、「それ以外の障害者」とは、高次脳機能障害および難病患者と解されている。

〔関係条項〕

精神障害者に関する助成金の支給業務の実施等（第73条）　厚生労働大臣は、精神障害者（精神障害者保健福祉手帳の所持者を除く）である労働者に関しても、第49条第1項第2号から第9号まで及び第11号（筆者注：**図表5-4**参照。なお、第7号は職業能力開発助成金、第8号はアビリンピック、第9号は雇用に関する調査・研究等、第11号は附帯する業務の各規定）に掲げる業務に相当する業務を行うことができる。

2　厚生労働大臣は、前項に規定する業務の全部又は一部を高齢・障害・求職者雇用支援機構に行わせるものとする。

3　前項の場合においてその業務は、第49条第１項第２号から第９号まで及び第11号に掲げる業務に含まれるものとみなして、第51条（助成金の支給）及び第53条（障害者雇用納付金の徴収及び納付義務)の規定を適用する。この場合において、第51条第２項中「対象障害者」とあるのは、「身体障害者、知的障害者又は第２条第６号に規定する精神障害者（筆者注：ここでは雇用義務対象外の精神障害者も含む意味)」とする。

身体障害者、知的障害者及び精神障害者以外の障害者に関する助成金の支給業務の実施等

（第74条）　厚生労働大臣は、障害者（身体障害者、知的障害者及び精神障害者を除く。）のうち厚生労働省令で定める者に関しても、第49条第１項第２号から第９号まで及び第11号に掲げる業務であつて厚生労働省令で定めるものに相当する業務を行うことができる。

2　厚生労働大臣は、前項に規定する業務の全部又は一部を高齢・障害・求職者雇用支援機構に行わせるものとする。

3　前項の場合においてその業務は、第49条第１項第２号から第９号まで及び第11号に掲げる業務に含まれるものとみなして、第51条及び第53条の規定を適用する。

［省令］

身体障害者、知的障害者及び精神障害者以外の障害者に関する特例（第34条）　法第74条第１項の厚生労働省令で定める者は、次の表の上欄に掲げる者とし、同項の厚生労働省令で定める業務は、同欄に掲げる者の区分に応じ、それぞれ同表の下欄に掲げる業務とする。

発達障害者その他職場適応援助者による援助が特に必要であると機構が認める障害者（以下この条において「発達障害者等」という。）	障害者（身体障害者、知的障害者、精神障害者及び発達障害者等を除く。）
法第49条第１項第４号の２、第９号及び第11号（同項第４号の２及び第９号に係る部分に限る。）に掲げる業務に相当する業務	法第49条第１項第９号及び第11号（同項第９号に係る部分に限る。）に掲げる業務に相当する業務

---

5. 差別禁止と合理的配慮

(1) 差別禁止と合理的配慮

　差別禁止ならびに合理的配慮の各事項については、ともに新たに示された概念ではあるが、わが国における障害者雇用現場の多くにすでに存在しているとも考えられることから、できるかぎり法の趣旨に沿った理解と対応をめざすことが重要と考えられる。特に合理的配慮は、価値観の相違などが紛争をひきおこす要因となりうることに加え、「過重な負担」を評価する判断基準設定などは、きわめて個別性の強い事案であることから至難ともいえる。

　この2つの事項については、「事業主」（管理者も含まれる）を対象とする「指針」が告示されて、その周知が進められており、今後の達成指導の基本と考えるべきものといえる（第Ⅶ章参照）。

　このほかに厚生労働省は、障害者差別禁止・合理的配慮に関するQ&Aと合理的配慮についての事例集をホームページ上に発表している。事案ごとに異なる条件に関しスタンダードとなる解決策が確立されるには、事例による経験の積み重ねが求められ、時間を費やさざるをえない。

　差別禁止については障害者でない者との対比に関し、①募集・採用段階では均等な機会の付与、②採用後では雇用のすべての段階における不当な差別的取り扱いの禁止、③上記①②に関する差別禁止指針の策定を定めている。

　また合理的配慮については、同じく障害者でない者との対比に関し、①募集・採用段階では均等な機会の確保に支障となっている事情改善のため、障害者からの申し出によってその障害特性を配慮した措置を行な

第Ⅳ章●現行促進法の主要規定　**161**

う義務、②雇用後は均等な待遇と障害者である労働者の能力発揮の支障
となっている事情改善のため、必要な措置を講ずる義務をあげたうえ
で、①②とも事業主に過重な負担を及ぼす場合を除くとし、さらに③上
記①②についての障害者の意向尊重と相談への対応体制整備と、④合理
的配慮指針の策定を定めている。

〔関係条項〕

障害者に対する差別の禁止（第34条）　事業主は、労働者の募集及び採用について、障害者に対して、障害者でない者と均等な機会を与えなければならない。＜筆者注：募集、採用段階での差別の禁止＞

障害者に対する差別の禁止（第35条）　事業主は、賃金の決定、教育訓練の実施、福利厚生施設の利用その他の待遇について、労働者が障害者であることを理由として、障害者でない者と不当な差別的取扱いをしてはならない。＜筆者注：採用後の各段階における差別の禁止＞

障害者に対する差別の禁止に関する指針（第36条）　厚生労働大臣は、前2条の規定に定める事項に関し、事業主が適切に対処するために必要な指針（次項において「差別の禁止に関する指針」という。）を定めるものとする。

雇用の分野における障害者と障害者でない者との均等な機会の確保等を図るための措置（第36条の2）　事業主は、労働者の募集及び採用について、障害者と障害者でない者との均等な機会の確保の支障となっている事情を改善するため、労働者の募集及び採用に当たり障害者からの申出により当該障害者の障害の特性に配慮した必要な措置を講じなければならない。ただし、事業主に対して過重な負担を及ぼすこととなるときは、この限りでない。＜筆者注：募集、採用段階での合理的配慮＞

雇用の分野における障害者と障害者でない者との均等な機会の確保等を図るための措置（第36条の3）　事業主は、障害者である労働者について、障害者でない労働者との均等な待遇の確保又は障害者である労働者の有する能力の有効な発揮の支障となっている事情を改善するため、その雇用する障害者である労働者の障害の特性に配慮した職務の円滑な遂行に必要な施設の整備、援助を行う者の配置その他の必要な措置を講じなければならない。ただし、事業主に対して過重な負担を及ぼすこととなるときは、この限りでない。＜筆者注：採用後の各段階における合理的配慮＞

雇用の分野における障害者と障害者でない者との均等な機会の確保等を図るための措置（第36条の4）　事業主は、前2条に規定する措置を講ずるに当たつては、障害者の意向を十分に尊重しなければならない。

2　事業主は、前条に規定する措置に関し、その雇用する障害者である労働者からの相談

に応じ、適切に対応するために必要な体制の整備その他の雇用管理上必要な措置を講じなければならない。＜筆者注：合理的配慮にあたっての必要事項＞

雇用の分野における障害者と障害者でない者との均等な機会の確保等に関する指針（第36条の5）　厚生労働大臣は、前3条の規定に基づき事業主が講ずべき措置に関して、その適切かつ有効な実施を図るために必要な指針（次項において「均等な機会の確保等に関する指針」という。）を定めるものとする。（筆者注：合理的配慮に関する指針）

助言、指導及び勧告（第36条の6）　厚生労働大臣は、第34条、第35条及び第36条の2から第36条の4までの規定の施行に関し必要があると認めるときは、事業主に対して、助言、指導又は勧告をすることができる。

（2）　2つの指針とその要旨

　指針には、事業主の理解を進めるべく、以下に示すような例示が随所に設けられ、各例の文意からの類推も交じえて的確な措置を生み出し、時間をかけて基準を見出すことが求められている。

①差別禁止指針

　対象とする差別形態は、車椅子、補助犬など支援器具の利用や介助者の付添いなど、社会的な不利を補う手段の利用などを理由とする不当な不利益取り扱いも含む「直接差別」であり、直接障害を理由としなくても結果的に障害者が不利益を被る「間接差別」は該当しない。また雇用については「募集・採用」から「労働契約の更新」まで13の段階に分け、それぞれの意味を示したうえで差別に該当する行為を例示するとともに、法違反とならないための措置を次のとおり示している。それらは、雇用管理上心得ておかなければならない条件であり、各段階での企業の行為に対する判断の鑑として、折にふれ意識する必要があるだろう。

◆積極的差別是正措置として、障害者でない者と比較して障害者を有利に取り扱うこと

◆合理的配慮を提供し、労働能力等を適正に評価した結果として障害者でない者と異なる取り扱いをすること

◆合理的配慮に係る措置を講ずること（その結果として、障害のない者

と異なる取り扱いとなること）

◆ 障害者専用の求人の採用選考または採用後において、仕事をするうえでの能力および適性の判断、合理的配慮の提供のためなど、雇用管理上必要な範囲で、プライバシーに配慮しつつ、障害者に障害の状況などを確認すること（第Ⅶ章参照）

〔合理的配慮指針〕

　合理的配慮の基本的な考え方として、次の4点が示されている。

◆ 合理的配慮は、個々の事情を有する障害者と事業主との相互理解のなかで提供されるべき性質のものであること

◆ 合理的配慮の提供は事業主の義務だが、採用後の合理的配慮について、事業主が必要な注意を払っても雇用する労働者が障害者であることを知りえなかった場合は、提供義務違反を問われないこと

◆ 過重な負担にならない範囲で、職場において支障となっている事情などを改善する合理的配慮に係る措置が複数あるとき、障害者との話し合いのもと、その意向を十分尊重したうえで、事業主がより提供しやすい措置を講ずるのはさしつかえないこと

◆ 合理的配慮の提供が円滑になされるようにするという観点を踏まえ、障害者はともに働く労働者であるとの認識のもと、事業主や同じ職場の者が障害の特性について正しい知識を取得し理解を深めることが重要であること

　こうした考え方に立って、募集・採用時には障害者が希望する配慮措置を申し出る必要があること、採用後は障害者であることを把握した時点において職場で支障となっている事情の有無を確認することなどを定め、過重な負担とならない範囲で合理的配慮措置を講ずることを事業主に求めている。あわせて募集・採用時ならびに採用後の合理的配慮について、別表として障害の種別ごとに事例が記載されている。

　合理的配慮の事例は、障害者雇用促進法第7条が定める「障害者雇用対策基本方針」（現行は平成26～29年度対象）の第3「事業主が行うべ

き雇用管理に関して指針となるべき事項」でも各雇用管理場面および障害種類別に考慮すべき点が示されている。第Ⅶ章を参照願いたい。

なお「過重な負担」については、考慮要素として①事業活動への影響、②実現困難度、③費用・負担の程度、④企業規模、⑤企業の財務状況、⑥公的支援の有無の6点をあげ、簡単な解説を付している。何をもって過重とするかは、個別の事案ごとのさまざまな条件、環境その他の要素によって異なり、立場による見解の相違もあることから、多くの企業で解決への真剣な取り組みが求められる。さらに、見解の相違が生じることを防ぐ「相談体制の整備等」に関しても、法律により義務づけられ、実現が求められている。障害者が上記の雇用環境下で就労していくにあたって、自らの能力発揮を阻害する要件があると感じる場合は、率直な申し出がなされることでトラブルを回避できれば、それは企業としても望ましいことである。専任する人員を配置することなどは企業にとってけっして軽い問題ではないが、最前線の管理者や指導者、それをバックアップする人事労務関係担当者の研修などによる体制構築は急務であり、部門・事業所などの責任者も問題を受けとめる心構えが必要となる。

指針に示されている外部機関への相談の委託については、それによって企業自身の当事者としての立場が軽減されるものではないことを認識したうえで、機関を選択しなければならない。

(3) 苦情処理と紛争の解決

障害者雇用促進法で新設された第3章の2は、差別禁止および合理的配慮に関する当事者からの苦情、および生じる紛争の解決手続きを次のように定めている。

苦情の処理は一義的に企業（現場を管理するという趣旨から、事業所単位とされる）の労使で組織する苦情処理機関が自主的に処理する努力が求められる（第74条の4）。その対象は、採用後の労働者であり、募集・採用段階の事案は含まれていない。苦情処理機関は社内に既存の組

織があればその活用で足りるが、本人からの申し出を受けて行なわれる
ものであり、あらかじめ申し出を受ける窓口を明確にし、その機関以外
のルートに問題が拡散するなど、いたずらに混乱を招くことのないよう
にしておく。窓口は、職場の上司が適切な場合もあれば、労務担当者が
あたることが適切な場合もあり、事業所の事情により異なるが、まず当
事者の苦情を客観的かつ冷静に聞きとるなどのスキルを訓練することが
必要であり、対応について決定する職位を定めておくべきである。

　紛争にいたった場合は、各地労働局長による紛争解決の援助が規定さ
れているが、この段階では募集・採用段階も含めて対象となり、労使関
係上の紛争に対するあっせんを定めた「個別労働関係紛争の解決の促進
に関する法律」（略称「個別労働関係紛争解決促進法」）を適用すること
なく（第74条の５）、労働局長が援助という位置づけで「助言、指導又
は勧告」を行なう（第74条の６）。

　解決にいたらない場合は、募集・採用段階の事案を除いて、当事者の
一方から申請があり、かつ必要を認めた場合に「調停」を行なうものと
し、個別労働関係紛争解決促進法による「紛争調整委員会」に委任する
（第74条の７）。

　個別労働関係紛争解決促進法は、地方労働委員会が取り上げないほど
の個別・小規模な労使紛争の解決支援策として平成13年に制定され、各
地労働局の労働相談コーナーでの相談、労働局長としての助言および指
導、労働法の専門家などで構成する紛争調整委員会によるあっせんにつ
いて定めた法律である。ただし同法には調停の規定はなく、その部分は
「雇用の分野における男女の均等な機会及び待遇の確保等に関する法律」
（略称「男女雇用機会均等法」）の条項を準用する（第74条の８）。

　障害者雇用促進法は、差別禁止および合理的配慮に関する苦情、紛争
の処理について、紛争にいたる前の個別労使の自主的努力による解決を
重視しているが、差別禁止、合理的配慮については個人の価値観あるい
は感受性といった要素が働くことは避けがたい。コミュニケーションの

齟齬が思わぬ結果をもたらすこともありうるなかで、紛争にいたること
なく問題を理性的に解決していくには、現場の管理者あるいは労務部門
の説明能力などに加え、平素から十分な経営状況のディスクローズが行
なわれるなどの良好な労使関係が存在し、労働者側の立場である労働組
合が、真に公正妥当な実情認識をもつ環境であることが重要である。

〔関係条項〕

苦情の自主的解決（第74条の4）　事業主は、第35条及び第36条の3に定める事項に関し、
　障害者である労働者から苦情の申出を受けたときは、苦情処理機関（事業主を代表する者及
　び事業所の労働者を代表する者を構成員とし、その事業所の労働者の苦情を処理するため
　の機関）に対し苦情の処理を委ねる等その自主的な解決を図るように努めなければならない。

紛争の解決の促進に関する特例（第74条の5）　第34条、第35条、第36条の2及び第36条
　の3に定める事項についての障害者である労働者と事業主との間の紛争については、個
　別労働関係紛争の解決の促進に関する法律第4条、第5条及び第12条から第19条までの
　規定は適用せず、次条から第74条の8までに定めるところによる。

紛争の解決の援助（第74条の6）　都道府県労働局長は、前条に規定する紛争に関し、紛
　争の当事者の双方又は一方からその解決につき援助を求められた場合には、その紛争の
　当事者に対し、必要な助言、指導又は勧告をすることができる。

2　事業主は、障害者である労働者が前項の援助を求めたことを理由として、その労働者
　に対して解雇その他不利益な取扱いをしてはならない。

調停の委任（第74条の7）　都道府県労働局長は、第74条の5に規定する紛争（募集及び
　採用についての紛争を除く）について、紛争当事者の双方又は一方から調停の申請があ
　つた場合において紛争解決のために必要があると認めるときは、個別労働関係紛争の解
　決の促進に関する法律第6条第1項の紛争調整委員会に調停を行わせるものとする。

2　前条第2項の規定は、障害者である労働者が前項の申請をした場合について準用する。

調停（第74条の8）　雇用の分野における男女の均等な機会及び待遇の確保等に関する法
　律第19条、第20条第1項及び第21条から第26条までの規定は、前条第1項の調停の手続
　について準用する。この場合において、同法第19条第1項中「前条第1項」とあるのは
　「障害者の雇用の促進等に関する法律第74条の7第1項」と、同法第20条第1項中「関
　係当事者」とあるのは「関係当事者又は障害者の医療に関する専門的知識を有する者そ
　の他の参考人」と、同法第25条第1項中「第18条第1項」とあるのは「障害者の雇用の
　促進等に関する法律第74条の7第1項」と読み替えるものとする。

第Ⅳ章●現行促進法の主要規定　**167**

第V章
障害者雇用を支援する仕組み

1. 求人と支援組織

（1） 促進法の支援組織

　障害者雇用を進めるうえで企業を支援する組織について、障害者雇用促進法が規定しているハローワーク、障害者職業センター、障害者就業・生活支援センターを中心に解説する。関係する支援等は、障害者雇用促進法第2章では「職業リハビリテーションの推進」というくくりで定められている。

　企業がまず考えなければならないのは、求める人材の確保である。ハローワークに求人票を提出して紹介を待つのが一般的だが、こうした公的機関以外にもインターネット、新聞などのメディアや人材紹介業者の利用、縁故募集などさまざまな方法がある。

　求人手段については、雇用時期は学校新卒者の場合は4月に限定され、それ以外は市中の労働市場からの求人となる。障害の種別との関連では、求職者本人が支援を要する知的障害者等は通常、就労支援機関に登録し、そのうえでハローワークで求職手続きをすることから、企業としてはハローワークへの求人手続きを行なったうえで、それら就労支援機関との関係構築により、求職者の状況を理解し、選考することとなる。

　態様によっては発達障害者および精神障害者も同様だが、精神障害者では就労支援機関を利用せず、障害の存在をハローワークに告げたうえで、求職登録する者も多い。その場合、ハローワークの担当官が就労の可能性を主治医などに確認することとなるが、採用に適合するか否かは企業が判断する。また、身体障害者のうち、聴覚障害など、自身で求職活動が可能な場合は、企業の求人広告に直接応募することも多く、雇用

計画の立て方によって求人手段は千差万別ともいえる。

❶ハローワーク

ハローワークは、厚生労働省の地方部局として都道府県に各1ヵ所おかれている労働局の下部機構という位置づけであり、正式名称は「○○公共職業安定所」である。全国に436ヵ所と出張所・分室が計108ヵ所あり、約1万1000人の職員と1万5000人の相談員が業務にあたっている（平成29年7月現在、厚生労働省資料）。国の基幹的政策課題である雇用の安定と発展を担う最前線であり、求人・求職の調整を主務とするとともに、その円滑な実現のための指導権限を行使する官庁である。障害者雇用に関しては職業リハビリテーションの行政担当機関でもあり、企業の障害者雇用達成を担当する雇用指導官や、障害者自身の求職担当の専門援助部門としての職業指導官のほか、雇用保険など関係の深い担当部門が存在する。障害者の雇用をめざす企業にとっては、広義の支援者と位置づけられるため、日常的な接触によって相互に現状を把握しておくことが重要である。

企業との関係では、障害者雇用に対する義務は企業の本社がその達成責任を有するので、企業の本社所在地のハローワークの管轄となるが、遠隔地の事業所での採用なども、実際の求人地を管轄するハローワークとの連携によってサービスが得られる仕組みとなっている。求人→紹介→選考→採否という一連の手続きは、障害者雇用の場合も同じだが、ハローワークに対する求人手段には、複数のハローワークや労働局単位などで行なわれる集団面接会に参加し、障害者と面接して正式な選考日を打ち合わせる方法や、ハローワークの設定により個別企業ごとに催される管理選考、さらには個人を特定しての指名求人といったさまざまな手段があるため、雇用指導官との連携が重要である。

なお最近は求人手段が多様化し、職業安定業務を委ねられている学校からの直接紹介や、インターネット利用、紙面広告等さまざまなルートがあるが、各種助成金制度の活用などに瑕疵が生じることを防止できる

第Ⅴ章●障害者雇用を支援する仕組み　**171**

点からも、企業としての求人意思は、ハローワークに対する手続きとして行なっておくべきである。

〔関係条項〕

求人の開拓等（第9条）　公共職業安定所は、障害者の雇用を促進するため、障害者の求職に関する情報を収集し、事業主に対して情報の提供、障害者の雇入れの勧奨等を行うとともに、その内容が障害者の能力に適合する求人の開拓に努めるものとする。

求人の条件等（第10条）　公共職業安定所は、障害者にその能力に適合する職業を紹介するため必要があるときは、求人者に対して、身体的又は精神的な条件その他の求人の条件について指導するものとする。

2　公共職業安定所は、障害者について職業紹介を行う場合において、求人者から求めがあるときは、その障害者の有する職業能力に関する資料を提供するものとする。

職業指導等（第11条）　公共職業安定所は、障害者がその能力に適合する職業に就くことができるようにするため、適性検査を実施し、雇用情報を提供し、障害者に適応した職業指導を行う等必要な措置を講ずるものとする。

障害者職業センターとの連携（第12条）　公共職業安定所は、前条の適性検査、職業指導等を特に専門的な知識及び技術に基づいて行う必要があると認める障害者については、障害者職業センターとの密接な連携の下に適性検査、職業指導等を行い、又は障害者職業センターにおいて適性検査、職業指導等を受けることについてあつせんを行うものとする。

適応訓練のあつせん（第14条）　公共職業安定所は、その雇用の促進のために必要があると認めるときは、障害者に対して、適応訓練を受けることについてあつせんするものとする。

就職後の助言及び指導（第17条）　公共職業安定所は、障害者の職業の安定を図るために必要があると認めるときは、その紹介により就職した障害者その他事業主に雇用されている障害者に対して、その作業の環境に適応させるために必要な助言又は指導を行うことができる。

事業主に対する助言及び指導（第18条）　公共職業安定所は、障害者の雇用の促進及びその職業の安定を図るために必要があると認めるときは、障害者を雇用し、又は雇用しようとする者に対して、雇入れ、配置、作業補助具、作業の設備又は環境その他障害者の雇用に関する技術的事項（障害者の雇用管理に関する事項）についての助言又は指導を行うことができる。

❷高齢・障害・求職者雇用支援機構

高齢・障害・求職者雇用支援機構（略称「高・障・求機構」、以下「機

構」）は、昭和36年に特殊法人雇用促進事業団が開設した「心身障害者職業センター」を事業の創始とし、同45年以降各地に設立された事業主団体「障害者雇用促進協会」の雇用推進事業や、同54年開設の国立障害者職業リハビリテーションセンター事業などを合わせて同63年に誕生した認可法人日本障害者雇用促進協会を前身とする。平成15年高齢者関係業務を含めた独立行政法人高齢・障害者雇用支援機構として再出発し、さらに能力開発業務を加えて平成23年現組織となったもので、障害者の職業リハビリテーションに関する支援、促進業務を担当するとともに、高齢者雇用および職業能力開発総合大学校などの運営と職業能力の開発を担う組織である。

　障害者雇用に関する同機構の組織構成は以下のとおりであり、障害者雇用促進法第19～26条に各障害者職業センターの設置および業務が、また第49条以下に障害者雇用納付金に関する業務を行なうことが、それぞれ定められている。

①本部と障害者職業総合センター

　障害者雇用納付金や助成金制度などを運営する実務部門と、管理・企画などからなる本部業務、および職業リハビリテーションに関する基本的な調査・研究、障害者職業カウンセラーやジョブコーチの養成・研修、各地障害者職業センターおよび障害者就業・生活支援センターなどへの技術的助言、指導などを担当する障害者職業総合センターで構成されている。

　また、東京支部事務所（墨田ハローワーク内）に所在し、一般企業が気軽に訪問できる窓口として「中央障害者雇用情報センター」を設置し、障害者雇用に関する情報提供や相談対応、補助具など就労支援機器の展示や貸与を行なっている。

②広域障害者職業センター（国立職業リハビリテーションセンター）

　機構が運営業務を行なう国立の職業リハビリテーションセンター（所沢、吉備高原の２ヵ所）は、広域障害者職業センターと位置づけられ、

各地域障害者職業センターとの連携のほか、障害者の職業評価・指導、就職支援や事業主への雇用・職場定着支援に加え、併設され一体化して運営する「中央障害者職業能力開発校」「吉備高原障害者職業能力開発校」のカリキュラムを通じた職業訓練を行なう。

同センターでの訓練は比較的高度なことから、企業として適格者と評価できる訓練生が存在する。在籍定員は限られているが、入所者の募集が障害別に年に複数回あることに合わせてカリキュラム修了時期も複数回あることから、求人には柔軟に対応している。なお障害者職業能力開発校のカリキュラムは (2)❸参照。

③都道府県支部

平成27年度に機構内の組織整理が行なわれ、47都道府県それぞれに障害者雇用納付金制度による納付・支給や、障害者職業生活相談員の選任等障害者関係業務および高齢者・求職者業務その他事務処理などを行なう支部が設置された。地域障害者職業センターも支部に所属する形となっている。

④地域障害者職業センター

都道府県に各1ヵ所のほか、北海道、東京、愛知、大阪、福岡にはそれぞれ支所があり、合わせて52のセンターが設置されている。障害者カウンセラー、ジョブコーチなどの担当者が配置され、障害者の就労可能度評価、職業重度判定、職業訓練等や、精神障害者の職場復帰に関する「リワーク」と称されるプログラムのほか、職場定着支援、事業主への助言などを行なっている。

職業リハビリテーションに関しては、企業にとって機構のなかで最も身近に接する組織であり、求人から就労後のサポートまでの相談に対応する。ただし大都市圏などでは多数の要請にすべて応じることはむずかしく、また定着被支援者との個人的な信頼関係が重要とされる知的障害者などのケースでは、定期的な人事異動のあるなか、長期間の対応を行なうことなどは困難といわざるをえない。同センターの役割は、障害者

雇用促進法第22条にもあるように、ほかの公私就労支援機関に対する指導的な立場に注力し、ともにレベルアップしていく道であると考えられる。

〔関係条項〕

障害者職業センターの設置等の業務（第19条）　厚生労働大臣は、障害者の職業生活における自立を促進するため、次に掲げる「障害者職業センター」の設置及び運営の業務を行う。

1. 障害者職業総合センター

2. 広域障害者職業センター

3. 地域障害者職業センター

2　厚生労働大臣は、前項の業務の全部又は一部を独立行政法人高齢・障害・求職者雇用支援機構（「機構」）に行わせるものとする。

障害者職業総合センター（第20条）　障害者職業総合センターは、次に掲げる業務を行う。

1. 職業リハビリテーション（職業訓練を除く）に関する調査及び研究。

2. 障害者の雇用に関する情報の収集、分析及び提供。

3. 第24条の障害者職業カウンセラー及び職場適応援助者（ジョブコーチ）の養成及び研修。

4. 広域障害者職業センター、地域障害者職業センター、障害者就業・生活支援センターその他の関係機関に対する職業リハビリテーションに関する技術的事項についての助言、指導その他の援助。

5. 前各号に掲げる業務に付随して、次に掲げる業務を行うこと。

　　イ　障害者に対する職業評価（障害者の職業能力、適性等を評価し、及び必要な職業リハビリテーションの措置を判定することをいう。）、職業指導、基本的な労働の習慣を体得させるための職業準備訓練並びに職業に必要な知識及び技能を習得させるための職業講習。

　　ロ　事業主に雇用されている知的障害者等に対する職場への適応に関する事項についての助言又は指導。

　　ハ　事業主に対する障害者の雇用管理に関する事項についての助言その他の援助。

6. 前各号に掲げる業務に附帯する業務を行うこと。

広域障害者職業センター（第21条）　広域障害者職業センターは、広範囲の地域にわたり、系統的に職業リハビリテーションの措置を受けることを必要とする障害者に関して、障害者職業能力開発校又は独立行政法人労働者健康福祉機構法に掲げる療養施設若しくはリハビリテーション施設その他の厚生労働省令で定める施設との密接な連携の下に、次に掲げる業務を行う。

1. 厚生労働省令で定める障害者に対する職業評価、職業指導及び職業講習を系統的に行

第Ⅴ章●障害者雇用を支援する仕組み　**175**

うこと。

2. 前号の措置を受けた障害者を雇用し、又は雇用しようとする事業主に対する障害者の雇用管理に関する事項についての助言その他の援助。

3. 前2号に掲げる業務に附帯する業務。

地域障害者職業センター（第22条）　地域障害者職業センターは、都道府県の区域内において、次に掲げる業務を行う。

1. 障害者に対する職業評価、職業指導、職業準備訓練及び職業講習。

2. 事業主に雇用されている知的障害者等に対する職場への適応に関する事項についての助言又は指導。

3. 事業主に対する障害者の雇用管理に関する事項についての助言その他の援助。

4. 職場適応援助者の養成及び研修。

5. 障害者就業・生活支援センターその他の関係機関に対する職業リハビリテーションに関する技術的事項についての助言その他の援助。

6. 前各号に掲げる業務に附帯する業務を行うこと。

名称使用の制限（第23条）　障害者職業センターでないものは、その名称中に障害者職業総合センター又は障害者職業センターという文字を用いてはならない。

障害者職業カウンセラー（第24条）　機構は、障害者職業センターに、障害者職業カウンセラーを置かなければならない。

2　障害者職業カウンセラーは、厚生労働大臣が指定する試験に合格し、かつ、厚生労働大臣が指定する講習を修了した者その他厚生労働省令で定める資格を有する者でなければならない。

障害者職業センター相互の連絡及び協力等（第25条）　障害者職業センターは、相互に密接に連絡し、及び協力して、障害者の職業生活における自立の促進に努めなければならない。

2　障害者職業センターは、精神障害者について、第20条第5号、第21条第1号若しくは第2号又は第22条第1号から第3号までに掲げる業務を行うに当たつては、医師その他の医療関係者との連携に努めるものとする。

3　障害者職業センターは、公共職業安定所（ハローワーク）の行う職業紹介等の措置、障害者就業・生活支援センターの行う業務並びに職業能力開発促進法の公共職業能力開発施設等（公共職業能力開発施設及び職業能力開発総合大学校）の行う職業訓練と相まつて、効果的に職業リハビリテーションが推進されるように努めるものとする。

職業リハビリテーションの措置の無料実施（第26条）　障害者職業センターにおける職業リハビリテーションの措置は、無料とする。

❸障害者就業・生活支援センター（通称「ナカポツ・センター」）

　この制度は、障害者職業センターが専門的な職業リハビリテーションの実施を目的に独立行政法人の直轄事業として行なわれるのに対し、障害者の日常生活により近い場面で、自立へ向けた個人の就労への準備努力と企業の雇用との両面の支援を、地域に関係の深い民間事業者に委託する公的事業として行なおうとするものである。

　昭和51年の法改正以来、比較的就労が困難な重度身体障害者や知的障害者の就職準備性を高める必要が次第に認識され、福祉施設に滞留するなどで就労の機会を得られずにいた障害者への支援として、「障害者雇用支援センター」制度が開始されたが、厳格な要件のため少数の開設にとどまったことから、平成10年に職業準備訓練を外部機関に斡旋することで足りるとし、社会福祉法人の参入を認めるなど要件を緩和した「あっせん型障害者雇用支援センター」に改められ、障害者就業・生活支援センターの前身となった。

　これが平成14年の法改正で、はじめて雇用と福祉の両行政部門が共同で民間の手を通じて事業を展開する「障害者就業・生活支援センター」制度に発展し、21事業所が新制度のセンターとなるとともに、それ以外の多くは平成19年度末をもって障害者自立支援法（当時）所定の就労移行支援事業に転換した。全国400の福祉圏域への設置をめざしており、平成29年4月現在、332事業所に達している。

　ナカポツ・センターの運営は、国の雇用行政による就業支援委託費と、都道府県が負担し国の福祉行政からその半額を補助する生活支援費用の支給でまかなわれる。従事する職員は、各地域の実情を考慮し多少、弾力的な配員がされてはいるものの、基本的に就業支援担当者2名、生活支援担当者1名で、自治体の財政状況等により増員されている地域もあるが、平成29年の厚生労働省資料によれば1センター当たりの平均職員は3.1人である。なお利用者からの費用徴収はない。

　1センター当たりの平均登録者数は約470人、全体の就職件数は1万

8984件、就職後1年在籍率は76.5％とされ（平成27年度末時点、厚生労働省資料）、次第に成果を確実なものにしているが、さらに機能を発揮し、障害者雇用の推進に寄与するためには、地域の事情が必ずしも一様ではないことに対し、それぞれの環境に応じた柔軟な運営基準が必要であり、また財務制度上の理由とはいえ就業支援と生活支援とが別々な会計処理を求められることが、各事業に認められる配員数がけっして潤沢でないなかで事務負担となっていることなどは、従事する職員のいっそうのレベルアップとともに改善の必要がある。

〔関係条項〕

指定（第27条）　都道府県知事は、職業生活における自立を図るために就業及びこれに伴う日常生活又は社会生活上の支援を必要とする障害者（支援対象障害者）の職業の安定を図ることを目的とする一般社団法人若しくは一般財団法人、社会福祉法に規定する社会福祉法人又は特定非営利活動促進法に規定する特定非営利活動法人その他厚生労働省令で定める法人（筆者注：医療法人（省令第4条の6））であつて、次条に規定する業務に関し次に掲げる基準に適合すると認められるものを、その申請により、同条に規定する業務を行う者として指定することができる。

1. 職員、業務の方法その他の事項についての業務の実施に関する計画が適正なものであり、かつ、その計画を確実に遂行するに足りる経理的及び技術的な基礎を有すると認められること。

2. 前号に定めるもののほか、業務の運営が適正かつ確実に行われ、支援対象障害者の雇用の促進その他福祉の増進に資すると認められること。

業務（第28条）　障害者就業・生活支援センターは、次に掲げる業務を行うものとする。

1. 支援対象障害者からの相談に応じ、必要な指導及び助言を行うとともに、公共職業安定所、地域障害者職業センター、社会福祉施設、医療施設、特別支援学校その他の関係機関との連絡調整その他厚生労働省令で定める援助を総合的に行うこと。

2. 支援対象障害者が障害者職業総合センター、地域障害者職業センターその他厚生労働省令で定める事業主により行われる職業準備訓練を受けることについてあつせんすること。

3. 前2号に掲げるもののほか、支援対象障害者がその職業生活における自立を図るために必要な業務を行うこと。

地域障害者職業センターとの関係（第29条）　障害者就業・生活支援センターは、地域障害者職業センターの行う支援対象障害者に対する職業評価に基づき、前条第2号に掲げ

る業務を行うものとする。

事業計画等（第30条）　障害者就業・生活支援センターは、毎事業年度、厚生労働省令で定めるところにより、事業計画書及び収支予算書を作成し、都道府県知事に提出しなければならない。これを変更しようとするときも、同様とする。

2　障害者就業・生活支援センターは、厚生労働省令で定めるところにより、毎事業年度終了後、事業報告書及び収支決算書を作成し、都道府県知事に提出しなければならない。

監督命令（第31条）　都道府県知事は、この節の規定を施行するために必要な限度において、障害者就業・生活支援センターに対し、第28条に規定する業務に関し監督上必要な命令をすることができる。

指定の取消し等（第32条）　都道府県知事は、障害者就業・生活支援センターが次の各号のいずれかに該当するときは、第27条第１項の規定による指定を取り消すことができる。

1. 第28条に規定する業務を適正かつ確実に実施することができないと認められるとき。

2. 指定に関し不正の行為があつたとき。

3. この節の規定又は当該規定に基づく命令若しくは処分に違反したとき。

2　都道府県知事は、前項の規定により、指定を取り消したときは、その旨を公示しなければならない。

秘密保持義務（第33条）　障害者就業・生活支援センターの役員若しくは職員又はこれらの職にあつた者は、第28条第１号に掲げる業務に関して知り得た秘密を漏らしてはならない。

（2）促進法以外の支援組織

　企業の障害者雇用を支援する組織には、障害者が登録し、①指導によって就労のための基本的な能力を身につけさせたうえで雇用の場に送り出すところ、②職業訓練を主目的とするところ、③学校教育として社会生活を習得させるところなどさまざまなものがあるが、いずれも訓練のなかで雇用機会を求め、それに向けて支援する点は共通する。企業からみれば、ナカポツ・センター同様、求める人材の供給源ともいえる。このほか、企業が雇用を実現できるよう知識、情報、ノウハウなどを提供する非営利組織もある。

❶障害者総合支援法によるもの

　障害者総合支援法の前身である障害者自立支援法は、「福祉から雇用

へ」という、障害者の自立生活支援の画期的な概念を生み出した。具体的には、福祉と雇用の間を橋渡しする仕組みとして、「一定期間内の雇用・就労を目的とする就労移行支援事業」と「期限の定めなく支援を行なう就労継続支援事業」が創出された。このうち後者は「雇用関係のもとに企業などへの就労準備性を高めようとするA型」「雇用関係なしに就労機会へ向けて訓練などの支援を行なうB型」の2つに分けられる。

事業経営については、障害福祉サービス全般について同法および省令「障害者の日常生活及び社会生活を総合的に支援するための法律に基づく指定障害福祉サービスの事業等の人員、設備及び運営に関する基準」（平成18年厚生労働省令第171号）と、それを受けて行為ごとに給付される費用の額を決めた告示（基準）などによって、配置すべき担当者数、活動内容、報酬などが詳細に決められているが、利用者の負担は、世帯の収入に対応して法の定める障害福祉サービスの利用料となる。

利用にあたっては、各機関の就労支援機能のレベルや力点が異なるため、それぞれの組織がどのような障害に対応しているか、過去の実績はどうかなどを確認し、企業自身が正しく評価することが求められる。

障害者総合支援法によるこれらの事業者は法人格の種別は問われておらず、設立者が株式会社の場合もある。公的な仕組みにおいて活動するかぎり非営利法人と違いはないが、営利事業としての人材紹介などを兼営しているときは、どの立場での就労支援事業であるのかを、あらかじめ確認する必要がある。

またこの3種類以外に、3種類の併営もしくは生活介護、自立訓練などさまざまな障害福祉サービス事業との複合事業を一体的に行なう多機能型事業もある。これらは各種事業の組み合わせであることから、利用定員、配置職員などは実態に応じて3種類の事業と異なった取り扱いがなされている。

平成28年の障害者総合支援法改正では、これら3種類の事業に加え、就労後の障害者に対する支援を充実させる趣旨で「就労定着支援事業」

の制度が新たに設けられ、平成30年4月から施行されることとなった。

①就労移行支援事業

〔目　的〕

　一般の事業所での就労を希望し、それが可能と見込まれる65歳未満の者に対して、雇用に必要な能力、知識の付与・向上のための訓練、求職活動の支援その他幅広い支援を行なう。

〔対　象〕（例）

◆単独での求職が困難または就職に要する知識・技術の習得などが必要な、就労を希望し通常の事業所での雇用が可能と見込まれ、または在宅就業の希望をもつ障害者

◆あん摩マッサージ指圧師免許、はり師免許またはきゅう師免許を取得することにより、就労を希望する特定身体障害者

〔事　業〕

　通所を原則とし、職場訪問等も合わせた次の支援。

◆生産活動、職場体験等の機会提供など就労に必要な知識・訓練の提供

◆求職活動の支援

◆適性に対応した職場開拓

◆職場定着の支援

〔期　間〕

　利用できる期間は基本的に開始後2年間。個別に必要を認めた場合は1年延長。

〔運営状況〕

　平成28年12月時点で全国の設置数は3236ヵ所、利用者実績は3万1697人。サービス管理責任者のほか、職業指導員および生活支援員、就労支援員が配置され、障害者総合支援法第29条による訓練等給付費として、地域別に1単位基準額10円プラスアルファの金額で設定された単価により、サービスごとに定められた単位数による給付（報酬）を受け、運営される。なお、この給付方式は、A型、B型とも同様である。

第Ⅴ章●障害者雇用を支援する仕組み　181

平成27年度の改正では、精神障害者の雇用比重が今後、高まるにつれ、就労後の定着がいっそう重要性を増すことから、従来期待されてきた定着支援給付が新設されたが、前述の定着支援事業の創設により改定が予想される。

②就労継続支援事業（A型：雇用型）

　利用者との雇用契約のもとに運営され、就労形態での作業の対価として賃金が支払われる。したがって、賃金水準は最低賃金の定めによるが、平成27年度における平均賃金月額は6万7795円である（厚生労働省資料）。雇用契約をともなわずに受け入れた者に対しては、B型事業と同じルールにより工賃が支給される。

　A型事業の場合は通常の企業などでの雇用と異なり、障害者総合支援法による障害福祉給付を受けての運営であることから、社会福祉法人以外の法人である事業者の場合、社会福祉事業を行なうものであることが参入条件とされ、また障害者雇用を目的とする特例子会社は参入できず（障害者の日常生活及び社会生活を総合的に支援するための法律に基づく障害福祉サービス事業の設備及び運営に関する基準（平成18年厚生労働省令第174号）第77条）、特定の障害者雇用関係助成金の対象からも除外されている。

　なお、事業を行なって利用者に賃金を支給することが求められているにもかかわらず、生産活動の内容が不適切、または勤務状況の操作により給付を受給するなど、運営実態に批判を受けるA型事業者が存在することから、厚生労働省はこれまでに短時間利用者比率による支給額減算等の措置を講じ、さらに今後事業者の指定基準厳格化などによって経営の正常化をはかるとしている。

〔目　的〕

　継続的就労は可能だが企業等で就労するには支援が必要な、利用開始時65歳未満の者に対し雇用契約にもとづいて生産活動をはじめとする機会を提供し、一般就労に必要な知識を付与するなどの訓練を行なう。

〔対　象〕（例）

　利用開始時65歳未満の障害者で、以下に該当するもの。

◆就労移行支援事業で期間内に企業就労ができなかった者

◆特別支援学校卒業後、企業就労ができなかった者

◆現状雇用関係のない企業離職者

〔事　業〕

◆雇用契約にもとづき、就労などの活動機会の提供

◆就労に必要な知識および能力の向上のための訓練

◆その他の必要な支援

〔期　間〕

　制限なし。

〔運営状況〕

　平成28年12月現在、全国の設置数は3518ヵ所、利用者実績は6万4239人。サービス管理責任者および職業指導員、生活支援員が配置され、①と同旨の規定にもとづく給付を受けて運営されている。

③就労継続支援事業（B型：非雇用型）

　雇用契約をともなわずに、利用者が作業を行なうもの。事業所の事業収入から所要経費を除いた額を工賃として支払わなければならない、とされている。国は平成19年度からの「工賃倍増計画」で福祉分野での収入増をめざし、平成27年度以降も「工賃向上計画」を実施しているが、B型にあっても工賃の月額は3000円を下回ってはならないとしたうえで、毎年度目標額を定めて、利用者と都道府県に実績平均額を報告することとしている。ちなみに平成27年度における全国平均工賃は月額1万5033円である（厚生労働省資料）。

〔目　的〕

　一般の事業所に雇用されることが困難な者を、雇用契約によらずに受け入れ、就労機会の提供、知識および能力の向上のため必要な訓練などを行なう。成果によりA型もしくは一般就労への移行もありうる。

〔対　象〕（例）

通常の事業所での雇用や、雇用契約にもとづく就労が困難な者で、以下に該当するもの。

◆企業等やA型での就労経験ののち、年齢や体力面で雇用が困難となった者

◆就労移行支援事業を利用した結果、雇用に結びつかなかった者

◆上記のいずれにも該当しない、50歳に達している者、または障害基礎年金1級受給者

◆障害者支援施設に入所し、市区町村がB型との組み合わせの必要性を認めた者

〔事　業〕

◆就労機会、生産活動その他の活動の機会の提供

◆就労に必要な知識および能力の向上のために必要な訓練

◆その他の必要な支援

〔期　間〕

制限なし。

〔運営状況〕

平成28年12月現在、B型の全国設置数は1万579事業所、利用者は22万747人で、職員の配置および最小規模の報酬などはA型と同じである。

❷地方自治体の規定によるもの

地方自治体のなかには、ナカポツ・センターが主体的に福祉圏域とされる範囲をサービスするなど、国レベルの障害者就労支援機関を重視する地域がある一方で、都道府県あるいは市町村などが独自の規定を設けて直営したり、社会福祉協議会や社会福祉法人などへの運営委託などで就労支援を行なう地域もある。

地方自治体独自の事業は、住民サービスの一環として行なう公的な事業という性格から、就労にいたるまでの利用料は基本的に不要で、ナカポツ・センターと同様、福祉関係の有資格者など支援を担当する職員を

配置して、障害者に対する個人的生活部分に及ぶ指導や、就労を意識した基礎的な訓練、求職登録指導などを行なう。

　企業に対しては、公式の求職者情報からは得られない「何ができるのか」「何が不得手か」「社会生活を送るための初歩的な訓練はできているか」といった、障害者雇用を進める際に必要な情報の提供をはじめ、企業との連携による職場実習、ジョブコーチの育成・派遣などに携わる。とりわけ、知的障害者や精神障害者の場合、勤務開始以降の新しい環境、人間関係などへのとけこみをスムーズにすること、あるいは私生活に及ぶ部分まで配慮が必要なケースがあり、就労後の定着を確実なものとするために雇用側の強い支えとなる力をもつ機関も多い。また、定着への努力が実らず適合困難と判断された場合の転進サポートなど、企業のみでは対応困難な、別の雇用機会の求めに対する協力者としての支援にもあたるなど、ナカポツ・センターと同種の就労支援事業を展開するが、あえて指摘するならば、自己の行政区域内の事業という性格から、区域外に関するサービスが行ないにくい。企業の求人は、通勤圏は重視するが、通常は行政区域の意識をもたないため、円滑な調整がしづらい場面もありうることから、広域の連携体制の充実が期待される。

　一例として、地方自治体の就労支援組織に比重をおく東京都は、独自に定めた「区市町村障害者就労支援事業」で知られている。東京都は23特別区、26市、郡部３町１村、島嶼部２町７村の計62の自治体から構成されているが、同事業による「就労支援センター」は53区市町村に及び、複数設置を合わせると60ヵ所の事業所が運営されている。

　また、独自の施策に積極的な埼玉県では、県内63市町村のうち、「就労支援センター」の名称での設置が41、共同設置が13にのぼり、未実施は９町村にとどまっている。加えて、県が直接NPO法人に委託して運営する企業支援を目的とした「障害者雇用サポートセンター」のほか、ナカポツ・センターも10ヵ所設置するなど多彩な体制が設けられている。

神奈川県も、方式は若干異なるものの、各地域の自治体やNPO法人など民間有志機関が設立運営し、県、市などが支援する「就労支援センター」が18ヵ所設置されている。

❸障害者職業能力開発校

一般の職業能力開発施設では訓練を受けにくい障害者を、就労を目的に受け入れ、障害の態様に応じて、一定期間各校ごとに定めた特色ある課程を通じた基本訓練と、専門的な職業訓練を実施するものであり、比較的高いレベルまでの技能を身につけることができる。そのため、特別な技能分野の従事者を求める企業にとっては、貴重な供給源となる。

障害者職業能力開発校は、13校を国が設置し、うち広域障害者職業センターに併設された2校（中央、吉備高原）は、高齢・障害・求職者雇用支援機構の運営、それ以外は都道府県が運営している。また府県が設置運営するものが6校、第三セクターや公益社会福祉法人などの運営する障害者職業能力開発訓練施設が全国に18ヵ所ある。

以下に、広域障害者職業センターに併設された中央障害者職業能力開発校と、国が設置し東京都が運営する東京障害者職業能力開発校の訓練概要を例示する。

①中央障害者職業能力開発校（略称「中央能開校」）

身体障害者の訓練施設として開設されたが、現在ではすべての障害を対象とし、身体障害者および高次脳機能障害者は全国から受け入れ、隣接の国立障害者リハビリテーションセンター寮を利用できる。

現状、定員200人が4つの訓練系に分かれて、原則1年間の訓練を受ける。募集は障害別に年間1〜7回行なわれ、したがって修了も年間に分散している。平成26年5月までの延べ修了者は身体障害者4041人を中心に4661人、就職率は86.9％となっている。

◆メカトロ系…機械製図科、電子機器科、テクニカルオペレーション科に分かれ、CAD、ファクトリー・オートメーションなどを訓練。定員20人

- ◆ 建築系…CADによる設計技術に関する建築設計科。定員5人
- ◆ ビジネス情報系…OAシステム科、OA事務科、DTP・Web技術科、オフィスワーク科、経理事務科からなり、ソフトウエアの開発、パソコンによる編集、会計処理技術などを訓練。定員130人
- ◆ 職域開発系…精神・発達・高次脳機能の各障害を対象とした職域開発科と、知的障害者のための職業実務科があり、ともに物流の現場を再現した環境での訓練やコンピュータの基本的な習得などによって、就職準備性を高める。高次脳機能障害者の職場復帰支援としての「代償手段獲得コース」もある。定員45人

②**東京障害者職業能力開発校**

　昭和23年に設立され、9500人もの修了者を輩出している。全体のカリキュラム構成は11の系統を13の科目に分けていて、基本的な修業期間は1年（4月入校）、科目によっては6ヵ月あるいは3ヵ月の短期もあり、4、7、10、1月入校となる。中央能開校と内容的に大きな違いはないが、1年コースでは統一選考日を9月16日としている。

〔身体障害者を中心とした対象者へのカリキュラム〕

- ◆ 情報系…コンピュータの基礎知識からプログラムの作成等の技術習得にいたる訓練。修業期間1年
- ◆ ビジネス系…事務業務に必要な簿記、文書作成、OA機器操作等の技能やビジネスマナーを訓練。修業期間1年
- ◆ 短期ビジネス系…事務作業の一般的なソフトによる経理、営業等の知識習得。修業期間6ヵ月
- ◆ 医療事務系…医療・介護などの事務に必要なビジネス系と同様な技能、接遇などについて医療事務と介護保険事務に分けて訓練。修業期間1年
- ◆ グラフィック系…商業印刷ソフトなどの訓練を行なうカラーDTP科、パソコンによる雑誌などの編集を訓練する編集デザイン科がある。修業期間1年
- ◆ CAD系…機械CAD科は機械設計、図面作成および工業製品製作の技

能を、建築CAD科は構造、施工、力学、関係法規等、および構造図作成などの技能を、それぞれ訓練。修業期間1年

◆ ものづくり系…各種パン製造・販売の知識研修の訓練コースがある。修業期間1年

〔知的障害者に対するカリキュラム〕

◆ 実務作業系…就職に必要な心構え、労働習慣その他マナーなどの基礎訓練や、ものづくりの実習などを行なう。修業期間1年

〔精神障害者、発達障害者に対するカリキュラム〕

◆ 職域開発系…ビジネスマナー、コミュニケーション能力など社会生活技能について、個別の特性に応じた訓練。修業期間6ヵ月

◆ 就業支援系…基本的なスキルを中心とした就職準備性の習得を主眼とする。修業期間3ヵ月

　このほか、重度視覚障害者のための「OA実務系」（重度視覚障害者用の専用機器を使用して、文書作成、データ処理や通信作業など、OA機器を使用した事務処理に必要な実務的知識・技能を学ぶ）を外部に委託して行なっている（修業期間1年）。

❹特別支援学校

　学校教育法は特別支援学校の設置目的を、「視覚障害者、聴覚障害者、知的障害者、肢体不自由者又は病弱者（身体虚弱者を含む）に対して、幼稚園、小学校、中学校又は高等学校に準ずる教育を施すとともに、障害による学習上又は生活上の困難を克服し自立を図るために必要な知識技能を授けること」としている。

　障害児の教育は明治初期以降、視覚障害、聴覚障害をはじめとして、肢体不自由者や知的障害者などにも少しずつ範囲を広げていったが、対象となるべき障害児が網羅的かつ実質的にその機会を得られるようになったのは、昭和22年に制定された学校教育法によって、盲学校、聾学校、および知的障害児、肢体不自由者、病弱者のための養護学校が制度化されたときからといえる。ただし、養護学校が義務化された昭和54年

までは、重度の者が就学免除措置の対象となることもあるなど、検討課題が残った。そして平成19年施行の学校教育法改正により教育上、特別の支援を行なうとする「特別支援学校」の概念が導入され、上記各学校の名称が統一された。

　現在、視聴覚障害の人は、その程度によっては普通課程に進む者も多く、精神障害者および発達障害者も普通課程での教育を受けることが少なくない。一方で知的障害を中心に、特別支援学校高等部（高等学校に相当）での職業教育を希望する者も年々増加しており、それを重点とする新設校も誕生している。少子化が進み若年層が減少するなかで新設校が必要とされる要因には、本人や保護者が障害を受容したうえで雇用・就労に対する意欲が高まってきていることがあると考えられる。

　特別支援学校高等部新卒者は企業の人材供給源としても重要な位置にある。採用時期が毎年4月に限定されるという点はあるものの、学校側は卒業生が長期にわたって企業に定着し、職業生活での幸せを得ることを願って進路指導に力を入れている。また知的障害者、発達障害者の就労に関しては、学校による卒業後支援に加え、各就労支援機関と連携した中長期にわたる安定的支援が進んでいる。

　図表5-1は、特別支援学校高等部の卒業生の進路である。公立をはじめ全国に942ある特別支援学校の高等部には各学年2万人強が在籍し、その数は安定的に推移している。卒業生は、全体の29％強が就職し、就職率は平成15年以降、おおむね上昇傾向にある。雇用増の気運が反映されているといえるが、障害別の就職率をみると、聴覚障害者と知的障害者が高く、肢体不自由者が低位という状況が長く続いている。**図表5-1**にみられるように、進学および就職を除く全体の6割強は、就労継続支援B型など福祉分野にとどまっており、その数で知的障害者が圧倒的に多いが、これらのなかに企業就労の可能性をもちながら雇用機会に恵まれなかった者も存在すると考えられ、その進路確認が今後の重要な課題といえる。

図表5-1　特別支援学校高等部卒業生の進路（平成28年3月卒業者）

（単位：人、％）

			視覚障害	聴覚障害	知的障害	肢体不自由	病弱 身体虚弱	計
A	卒業生総数		374	528	17,754	1,838	388	20,882
B 進 学 者	大　学		101	195	73	47	24	440
	専修学校専門課程		2	7	21	15	24	69
	専修学校一般課程		2	2	12	3	8	27
	公共職能校等		2	23	200	25	12	262
	計	人　数	107	227	306	90	68	798
		B／A（％）	28.6	43.0	1.7	4.9	17.5	3.8
C 就 職 者 ／ 職 業 分 類 別	専門的・技術的		14	3	55	4	3	79
	事　務		10	33	445	51	10	549
	販　売		3	4	753	8	5	773
	サービス職業		12	15	1,378	7	14	1,426
	保安職業		—	—	5	—	—	5
	農林漁業		1	1	124	—	—	126
	生産工程		2	133	1,281	14	12	1,442
	輸送・機械運転		—	1	37	—	—	38
	建設・採掘		—	1	72	2	3	78
	運搬・清掃		13	10	1,383	7	11	1,424
	上記以外		3	9	174	9	4	199
	計	人　数	58	210	5,707	102	62	6,139
		C／A（％）	15.5	39.8	32.1	5.5	16.0	29.4
D B～C以外		人　数	209	91	11,713	1,638	258	13,909
		D／A（％）	55.9	17.2	66.0	89.1	66.5	66.6
E Dのうち 施設等への 入・通所者		人　数	114	80	11,008	1,565	214	12,981
		E／D（％）	54.5	87.9	94.0	95.5	82.9	93.3
		E／A（％）	30.5	15.2	62.0	85.1	55.2	62.2
F 死亡・不詳		人　数	—	—	28	8		36
		F／A（％）			0.2	0.4		0.2

出典：「平成28年度学校基本調査」（文部科学省、平成28年12月）

　企業の立場で考えた場合、特別支援学校は社会教育、職業教育を行なうことから、きわめて有力な人材供給源である。学校側にとっても、自立した人生を送るためのすぐれた職業生活の場である企業の姿を生徒に理解させることは重要で、両者の利害は一致する。だが、接点となる職場実習は、企業にとっては事業計画との関係、学校側では授業の一環で求職活動ではないという立場が制約となる。企業としてはこうした条件をよく消化して、雇用に必要な個人の観察、評価の場として誤りなく実習の機会を活用することや、各学校の通学圏などの条件を把握するなど、密接な関係を築くことが重要である。

190

❺その他の支援組織

①有料職業紹介事業

　人材を求人側の求めに応じて紹介し成功報酬を受け取る職業紹介の事業に参入する企業は障害者雇用においても多く、雇用に際しての方式のひとつとなった観がある。有料のため、求人側は具体的な要求を提示しやすいなどの利点があるが、一般に採用までのサービスに対する成功報酬制であるため、企業が無関係だった公的支援機関にその後のサポートを求めて失敗するといった事案も発生することから、雇用後の支援範囲その他、知的障害者などで不可欠とされる事項をあらかじめ確定しておく必要がある。

②非営利の相談事業

　地域によっては、NPO法人、一般社団法人などが障害者雇用に関する企業の相談に対応している。首都圏の場合、東京経営者協会（略称「東京経協」）が会員対応を主務に毎月相談日を設けているほか、障害者雇用企業支援協会（SACEC：Support Association for Corporate Employment of the Challenged）は会員制をとってはいるが、非会員の相談にも随時、対応している。また、神奈川県では障害者雇用部会、大阪地区では大阪障害者雇用支援ネットワークなどと、活動が広まりつつある。

2. 助成制度による支援

（1）納付金制度の概要

　障害者がハンディキャップを克服して力量を発揮し、生産性に寄与することを求めるには、企業の配慮は不可欠であり、事業主の経済的負担は相対的に高まらざるをえない。障害者雇用にともなう事業主の経済的負担を調整・平等化し、雇用義務達成へのインセンティブと未達成への社会的な警告といった性格とをあわせ、企業間の互助的補填措置として機能させようとしたものが障害者雇用納付金制度であり、障害者雇用促進法の法定事項とされている。その仕組みは**図表5-2**のとおりである。

　国の助成制度としては、このほかに雇用保険法第62条、63条にもとづく雇用保険二事業の障害者雇用関係助成金制度がある。納付金会計による各助成金項目が促進法の法定とされているのに対し、二事業に関して雇用保険法は、雇用安定と能力開発に必要な助成を行なうことのみを定め、詳細を省令に委ねているため、行政判断で比較的柔軟に制定改廃ができる。このことから時宜に即した改正が可能な反面、たび重なる改正が内容をわかりにくくしている。

　図表5-3は納付金会計の過去10年の財政状況である。納付金収入によって調整金、助成金の支給原資とするこの制度は、**図表4-9**にみられるような最近逐年の雇用数の増加と実雇用率上昇を反映して、納付金収入の伸び悩みと支給額の増加により次第に収支が悪化してきた。

　この状況に対し、助成金支給ならびに管理費の抑制と助成金の雇用保険二事業への移管などが行なわれたが、助成金の抑制に関しては支給手続きの厳格化、原資の移管にあたっての助成金の統合再編などが行なわ

図表5-2　障害者雇用納付金制度のイメージ

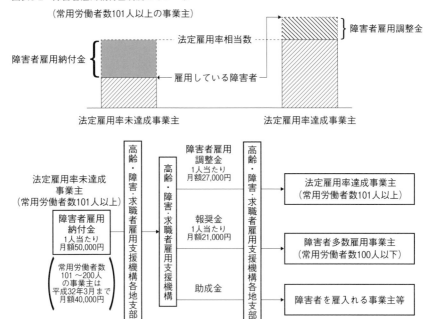

図表5-3　納付金会計の収支推移

(単位：億円)

年度(平成)	18	19	20	21	22	23	24	25	26	27
収入額	211	196	180	155	137	192	192	163	240	220
支出額	226	238	233	236	236	226	235	219	195	190
調整金・報奨金	96	102	108	114	119	134	147	164	125	143
助成金	74	77	76	77	79	69	66	31	40	17
事務費等	56	59	49	45	38	22	20	21	28	26
差引収支	△15	△43	△52	△82	△99	△34	△43	△55	44	30
積立金	435	392	339	257	158	120	76	20	64	93

出典：厚生労働省資料

れ、これがわかりにくさを増したといえるだろう。なお、納付金会計の助成金抑制手段は、高額となる設備関係の項目に対し、一定の基準を設けて申請内容を評価し、支給の可否を決める「企画競争型認定」制度を適用したことがその代表だが、平成25年度の法定雇用率改定の効果もあり、財政収支が好転したことを受けて、平成29年度以降この評価制度は

適用しないこととされた。

　このように障害者雇用を助成する制度は、助成金に関するかぎり一応の安定状態に入ったように思われるが、全体的に利用にさまざまな条件が付されるようになってきており、たとえば今後、精神障害者の雇用義務化にともなう法定雇用率上昇が納付金会計にどのように影響し、また「使い勝手」がどう変わるのか、関心をもって見守る必要がある。

❶納付金、調整金、報奨金

①納付金と調整金のルール

　障害者雇用納付金制度の趣旨については第Ⅰ章4にも記したが、この制度が開始された昭和51年当時、企業の実雇用率は300人未満規模が総じて良好であり、規模が大きい企業は低迷していた。この状態への対処と徴収事務面も考慮して、障害者雇用促進法は附則で「常時300人以下の企業は、当分の間適用しない」ことを決め、以後30年余りの間、対象は301人規模以上とされてきた。しかし本来、雇用義務を有する企業すべてに適用される原則であり近年、中小企業においても雇用の進捗状況差による企業間の経済的不均衡が顕著になってきたことなどから、平成20年の法改正で対象企業規模の拡大が決定され、平成22年から201人以上、さらに平成27年以降は101人以上に拡大された。

　障害者雇用促進法では第49条以下で、納付金の徴収、納付の義務等が、調整金については支給が、算定方法とともに規定されている。

　このうち納付金については、1人の雇用不足に対して徴収する額を「調整基礎額」とし、第54条2項で「障害者雇用における適正な雇用管理に通常要する費用等、特別に必要な費用の平均額を基準として政令（第17条）で定める「調整基礎額」による」と定め、政令同条で現行月額5万円が規定されている。一方、1人の雇用超過に対して支給する調整金の額が「単位調整額」であり、第50条2項で「調整基礎額をもとに、所定人数を超えて雇用した場合に通常必要とされる前記特別費用の平均額を基準として政令（第15条）で定める「単位調整額」による」とし、

政令同条で現行月額 2 万7000円を定めている。

　納付金に関する業務は各都道府県所在の機構支部が担当し、制度の対象となるのは、前年度（前年 4 月〜本年 3 月）について、フルタイムの労働者（ 1 カウント）と短時間労働である労働者（0.5カウント）との合計が、101カウント以上となる月が 5 ヵ月以上ある事業主である。

　対象事業主は、各月ごとに障害者実雇用数と法定雇用率にもとづく所要雇用数とをそれぞれ積算し、前年度末の延べ実雇用数が、延べ所要雇用数を上回った場合は調整金の支給を、下回った場合は納付金の納付を、それぞれ現年度の 4 月 1 日から45日以内に申告する。納付期限は申告期間内であり、調整金支給の支払いは現年度の10月 1 〜31日である。

　納付金の納付義務は各企業単位に課せられるが、調整金および報奨金の受給については、特例子会社または各グループ適用の場合、その企業（または事業協同組合）のほか、特例子会社、関係会社、事業協同組合の構成組織が総計10社までを限度として一括または分割受給できる。

　なお納付金には、納付義務（第53条）、延納措置（第57条）、追徴（第58条）、督促（第59条）、延滞金（第60条）、先取特権（第61条）などの定めがあり、全体として国税徴収の例にならう（第62条）とされている。

②報奨金のルール

　報奨金は障害者雇用促進法附則第 4 条で「単位調整額以下の省令で定める額」としたうえ、省令附則第 3 条で金額が規定されている。その算出方式は一定の行政判断によるが、平成25年法改正時の説明では、「従来同様、調整金との整合性をとる必要および調整金算定の際の算出額と決定額の比、さらに納付金非負担の多数雇用企業の特別費用を一部負担するという性格上、算出額の 2 分の 1 にとどめることとして、下記を算出した」とされ、平成30年改正においても考え方は同じである。

$$報奨金 = 42{,}000円 \times \frac{27{,}000円}{27{,}510円} \div 2 \fallingdotseq 21{,}000円$$

　報奨金は、前年度の常用雇用労働者数が 8 ヵ月以上の間100人以下で

あり、障害者雇用に一定の実績のあった事業主を対象とし、現年度の4月1日〜7月31日の間に申告する。支給時期は調整金と同じである。

③計算の要旨

　納付金、調整金および報奨金の計算例の概要を示すと次のとおりである。実際には、毎月の初日（算定基礎日。機構では賃金締切日とすることも可としている）現在の雇用状況を積算する。なお、調整金、報奨金には、除外率適用業種であっても除外率を算入できない。納付金、調整金および報奨金の運用は細かく定められているので、地域を担当する機構支部に十分照会することが必要である。

　以下は、法定雇用率2.0％（雇用義務対象の最小規模は1人÷0.02＝50人の企業）の設例であり、2.2％では45.5人、2.3％では43.5人以上となる。

〔納付金納付〕（雇用未達成）

〈設例〉従業員数：常時2000人　　法定要雇用数：40人

　　　　実雇用障害者数：重度以外20人、重度障害者5人

　　　　$\{40人－(20人＋5人×2)\}×50,000円×12ヵ月＝6,000,000円$

〔調整金支給〕（雇用達成）

〈設例〉従業員数：常時2000人　　法定要雇用数：40人

　　　　実雇用障害者数：重度以外30人、重度障害者10人

　　　　$\{(30人＋10人×2)－40人\}×27,000円×12ヵ月＝3,240,000円$

〔報奨金支給〕（雇用多数）

　報奨金の対象は、前年度各月の初日（または賃金締切日）現在で雇用している「常用障害者数の年間積算数」が、「同じ期間の常用労働者数×4％」か「72人」のいずれか多い数を超えた場合である。

〈設例〉従業員数：常時80人

　　　　実雇用障害者数：重度以外4人、重度障害者2人

　　　　基礎人数：（80人×12ヵ月）×4％＝38.4人　［または72人］

　　　　障害者数：（4人＋2人×2）×12ヵ月＝96人

　　　　（96人－72人）×21,000円＝504,000円

〔関係条項〕

第3章第2節第1款　障害者雇用調整金の支給及び障害者雇用納付金の徴収

納付金関係業務（第49条）　厚生労働大臣は、対象障害者を雇用する事業主（以下単に「事業主」）の雇用に伴う経済的負担の調整並びにその雇用の促進及び継続を図るため、次に掲げる納付金関係業務を行う。

1. 雇用数が法定を超える事業主（第50条第1項）に対する、障害者雇用調整金の支給。
2. ～7. 障害者雇用納付金による各種助成金の支給。
8. 障害者の技能に関する競技大会（アビリンピック）に係る業務。
9. 雇用に関する技術的事項の研究、調査若しくは講習の業務又は雇用についての啓発業務。
10. 障害者雇用納付金の徴収（第53条第1項）。
11. 前各号に掲げる業務に附帯する業務。

2　厚生労働大臣は、前項各号に掲げる業務の全部又は一部を機構に行わせるものとする。

障害者雇用調整金の支給（第50条）　機構は、政令で定めるところにより、各年度ごとに、調整基礎額（第54条第2項）に、その年度に属する各月（年度の中途に事業を開始した場合は、開始日の属する月の翌月以後の各月。廃止した場合は、廃止日の属する月の前月以前の各月に限る。以下同じ。）ごとの初日における対象障害労働者の合計数を乗じて得た額が、納付金として算定した額（同条第1項）を超える事業主に対して、その差額を調整基礎額で除して得た数を単位調整額（次項）に乗じて得た金額を、当年度分の障害者雇用調整金として支給する。＜筆者注：調整金の計算方法＞

2　前項の単位調整額は、事業主がその雇用する労働者の数に基準雇用率（第54条第3項）を乗じて得た数を超えて新たに対象障害者を雇用するものとした場合、対象障害者である者1人につき通常追加的に必要とされる1月当たりの特別費用の平均額（同条第2項）を基準として、政令で定める金額とする。＜筆者注：単位調整額＞

3　第43条第8項の規定は、前項の雇用する労働者の数の算定について準用する。＜筆者注：短時間労働者の扱い＞

4　第45条の2第4項から第6項までの規定（筆者注：関係子会社特例での短時間労働者等の扱い）は第1項の算定について、第48条第6項の規定（筆者注：特定身体障害者の扱い）は親事業主、関係親事業主又は特定組合等に係る第1項の規定について準用する。＜筆者注：関係子会社特例等の扱い＞

5　親事業主、関係親事業主又は特定組合等に係る第1項の規定の適用について、機構は厚生労働省令の定めにより、その親事業主、子会社若しくは関係会社、関係親事業主若しくは関係子会社又は特定組合等若しくは特定事業主に対して調整金を支給することができる。＜筆者注：特例子会社等での調整金の一括または分割支給＞

6 第2項から前項までに定めるもののほか、法人である事業主が合併した場合又は個人
である事業主について相続があつた場合における調整金の額の算定の特例その他調整金
に関し必要な事項は、政令で定める。

【省令】

調整金の支給（第16条）　調整金の支給は、各年度の10月1日から同月31日までの間（当
該年度の中途に事業を廃止した事業主にあつては、支給の申請を受理した日から3
月以内）に行うものとする。
2　次の各号に掲げる事業主に対して調整金を支給する場合には、各号に定める事業
主に対して調整金の額を分割して支給することができる。ただし、その支給する事
業主の数は、10以内とする。
1. 親事業主　親事業主、子会社及び法第45条第1項（筆者注：関係会社特例）に規定
する関係会社
2. 関係親事業主　関係親事業主及び法第45条の2第1項（筆者注：関係子会社特例）
に規定する関係子会社
3. 特定組合等　特定組合等及び法第45条の3第1項（筆者注：事業協同組合等算定特
例）に規定する特定事業主

雇用労働者数が100人以下である事業主に係る納付金及び報奨金等に関する暫定措置（附
則第4条）　その雇用する労働者の数が常時100人以下である事業主については、当分の
間、第49条第1項第1号、第50条（筆者注：調整金）並びに第3章第2節第2款（筆者
注：納付金）及び第5節（筆者注：在宅就業）の規定は、適用しない。
2　厚生労働大臣は、当分の間その雇用する労働者の数が常時100人以下である事業主に
対して次項の報奨金及び在宅就業障害者特例報奨金を支給する業務を行うことができる。
3　厚生労働大臣は、当分の間厚生労働省令で定めるところにより、各年度ごとにその雇
用する労働者の数が常時100人以下である事業主のうち、その年度に属する各月ごとの
初日における身体障害者又は知的障害者である労働者の合計数が、その年度に属する各
月ごとにその初日におけるその雇用する労働者の数に基準雇用率（筆者注：第54条第3
項）を超える率であつて省令で定めるものを乗じて得た数（1人未満切捨）の合計数又
は省令で定める数のいずれか多い数を超える事業主に対して、その超える数を単位調整
額（第50条第2項）以下の額で省令で定める額に乗じて得た額に相当する金額を、その
年度分の報奨金として支給する。

【省令】

報奨金の支給（附則第2条）　法附則第4条第3項の報奨金は、各年度ごとに、翌年度
の7月31日までに支給の申請を行つた事業主に支給するものとする。
2　省令第15条第1項から第3項まで及び第16条の規定は、報奨金の支給について準

用する。

法附則第4条第3項の厚生労働省令で定める率、数及び額（附則第3条）　法附則第4条第3項の厚生労働省令で定める率は、100分の4とする。

2　法附則第4条第3項の厚生労働省令で定める数は、72人とする。

3　法附則第4条第3項の厚生労働省令で定める額は、21000円とする。

第3章第2節第2款　障害者雇用納付金の徴収

障害者雇用納付金の徴収及び納付義務（第53条）　機構は、第49条第1項第1号の調整金及び同項第2号から第7号までの助成金の支給に要する費用、同項第8号及び第9号の業務の実施に要する費用並びに同項各号に掲げる業務に係る事務の処理に要する費用に充てるため、この款に定めるところにより、事業主から、毎年度、障害者雇用納付金（納付金）を徴収する。

2　事業主は、納付金を納付する義務を負う。

納付金の額等（第54条）　事業主が納付すべき納付金の額は、各年度につき、調整基礎額に、当年度に属する各月ごとにその初日におけるその雇用する労働者の数に基準雇用率を乗じて得た数（1人未満切捨て）の合計数を乗じて得た額とする。＜筆者注：納付金の計算＞

2　前項の調整基礎額は、事業主がその雇用する労働者の数に基準雇用率を乗じて得た数に達するまでの数の対象障害者である者を雇用するものとした場合に対象障害者である者1人につき通常必要とされる1月当たりの特別費用の額の平均額を基準として政令で定める金額とする（筆者注：特別費用とは、対象障害者である者を雇用する場合に必要な施設又は設備の設置又は整備その他の対象障害者である者の適正な雇用管理に必要な措置に通常要する費用その他対象障害者である者を雇用するために特別に必要とされる費用をいう）。＜筆者注：調整基礎額＞

3　前2項の基準雇用率は、労働者の総数に対する対象障害者である労働者の総数の割合を基準として設定するものとし、少なくとも5年ごとに、当該割合の推移を勘案して政令で定める（筆者注：第43条第1項、第2項で「法定雇用率」として同旨を規定をしている）。＜筆者注：基準雇用率＞

4　第43条第8項の規定は、第1項及び第2項の雇用する労働者の数並びに前項の労働者の総数の算定について準用する。＜筆者注：短時間労働0.5カウントの準用＞

5　第45条の2第4項から第6項までの規定は第3項の対象障害者である労働者の総数の算定について、第48条第6項の規定は親事業主、関係親事業主又は特定組合等に係る第1項の規定の適用について準用する。＜筆者注：関係子会社特例および特定身体障害者に関する準用＞

納付金の額等（第55条）　前条第1項の場合において、その事業主が当年度において対象

障害労働者を雇用しており、かつ、同条第2項に規定する調整基礎額に当年度に属する
各月ごとの初日におけるその事業主の雇用する対象障害労働者の数の合計数を乗じて得
た額が同条第1項の規定により算定した額に達しないときは、その事業主が納付すべき
納付金の額は、同項の規定にかかわらず、その差額（算定額）に相当する金額とする。

2　前条第1項の場合において、その事業主が当年度において対象障害者である労働者を
雇用しており、かつ、同条第2項に規定する調整基礎額に当年度に属する各月ごとの初
日におけるその事業主の雇用する対象障害者である労働者の数の合計数を乗じて得た額
が同条第1項の規定により算定した額以上であるときは、その事業主については、同項
の規定にかかわらず、納付金は、徴収しない。

3　第45条の2第4項から第6項までの規定は前2項の対象障害者である労働者の数の算
定について、第48条第6項の規定は親事業主、関係親事業主又は特定組合等に係る前2
項の規定の適用について準用する。

納付金の納付等（第56条）　事業主は、各年度ごとに、その年度に係る納付金の額その他
の厚生労働省令で定める事項を記載した申告書を翌年度の初日（当年度の中途に事業を
廃止した事業主にあつては、その事業を廃止した日）から45日以内に機構に提出しなけ
ればならない。

3　第1項の申告書には、当年度に属する各月ごとの初日における各事業所ごとの労働者
の数及び対象障害者である労働者の数その他の厚生労働省令で定める事項を記載した書
類を添付しなければならない。

納付金の延納（第57条）　機構は、厚生労働省令で定めるところにより、事業主の申請に
基づき、その事業主の納付すべき納付金を延納させることができる。

追徴金（第58条）　機構は、事業主が第56条第5項の規定による納付金の全額又はその不
足額を納付しなければならない場合には、その納付すべき額に100分の10を乗じて得た
額の追徴金を徴収する。ただし、事業主が天災その他やむを得ない理由により、同項の
規定による納付金の全額又はその不足額を納付しなければならなくなつた場合は、この
限りでない。

徴収金の督促及び滞納処分（第59条）　納付金その他この款の規定による徴収金を納付し
ない者があるときは、機構は、期限を指定して督促しなければならない。

3　第1項の規定による督促を受けた者がその指定の期限までに納付金その他この款の規
定による徴収金を完納しないときは、機構は、厚生労働大臣の認可を受けて、国税滞納
処分の例により、滞納処分をすることができる。

延滞金（第60条）　前条第1項の規定により納付金の納付を督促したときは、機構は、そ
の督促に係る納付金の額につき年14.5パーセントの割合で、納付期限の翌日からその完
納又は財産差押えの日の前日までの日数により計算した延滞金を徴収する。ただし、督
促に係る納付金の額が1000円未満であるときは、この限りでない。

先取特権の順位（第61条）　納付金その他この款の規定による徴収金の先取特権の順位は、国税及び地方税に次ぐものとする。

徴収金の徴収手続等（第62条）　納付金その他この款の規定による徴収金は、この款に別段の定めがある場合を除き、国税徴収の例により徴収する。

時効（第63条）　納付金その他この款の規定による徴収金を徴収し、又はその還付を受ける権利は、2年を経過したときは、時効によつて消滅する。

2　機構が行う納付金その他この款の規定による徴収金の納入の告知又は第59条第1項の規定による督促は、民法第153条の規定にかかわらず、時効中断の効力を生ずる。

徴収金の帰属（第64条）　機構が徴収した納付金その他この款の規定による徴収金は、機構の収入とする。

徴収金の徴収に関する審査請求（第65条）　納付金その他この款の規定による徴収金の賦課又は徴収の処分について不服がある者は、厚生労働大臣に対して行政不服審査法による審査請求をすることができる。

❷助成金

　助成金に関しては「納付金関係業務」（第49条）の1項2～7号で対象事案と支給対象者などを規定し、各号の名称その他内容詳細を省令第17条～22条の3で定めている。なお、すべての助成金について「機構の予算の範囲において支給する」こととされており、これを主たる根拠として省令附則第3条の4および第3条の5を設けて機構による支給の停止、二事業への移管などを行なっている。

　機構の各種助成金の概要は平成29年度現在、**図表5-4**のとおりである。法第49条4の2号の職場適応援助者、および同7号の職業能力開発、両助成金については雇用保険二事業に移管されている。

　支給等の照会は各都道府県所在の高齢・障害・求職者雇用支援機構支部。

〔関係条項〕

助成金の支給（第51条）　機構は、厚生労働省令で定める支給要件、支給額その他の支給の基準に従つて第49条第1項第2号から第7号までの助成金を支給する。

2　前項の助成金の支給については、対象障害者の職業の安定を図るため講じられるその他の措置と相まつて、対象障害者の雇用が最も効果的かつ効率的に促進され、及び継続されるように配慮されなければならない。

図表5-4　納付金制度の各種助成金の概要

1. 障害者作業施設設置等助成金（第49条２号。省令第17条、省令第18条）

（趣旨）

　対象障害者の就労を容易化する作業施設、附帯施設、作業設備の設置・整備に対する助成。

（事業主要件）

　1. 設置・整備を行なわなければ対象障害者の雇用が困難と認められる。

　2. 不正受給による助成金不支給対象でない。

　3. 不正受給の場合、返還が履行されている。

①第１種（工事、購入による場合）

（対象）

　身体障害者、知的障害者、精神障害者、中途障害者、それらの在宅勤務者。

（支給額）

　助成率：2／3

　限度額：障害者１人当たり、作業設備の場合150万円（中途障害者の場合は450万円）。作業施設、
　　　　　付帯施設、作業設備合計の場合450万円。重度および精神障害以外の短時間労働者は各半
　　　　　額。１事業所当たり１会計年度につき最高4500万円

②第２種（賃借による場合）

（対象）

　第１種と同じ。

（支給額）

　助成率：2／3

　限度額：障害者１人当たり、作業設備の場合月額５万円（中途障害者の場合は13万円）。作業施設、
　　　　　付帯施設、作業設備合計の場合月額13万円。重度および精神障害以外の短時間労働者は、
　　　　　各半額

　支給期間：３年間

2. 障害者福祉施設設置等助成金（第49条３号。省令第18条の２、省令第18条の３）

（趣旨）

　企業または加入している事業主団体が行なう障害労働者福祉のための、保健施設、給食施設等福
利厚生施設の設置・整備に対する助成。

（対象）

　身体障害者、知的障害者、精神障害者、中途障害者、それらの在宅勤務者。

（事業主要件）

　1. 設置・整備により対象障害者の福祉の増進が認められる。

　2. 不正受給による助成金不支給対象でない。

　3. 不正受給の場合、返還が履行されている。

　4. 認定申請日前１年間に、事業主都合での障害者解雇がない。

（支給額）

　助成率：1／3

　限度額：障害者１人当たり225万円。重度および精神障害以外の短時間労働者は、各半額。１事業
　　　　　所当たり１会計年度につき最高2250万円

3. 障害者介助等助成金（第49条 4 号。省令第20条、省令第20条の 2 ）

（趣旨）

　重度または就労が特に困難な身体障害者を雇入れ、または継続雇用し、介助措置を実施した場合の助成。

（事業主要件）

　1. 各種目所定の対象者を雇入れ、または継続雇用している。

　2. 各種目所定の措置を実施しなければ1. が困難。

　3. 不正受給による助成金不支給対象でない。

　4. 不正受給の場合、返還が履行されている。

①職場介助者の配置または委嘱助成金

（内容）

　1. 事務的業務に従事する視覚障害者等の介助者配置または委嘱。

　2. 事務的業務以外に従事する視覚障害者の介助者委嘱。

（対象）

　2 級以上の視覚障害者、2 級以上の両上肢機能障害および 2 級以上の両下肢機能障害重複者、3 級以上の乳幼児期以前での非進行性脳病変による上肢機能障害および 3 級以上の乳幼児期以前での非進行性脳病変による移動機能障害重複者、それらの在宅勤務者。

（支給額）

　助成率：3 ／ 4

　限度額：内容1. は、配置の場合、月額15万円。委嘱の場合、1 回につき 1 万円（年150万円まで）

　　　　　内容2. は、委嘱の場合、1 回につき 1 万円（年24万円まで）

　支給期間：10年間

②職場介助者の配置または委嘱の継続措置に係る助成金

（内容）

　1. 事務的業務に従事する視覚障害者等の介助者配置または委嘱の継続。

　2. 事務的業務以外に従事する視覚障害者の介助者委嘱の継続。

（対象）

　①に同じ。

（支給額）

　助成率：2 ／ 3

　限度額：内容1. は、配置の場合、月額13万円。委嘱の場合、1 回につき9000円（年135万円まで）

　　　　　内容2. は、委嘱の場合、1 回につき9000円（年22万円まで）

　支給期間：5 年間

③手話通訳担当者の委嘱助成金

（内容）

　聴覚障害者の雇用に必要な手話通訳者の委嘱。

（対象）

　2 級または 3 級の聴覚障害者。

（支給額）

　助成率：3 ／ 4

　限度額：1 回につき6000円（年28.8万円まで）

第Ⅴ章●障害者雇用を支援する仕組み　**203**

支給期間：10年間

4. 重度障害者等通勤対策助成金（第49条5号。省令第20条の3、省令第20条の4）

（趣旨）

　重度身体障害者、通勤が特に困難な身体障害者、知的障害者、精神障害者を雇入れ、または継続雇用する企業または事業主団体が、これらの通勤を容易にする措置を行なった場合の助成。

（事業主要件）

　1. 各種目所定の措置を実施しなければ対象者の雇入れ、または継続雇用が困難と認められる。

　2. 不正受給による助成金不支給対象でない。

　3. 不正受給の場合、返還が履行されている。

①住宅の賃借助成金

（内容）

　対象者の通勤を容易にするため、次の住宅を賃借し、入居させる。

　1. 対象者の障害に配慮した構造・設備を備えた住宅。

　2. 世帯用の場合、対象者が次のいずれかと同居。配偶者、6親等以内の血族、3親等以内の姻族、機構が認める者。

（対象）

　重度身体障害者、3級の体幹機能障害者、3級の視覚障害者、3級または4級の下肢障害者、3級または4級の乳幼児期以前での非進行性脳病変による移動機能障害者、5級の下肢障害・体幹機能障害・乳幼児期以前での非進行性脳病変による移動機能障害のいずれか2以上重複者、知的障害者、精神障害者。

（支給額）

　助成率：3／4

　限度額：月額　世帯用10万円、単身用6万円

　支給期間：10年間

②指導員の配置助成金

（内容）

　障害特性のため通勤が容易でないと認められる5人以上の対象者を同一の住宅に居住させ、健康管理、生活指導、その他の所要業務を行なう指導員の配置。

（対象）

　①に同じ。

（支給額）

　助成率：3／4

　限度額：月額15万円

　支給期間：10年間

③住宅手当の支払助成金

（内容）

　住宅を賃借している対象者に対して社内規則として支給する住宅手当の助成。

（対象）

　①に同じ。

（支給額）

助成率：3／4

限度額：月額6万円

支給期間：10年間

④通勤用バスの購入助成金

（内容）

　障害特性のため通勤が容易でないと認められる5人以上の対象者のため、通勤用バスの購入を助成。

（対象）

　①に同じ。

（支給額）

助成率：3／4

限度額：1台700万円

⑤通勤用バス運転従事者の委嘱助成金

（内容）

　障害特性のため通勤が容易でないと認められる5人以上の対象者のため、通勤用バスの運転者を委嘱することの助成。

（対象）

　①に同じ。

（支給額）

助成率：3／4

限度額：委嘱1名、1回につき6000円

支給期間：10年間

⑥通勤援助者の委嘱助成金

（内容）

　障害特性のため通勤が容易でないと認められる対象者が、次のいずれかに該当する場合に通勤援助者を委嘱することの助成。

　新たに雇入れたとき、中途障害者の職場復帰、障害の悪化で支援が必要になったとき、通勤経路の変更を余儀なくされたとき、その他援助が必要と認められるとき。

（対象）

　①に同じ。

（支給額）

助成率：3／4

限度額：委嘱1名、1回につき2000円および交通費1認定につき3万円

支給期間：1ヵ月間

⑦駐車場の賃借助成金

（内容）

　障害特性のため通勤が容易でないと認められる対象者のために、次のすべてに該当する駐車場を賃借し、使用させた場合の助成。

　対象者が自ら運転する自家用車を駐車させる、対象者の障害に配慮した駐車場、勤務先や自宅に近い。

（対象）

第Ⅴ章●障害者雇用を支援する仕組み　205

①に同じ。

(支給額)

　助成率：3／4

　限度額：対象者1名、月額5万円

　支給期間：10年間

⑧**通勤用自動車の購入助成金**

(内容)

　障害特性のため通勤が容易でないと認められる対象者に使用させるための、通勤用自動車購入の助成。

(対象)

　2級以上の上肢障害者、2級以上の乳幼児期以前での非進行性脳病変による上肢機能障害者、3級以上の体幹機能障害者、3級以上の内部障害者、4級以上の下肢障害者、4級以上の乳幼児期以前での非進行性脳病変による移動機能障害者、5級の下肢障害・体幹機能障害・乳幼児期以前での非進行性脳病変による移動機能障害のいずれか2以上重複者。

(支給額)

　助成率：3／4

　限度額：購入1台150万円（1級または2級の両上肢障害者の場合は250万円）

5. 重度障害者多数雇用事業所施設設置等助成金（第49条6号。省令第21条、省令第22条）

(趣旨)

　障害者を多数常用として雇入れ、安定雇用を継続することができると認められる企業が、事業施設等の設置・整備を行なう場合の助成。

(対象)

　重度身体障害者、重度知的障害者、知的障害者（除短時間労働者）、精神障害者。

(雇用条件)

　1. 対象障害者を1年以上、10人以上継続雇用。

　2. 継続雇用労働者中の対象障害者が20％以上。

(事業主要件)

　1. 安定雇用継続のための作業施設等の設備、部品、個々の障害特性による就業上の課題克服のための設置・整備、設置・整備した施設の雇用継続のための活用、他の模範となるモデル性をすべて満たす設置・整備であり、行なわなければ雇用および継続が困難と認められる。

　2. 不正受給による助成金不支給対象でない。

　3. 不正受給の場合、返還が履行されている。

(支給額)

　助成率：2／3

　限度額：1認定につき5000万円

　特例：第三セクターまたは特例子会社で、重度障害者の雇用が特に多い等厚生労働大臣が承認した場合については助成率3／4、限度額1億円

注：平成29年度現在

(2) 雇用保険の助成制度

　雇用保険二事業（特別会計）により実施されている助成制度は、事業主の経済的負担の一部を補填するという性格は基本的に納付金制度の助成金と同じだが、雇用インセンティブの見地から特定のスキームと組み合わせるものがある。各助成金は、制定改廃が省令事項に委ねられていることからその時々の政策方針によって仕組みや支給額など柔軟な修正が行なわれてきているため、名称は同じでも、実施される年度などによって内容が大きく変化することがあり、常に最新の状況を確認する必要がある。支給などの詳細は各ハローワークの障害者雇用指導官に照会されたい（ハローワークの管轄、所在地などは各地労働局ホームページ参照）。

　各種助成制度のなかで現在、多くの企業にとって最も有効な施策と考えられるのが、「障害者トライアル雇用」である。平成10年に緊急経済対策の一環として実施されたもので、当時の一般的な雇用支援策が、雇用が確実である者を対象としていたのに対し、トライアル雇用は、①「雇用予約」を前提としない画期的なスキームであったこと、②3ヵ月間の有期雇用契約によって雇用する側、される側がともに適合の可能性を見極める時間をもてること、③法制上の基本とされている労働基準法第20条、21条「解雇予告」の規定に対し、見極めができなかった場合も契約期間満了の扱いのみで処理できること、④企業側の利用手続きが簡素化されたこと、⑤トライアル期間である3ヵ月間に対する事業主への奨励金支給に加えて、適用の前段として事業主と10万円を超える本人への支給をともなう1ヵ月の「職場実習」が設定されたことなど、一般会計を財源とする手厚い緊急対応措置だったといえる。

　当時は、障害者雇用促進法が抜本的に改正され知的障害者を雇用義務の対象に加えたタイミングであり、企業は、課業の判断が比較的容易とされた身体障害者と比べて、知的障害者のパフォーマンスの把握がむず

かしいと感じていた。そのためこの制度は実施後2年余りの時点で、知的障害者を対象とした利用が全体の55％を占めたことが物語るように、まことに時宜を得たものとされた。

トライアル雇用がもつ上記の性格について、障害者雇用を社会的な責務ととらえていた企業からは、障害者の力量判断に万全を期しながら採用選考を行ない、「従業員は育成し戦力化して継続雇用」を本義として解雇や離職を極力回避する企業の本質をとらえた「障害者雇用の基盤確立のための、雇用予約をともなわず、解雇手続きも不要な有期労働契約」を国のシステムとして承認したことに共感と評価の意見が多く出された。

そしてその利用にあたって、一般会計であるがゆえの不安定さがみられた給付に執着せず、もっぱらスキームの活用を願うものであったが、助成制度は「助成金制度」であり、かつスキームはそれを正しく利用させるためのものにすぎないということが基本であるためか、企業が希望する給付のともなわない支援制度は現在まで実現していない。

この間、平成24年に暫定的にスキームのみの使用が認められたが、平成26年度から財源が雇用保険二事業の特別会計に移管され、安定性を取り戻したとの判断からか廃止された。

現在では、再び助成金とスキームを切り離すことはない、と表明されている。

奨励金を希望するケースとは別に、財政負担のないスキームを併設し、その活用を奨励するなど、企業の利用希望に積極的にこたえ、企業の雇用マインドをさますことのないように誘導することは、有効な政策目標と考えられないのか。今後、精神障害者の定着という困難な課題が加わるなかで、考えさせられる点である。

❶利用の共通要件

雇用保険二事業の助成制度については種目ごとに定められている利用にあたっての要件とは別に、特定の個人に複数の給付を行なわない「併

給調整」原則その他、支給に関する共通の手続きが次のように示されている。

　なおこの共通要件は多くの部分が納付金制度の助成金においても同様に適用される。

①中小企業の範囲

　「中小企業」と「それ以外」とに取り扱いが区分される種目での中小企業とは、原則として以下の「資本または出資額」「常時雇用する労働者数」のいずれかを満たす企業である（中小企業基本法の定めによる規定）。

〔産業分類〕	〔資本または出資額〕	〔常時雇用する労働者数〕
小売業（含飲食店）	5000万円以下	50人以下
サービス業	5000万円以下	100人以下
卸売業	1億円以下	100人以下
その他の業種	3億円以下	300人以下

　ただし、「中小企業障害者多数雇用施設設置等助成金」は業種および資本または出資額にかかわらず、「常時雇用する労働者数」が300人以下の企業を中小企業とし、中小企業のみを対象とする「障害者初回雇用コース」では、障害者雇用促進法の規定に準拠して50〜300人（法定雇用率改定にともない、平成30年度以降変更の可能性がある）としている。

②受給できる事業主

　以下をすべて満たすこと。

◆雇用保険適用事業所の事業主であること

◆支給のための審査に協力すること（「支給決定のための審査に必要な書類などの整備・保管」「支給決定のための審査に必要な書類などの提出の求めに応じること」「管轄労働局などの実地調査を受け入れること」など）

◆申請期間内に申請すること

③受給できない事業主

次のいずれかに該当する事業主（事業主団体）。

◆不正受給後3年以内に支給申請をした事業主、あるいは支給申請日後支給決定日までの間に不正受給した事業主

◆支給申請日の属する年度の前年度以前の、いずれかの保険年度の労働保険料を納入していない事業主（支給申請日の翌日から起算して2ヵ月以内に納付した事業主は除く）

◆支給申請日の前日から起算して1年前の日から支給申請日の前日までの間に、労働関係法令の違反があった事業主

◆性風俗関連営業、接待をともなう飲食などの営業またはこれら営業の一部を受託する営業を行なう事業主

◆暴力団関係事業主

◆支給申請日または支給決定日の時点で倒産している事業主

◆不正受給の発覚に際しての事業主名公表に同意していない事業主

④不正受給に対する措置

◆支給前の場合は不支給

◆支給後に発覚した場合は、助成金を返還

◆支給前後を問わず、不正受給の処分決定日から起算して3年間は、その事業所に対し雇用関係助成金を支給しない

◆不正の内容によっては、受給した事業主を告発

◆不正発覚の場合、事業主名公表を行なうことがある

⑤その他

◆申請関係書類は支給決定後5年間保存

◆同一趣旨の助成金に複数の申請があった場合、一つだけの支給となることがある

◆雇用関係助成金に関する支給／不支給の決定などの措置は、行政不服審査法上の不服申立て対象にはならない

❷欠格要件

　共通要件とはされていないが、多くの助成金種目で次の場合を非対象としているので、事前の確認を要する。

①対象者と事業主の関係

◆対象労働者とそれを雇入れる事業主との間に、ハローワークなどの紹介以前に雇用予約がある

◆対象者が雇入れ日の前日以前3年間に、雇用・出向・事前研修などで雇入れ事業所で就労した

◆対象者が雇入れ日の前日以前3年間に、雇入れ事業所で職場適応訓練（短期訓練を除く）を受けた

◆対象者が雇入れ事業所の代表者または取締役の3親等以内、など

②上記①以外の事業主の欠格要件

◆対象者雇入れの前日から起算して、6ヵ月前からの定めた期間に雇入れ事業所で雇用する雇用保険被保険者を解雇（含勧奨退職）した場合

◆基準期間に雇入れ事業所で雇用する雇用保険被保険者を、特定受給資格者となる離職理由（事業縮小等による自己都合退職など）で、被保険者の6％超、かつ4人以上離職させた場合

◆対象者の雇入れ前に、この助成金（またはその他特定の助成金）対象で雇用した者のうち雇入れ日から1年経過の日が基準期間内である者が5人以上いる場合で、その50％以上が1年経過の日の時点で離職している場合

◆対象者雇入れ日の前に、この助成金対象で雇用した者のうち、助成期間終了後1年経過の日が基準期間内である者が5人以上いる場合で、その50％以上が1年経過の日の時点で離職している場合

◆高年齢者雇用確保措置を講じず、勧告を受けたにもかかわらず、支給申請日までに不是正の場合

❸助成金

　雇用保険二事業の各種助成金の概要は、**図表5-5**のとおりである。

第Ⅴ章●障害者雇用を支援する仕組み　**211**

図表5-5　雇用保険二事業の各種助成金の概要

1. 特定求職者雇用開発助成金

①特定就職困難者コース（障害者を対象とする部分のみ記載）

（趣旨）

　65歳未満の就職が特に困難な者を、ハローワーク、地方運輸局（船員の場合）、または認可された職業紹介事業者の紹介により、雇用保険一般被保険者として雇入れられ、継続雇用が確実と認められる場合の助成。

（対象）

　1. 身体障害者、知的障害者で紹介日現在失業状態の者。

　2. 身体および知的障害者で45歳以上または重度の者、精神障害者。

　（2. については短時間労働者以外としての雇入れの場合、紹介日現在在職者でも可）

（支給額）

　実支給賃金額を上限として、次により支給。

対象労働者		支給額	助成期間	毎期支給額
短時間労働者以外	（対象）1. の該当者	120万円 （50万円）	2年 （1年）	30万円×4期 （25万円×2期）
	（対象）2. の該当者	240万円 （100万円）	3年 （1.5年）	40万円×6期 （33万円×3期※） ※最終期は34万円
短時間労働の上記各障害者		80万円 （30万円）	2年 （1年）	20万円×4期 （15万円×2期）

（　）内は中小企業以外に対する支給額および助成期間

②発達障害者・難治性疾患患者雇用開発コース

（趣旨）

　雇用義務非対象のため進展が十分でない発達障害者および難治性疾患患者の雇用を促進するための助成。発達障害者雇用開発助成金と難治性疾患患者雇用開発助成金とに分けて運用されてきたが、同一内容であり平成25年度に統一された。

（対象）

　雇入れ日現在65歳未満の、紹介時点で失業状態にある求職者で、ハローワーク等（前項と同じ）から紹介され、雇用保険一般被保険者として雇入れられて、継続雇用が確実と認められる次の者。

　1. 発達障害者支援法に規定する発達障害者。

　2. 障害者総合支援法が定める難治性疾患（平成29年度　358疾患（以下同じ））の者。

（支給額）

　1. 対象者の雇入れ日起算の下表助成対象期間を区分し、毎6ヵ月に支給。

対象労働者	企業規模	助成対象期間	支給額				
			第1期	第2期	第3期	第4期	総額
短時間以外の労働者	中小企業	2年	30万円	30万円	30万円	30万円	120万円
	中小企業以外	1年	25万円	25万円			50万円
短時間労働者	中小企業	2年	20万円	20万円	20万円	20万円	80万円
	中小企業以外	1年	15万円	15万円			30万円

2. 各支給対象期ごとの支給額はその間の賃金額が上限。

3. 対象者について最低賃金の減額特例を許可されている場合は、支給対象期間の実賃金支払い額に中小企業1／3、中小企業以外は1／4を乗じた額とする。

4. 対象者が支給対象期間の途中で離職の場合および実労働時間が所定労働時間より著しく短い場合は減額、第1期初日から1ヵ月以内に離職の場合は不支給。

③障害者初回雇用コース（ファースト・ステップ）

（趣旨）

　障害者雇用経験のない中小企業がはじめて雇用義務対象者を雇入れて雇用率を達成することへの助成。

（対象）

　ハローワーク、地方運輸局（船員の場合）、または認可された職業紹介事業者の紹介により、雇用保険一般被保険者として雇入れられ、継続雇用が確実と認められる次の者。

1. 身体障害者。

2. 療育手帳所持または判定機関の判定を受けている知的障害者。

3. 精神障害者保健福祉手帳所持の精神障害者。

（雇用条件）

　1人目の対象者雇入れの翌日から3ヵ月間に、対象労働者が次の状況となり、法定雇用率を達成すること（ダブルカウント等適用）。

常用労働者数	対象労働者数	常用労働者数	対象労働者数	常用労働者数	対象労働者数
50〜 99人	1人	150〜199人	3人	250〜299人	5人
100〜149人	2人	200〜249人	4人	300人	6人

（事業主要件）

1. 共通要件を満たすこと。

2. 支給申請時点で、雇用する常用労働者数が50〜300人。

3. 1人目の対象者雇入れの前日までの3年間に、対象障害者の雇用実績がないこと。

　（就労継続支援A型事業主は非対象）

（支給額）

　120万円。雇入れ完了日直後の賃金締切日翌日から6ヵ月後に申請。

2 トライアル雇用奨励助成金

①障害者トライアルコース

（趣旨）

　就職困難な障害者を一定期間雇用する事業主が、適性や職務遂行能力を見極め、相互の理解促進等により、早期就職実現、雇用機会創出をはかるための助成。

（対象）

　ハローワーク、地方運輸局（船員の場合）、または認可された職業紹介事業者の紹介による者で、雇用保険被保険者資格取得を行なう次の者。

1. 継続雇用を希望し、トライアル雇用制度を理解したうえで、それによる雇入れを希望する者。

2. 促進法の対象障害者で、次のいずれかに該当。

　　紹介日現在で就労経験のない職業への就職を希望。紹介日前2年以内に離職2回以上または転職2回以上ある。紹介日前の離職期間が6ヵ月超。重度身体障害者、重度知的障害者、精神障

第Ⅴ章●障害者雇用を支援する仕組み　213

害者。

（事業主要件）

共通要件を満たすこと、対象者の勤務状況書類等の整備。

次の者は非対象。

1. 対象者雇入れの前日から起算して、6ヵ月前からトライアル終了日までに、その事業所に雇用する雇用保険被保険者を事業主都合により解雇。

2. 対象者雇入れの前日から起算して、6ヵ月前からトライアル終了日までに、その事業所に雇用する雇用保険被保険者が特定受給資格対象理由で、被保険者の6％超、かつ4人以上離職。

3. 高年齢者雇用確保措置を講じず、勧告を受け、支給申請日までに不是正。

4. 就労継続支援A型事業主。

5. トライアル開始日の前日以前3年間に、別のトライアルを実施し、そのうちの支給申請をしなかった者と継続雇用しなかった者の合計が3人超、または継続雇用した障害者数を上回った。

（内容）

1. 期間は原則3ヵ月、重度以外の身体および知的障害者は2ヵ月または1ヵ月とすることが可。精神障害者は3ヵ月以上12ヵ月以内。

2. 期間中の所定労働時間は、週20時間以上。

3. 求人数を超えて実施することは不可。

4. 新卒者への適用は、卒業の翌日以降。

（支給額）

最長3ヵ月間（精神障害者の場合も同じ）に対し、1ヵ月単位に予定就労日数に対する実就労日数の割合により、75％以上4万円、50％以上3万円、25％以上2万円、0％超1万円、0％不支給（精神障害者をはじめて雇用した場合は、各倍額）。

②障害者短時間トライアルコース

旧「精神障害者等ステップアップ奨励金」が平成25年度に統合されたもの。趣旨および対象（雇用保険資格については20時間未満の者を除く）の1.について①と同じほか、雇入れ時において週所定労働時間を10時間以上20時間未満とし、期間中に20時間以上とすることを趣旨とする。

（対象）

精神障害者および発達障害者。

（内容）

期間は3ヵ月以上12ヵ月以内、その他については①の3. 4.に同じ。

（事業主要件）

①に同じ。

（支給額）

最長12ヵ月間に対し、1ヵ月単位に予定就労日数に対する実就労日数の割合により、75％以上2万円、0％超1万円、0％不支給。

3　中小企業障害者多数雇用施設設置等助成金

納付金制度に基づく「重度障害者多数雇用事業所施設設置等助成金」は、かつて施設の設置に対する第1種と、改善・更新等のための第2種があったが、平成23年度から再編成のうえ、機能が雇用保険二事業に分離移管されて「重度障害者等多数雇用施設設置等助成金」が新設され、平成21年2月に重度障害者多数雇用事業所も対象として二事業に設けられた「特例子会社等設立促進助成金」と、設備に関係する高額の助成金3つが併設の状態となり、趣旨の混乱も感じられた。

214

特に特例子会社等設立促進助成金は最大で1億円の規模であるうえ、使途が厳密に特定されていなかった印象があり、企業側もやや困惑を感じるとともに、むしろ財源を他の助成の長期化に向けるべきではないかという批判も生じたためか、その後金額の削減改定も行なわれたが廃止され、結局これらが再整理されて納付金による「重度障害者多数雇用事業所施設設置等助成金」とこの助成金との体制となった。

（趣旨）

　障害者雇入れ計画（筆者注：法第46条1項の計画とは異なる）により5人以上の障害者を雇用し、それに要する事業所施設・設備の設置等を行なう中小企業を助成し、雇用促進をはかる。

（対象）

1. 重度身体障害者。
2. 療育手帳所持または判定機関の判定を受けている知的障害者（重度以外の場合は短時間労働者を除く）。
3. 精神障害者保健福祉手帳所持の精神障害者。
　　対象者が雇入れ日の前日以前1年間に、申請事業主と密接な関係にある事業主に雇用されていた等の場合は非対象。

（雇用条件）

　次のすべてに該当。

1. 上記障害者雇入れ計画認定日の翌日から1年以内の雇入れ。
2. 5人以上の雇入れ。
3. 雇用保険一般被保険者として雇入れられ、継続雇用が確実と認められる。

（内容）

　次のすべてを満たす事業所の設置・整備。

1. 雇入れた対象者を継続雇用するための次のいずれか。
　　作業施設、管理施設、福祉施設、以上のための設備・備品。
2. 対象事業所が雇入れ事業主自身の所有。
3. 設置・整備を受給資格認定日翌日から6ヵ月以内に実施。
4. 費用が契約1件当たり20万円以上、合計3000万円以上。

（事業主要件）

1. 共通要件を満たすこと。
2. 支給申請時点で、雇用する常用労働者数が300人以下。
3. 計画書提出時点で既雇用と新規雇用各対象障害者数が合計10人以上。
4. 支給申請時点で、事業所の常用労働者に対する対象常用障害者が20％以上。
5. 雇用管理、地域貢献など計画内容の実施。
6. 次のいずれかに該当するものは対象外。
　　特例子会社、関係会社特例（特例子会社のグループ適用）、関係子会社特例（特例子会社を含まないグループ適用）、事業協同組合等算定特例、就労継続支援A型事業主。

（支給額）

1. 施設・設備の設置・整備に要する費用と雇入れた対象者の数に応じて次により支給。
2. 対象者の雇入れと施設等の設置・整備が完了した日から6ヵ月を第1期、以後1年ごとを第2期、第3期として支給。
3. 希望により、表の（　）による金額選択も可。
4. 計画数を下回った場合は実人数により減額。

5. 各支給期末時点で雇用対象者が10人を下回った場合、以降不支給。

設置・整備に要した費用	支給対象者数					
	5～9人		10～14人		15人以上	
	第1期	第2、3期	第1期	第2、3期	第1期	第2、3期
1500万円以上3000万円未満	500万円(720万円)	250万円(90万円)	500万円(720万円)	250万円(90万円)	500万円(720万円)	250万円(90万円)
3000万円以上4500万円未満	500万円(720万円)	250万円(90万円)	1000万円(1440万円)	500万円(180万円)	1000万円(1440万円)	500万円(180万円)
4500万円以上	500万円(720万円)	250万円(90万円)	1000万円(1440万円)	500万円(180万円)	1500万円(2160万円)	750万円(270万円)

4 障害者雇用安定助成金

　以前、納付金制度の「障害者介助等助成金」のひとつであった「業務遂行援助者配置助成金」は平成23年度から二事業に移管され、「職場支援従事者配置助成金」となった。また二事業には「精神障害者雇用安定奨励金」があって、精神障害者支援専門家活用奨励金、社内精神障害者支援専門家養成奨励金、社内理解促進奨励金およびピアサポート体制整備奨励金の4つのメニューで構成されていたが、同25年度からこの両制度が一本化されて「精神障害者等雇用安定奨励金(1)」となった。その後、同27年度の改定で納付金制度の「職場適応援助者（ジョブコーチ）助成金」「健康相談医師の委嘱助成金」「職業コンサルタントの配置または委嘱助成金」「在宅コーディネーターの配置または委嘱助成金」を二事業に移管、「障害者雇用安定奨励金」としたうえ、さらに29年度からは3つに再編し名称も以下のように変更している。

①障害者職場定着支援コース

（趣旨）

　職場定着支援計画を作成し、それに基づいて次の内容1.～6. により障害特性に応じた雇用管理、雇用形態改善措置を講ずる場合の助成。

（内容）

1. 柔軟な時間管理・休暇取得を目的に、①対象者に対して継続的に実施する労働時間調整、②通・入院のための特別有給休暇、③賃金支払い期日の厳守、④雇用契約書・労働条件通知書の交付のすべての実施。
2. 週所定労働時間20時間未満の者を20時間以上に、または20～30時間未満の者を30時間以上とすること、および1.の③、④の措置のすべてを行なう短時間労働者の勤務時間延長。
3. 正規労働・無期労働契約への転換のため、有期から無期、もしくは無期から正規の契約転換、労働協約または就業規則による正社員雇用区分への転換、ならびに1.の③、④の措置のすべての実施。
4. 次の要件を備えた職場支援員の配置。
   1) 社会福祉士その他の資格保持者、障害者雇用の実務経験者、ジョブコーチ、産業医以外の医師等有資格者。
   2) 雇用保険被保険者であること、対象障害者以上の所定労働時間であること、常時対象者と同一事業所に勤務等。
   3) 所定の業務委託契約形態であること。

5. 中途障害等による1ヵ月以上の休職者の復帰にあたり雇用保険被保険者としての取扱い、時間的配慮、職務開発支援、ならびに1. の③、④の措置のすべての実施による職場復帰支援。
6. 社内理解の促進。

（対象）
1. 上記内容の1.〜4. については、各措置の開始日現在、身体障害者、知的障害者、精神障害者、発達障害者、難治性疾患患者、高次脳機能障害者で就労継続支援A型事業所の利用者として雇用される者を除く。
2. 上記内容の5. については、職場復帰日現在、身体障害者、精神障害者、難治性疾患患者、高次脳機能障害者で就労継続支援A型事業所の利用者として雇用される者を除く。
3. 上記内容の6. については、事業主の雇用する雇用保険被保険者。

（支給額）
上記内容1.〜6. のそれぞれに概要次のとおり支給される（中小企業に対しては（　）内の額）。
1. 柔軟な時間管理・休暇取得
対象者1人当たり1年間に対し6万円（8万円）。
2. 短時間労働者の勤務時間延長（週20時間未満から30時間以上への延長はA、その他はB）
重度身体・知的障害者、精神障害者1人当たり1年間に対しA40万円、B20万円（A54万円、B27万円）、その他の対象者1人当たり1年間に対しA30万円、B15万円（A40万円、B20万円）。
3. 正規労働・無期労働契約への転換（有期契約から正規雇用への転換はA、その他はB）
重度身体・知的障害者、精神障害者1人当たり1年間に対しA90万円、B45万円（A120万円、B60万円）、その他の対象者1人当たり1年間に対しA67.5万円、B33万円（A90万円、B45万円）。
4. 職場支援員の配置
短時間労働の対象者1人当たり月額1.5万円（2万円）を2年間、それ以外の対象者1人当たり月額3万円（4万円）を2年間。
5. 職場復帰支援
対象者1人当たり月額4.5万円（6万円）を1年間。
6. 社内理解の促進
対象期に要した講習経費に応じ、5万円以上10万円未満の場合2万円（3万円）、10万円以上20万円未満の場合4.5万円（6万円）、20万円以上の場合9万円（12万円）。

②障害者職場適応援助コース

（趣旨）
訪問型職場適応援助者（納付金制度で運営していたときの「1号ジョブコーチ」）および企業在籍型職場適応援助者（同、「2号ジョブコーチ」）に関する助成をあわせて再編したもの。

（内容）
1. 訪問型ジョブコーチの業務は、対象者を雇用する事業主の要請により、支援計画の策定、対象者、事業主、および家族への支援、精神障害者の状況確認等。
2. 企業在籍型ジョブコーチの業務は、対象者および家族への支援、事業所内適応体制の確立調整、関係機関との調整等。

（対象）
1. 両援助者とも対象とするのは、身体、知的、精神、発達の各障害者および難治性疾患患者、高次脳機能障害者、地域障害者職業センターがジョブコーチによる支援を必要と認めた者で、その対象者のための支援計画がある者。

第Ⅴ章●障害者雇用を支援する仕組み　217

2. 訪問型ジョブコーチの対象は1. 以外に、雇用保険適用事業所に雇用される被保険者、2ヵ月以内に雇入れが確実な者、精神障害者、発達障害者で週所定労働時間15時間以上の者など。

3. 企業在籍型ジョブコーチの対象は1. 以外に、雇入れが確実な精神障害者、発達障害者で週所定労働時間15時間以上の者など。

（支給額）

企業在籍型ジョブコーチに対しては次により支給。

1. ジョブコーチに対し、下記額を支援実施月数に応じ支給。

支給対象者	企業規模	1人当たり支給月額
短時間労働者	中小企業	4万円
	中小企業以外	3万円
短時間労働者以外	中小企業	8万円
	中小企業以外	6万円

2. ジョブコーチ養成研修受講料を事業主がすべて負担し、研修終了後6ヵ月以内にはじめて支援を行なった場合は、受講料の1／2額を支給。

③障害・治療と仕事の両立支援制度助成コース

（趣旨）

障害者職場復帰支援助成金を核として平成29年度から改定したもので、障害や傷病の特性に対応し、治療と仕事を両立させるための制度を導入する事業主を助成。

（対象）

1. 次の障害がある労働者。

身体障害者、知的障害者、精神障害者、発達障害者、難治性疾患患者、高次脳機能障害者で就労継続支援A型事業所の利用者として雇用される者を除く。

2. 傷病を負った次の労働者。

1）がん、脳卒中、心疾患、糖尿病、肝炎など反復、継続して治療が必要な傷病者で、治療と仕事の両立のため、一定の就業上の措置を要する者。

2）治療状況、就業継続の可否等に関する主治医意見により、一定の就業上の要措置期間が3ヵ月以上で、事業主に支援を申し出た者。

（内容）

次のすべてに該当する両立支援制度導入を内容とする制度整備計画について労働局の認定を受け、実施期間内に導入・実施すること。

1）対象者の障害・傷病に応じた治療のための配慮を行なう制度である。

2）雇用形態を問わず適用される制度。

3）実施のための合理的条件が労働協約または就業規則に明示。

4）治療状況、就業継続の可否に関する主治医意見書の費用を事業主が負担。

（支給額）

1事業主当たり10万円。

5 障害者職業能力開発助成金

（趣旨）

対象障害者に対する職業能力開発訓練事業の施設・設備の設置、整備、更新を行なう事業主への

助成。

　以前、納付金制度による「障害者能力開発助成金」として、第１種（施設設置費）、第２種（運営費）、第３種（受講）、第４種（グループ就労訓練）からなっていたが、平成27年度から二事業に移管され、さらに同29年度から一本化された。

（対象）

　ハローワークに求職中で、職業訓練受講が必要と認められて、支給対象となる事業主宛にその旨通知された身体障害者、知的障害者、精神障害者、発達障害者、難治性疾患患者、高次脳機能障害者。

（内容）

1. 厚生労働大臣が決める基準に適合し、次の10項目をすべて満たす教育訓練であること。
    1) 経験おおむね５年以上の運営管理者。
    2) ６月以上２年以内の訓練期間。
    3) １日につき５〜６時間、６ヵ月について700時間を基準とする訓練時間。
    4) 所要能力を開発・向上し、雇用機会が大きい訓練科目。
    5) 実際の事業所での作業条件を訓練する訓練施設外実習。
    6) 訓練科目１単位当たり、おおむね５〜10人の受講生規模人員。
    7) おおむね受講生５人につき１人の訓練担当者。
    8) 障害の種類等に十分配慮した訓練施設。
    9) 障害者の安全衛生への十分な配慮と、災害発生時の補償。
    10) あらかじめ示した教材費等を除き無料。
2. 施設の要件は次のすべてを満たすこと。
    1) 能力開発訓練施設、管理施設、福祉施設、能力開発訓練施設用設備のいずれかである。
    2) 事業主が所有。
    3) 設置、整備、更新が受給資格認定日翌日から１年以内に行なわれる。

（事業主要件）

　下記のすべてを満たすこと。
    1) 事業主または事業主団体、専修学校または各種学校を設置する法人、社会福祉法人、その他障害者雇用促進事業を行なう法人のいずれか。
    2) 設置、整備、更新後、障害者職業能力開発訓練を５年以上継続。
    3) 訓練において、就職支援責任者を配置する事業主。
    4) 対象者の個人情報に関し、権利利益を侵害しない管理運営。

（支給額）
    1) 訓練科目ごとの施設・設備の設置、整備、更新費用の3／4額を支給。ただし、はじめての助成で設置、整備の場合は、5000万円限度。
    2) 更新については複数回支給の場合も1000万円を上限。

第Ⅴ章●障害者雇用を支援する仕組み　**219**

(3) 障害者委託訓練

　厚生労働省が平成16年度から開始した「障害者の態様に応じた多様な委託訓練」は、一種のインターンシップとして障害者の可能性を観察し、確認して雇用につなげるためにふさわしい制度であるが、企業にとっては、実習その他訓練を行なう負担などのため積極的な対応姿勢が不十分とされることがある。

　実務は都道府県に委託され、その雇用関係担当部門（東京都の場合は都外郭団体の「東京しごと財団」）が行ない、障害者雇用促進法第2条1号の障害者を対象として5種の訓練コースを設定している。このうちの「実践能力習得訓練コース」は企業を委託先とし、3ヵ月以内の期間、標準100時間／月の訓練を通じて企業の職場環境において職業能力の習得を行なうもので、訓練期間に応じて月額6万円（中小企業の場合9万円）の委託料が委託先に支払われる。

(4) 在宅就業障害者支援

　平成17年の法改正に際して、多様な働き方が論議され、短時間労働者の雇用率算入などとともに、在宅で自営業に従事する労働形態（在宅就業）も障害者の就労機会増進のために有効との見地から、これを促進する方途（企業のこれら事業への発注行動にメリットを与える）として、

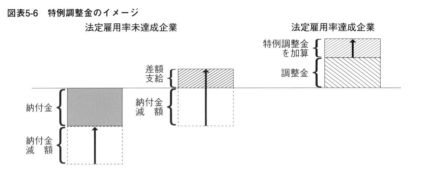

図表5-6　特例調整金のイメージ

納付金制度による「特例調整金」「特例報奨金」の支給と、納付金の減額とが決められた（**図表5-6**）。

この制度は実雇用率に反映させずに、一定の算式による金額を発注企業に給付する形となっている。詳細は法および省令で定められているが、大要は次のとおりである。

企業は、雇用義務対象の障害者で、雇用されず自宅その他で仕事をする者と「在宅就業契約」（省令第36条の２）を結んで仕事を発注する場合に、実績により所定金額の支給を受けることができる。

発注は直接を原則とするが、厚生労働省に登録された「在宅就業支援団体」（第74条の３）を経由しての発注も認められている（登録団体は同省ホームページ参照）。

所定支給額は、101人規模以上の企業に対しては「特例調整金」（第74条の２および省令第35条）、100人以下で報奨金支給対象の企業には「特例報奨金」（附則第４条、省令附則第３条の２および第３条の３）が支給される。なお特例調整金は雇用率未達成の場合には納付金と相殺、達成の場合は調整金に加算のうえ支給される。

特例調整金および特例報奨金は次のように算出される。

$$特例調整金 = \frac{企業から在宅就業者への年間支払い額}{35万円（評価額）} \times 2万1000円（調整額）$$

$$特例報奨金 = \frac{企業から在宅就業者への年間支払い額}{35万円（評価額）} \times 1万7000円（報奨額）$$

なおそれぞれの所定額の根拠として、以下のとおり説明されている。

◆ 評価額……障害者の平均給与月額および個人企業経営のそれぞれ調査にもとづく額

◆ 在宅就業単位調整額……在宅就業支援の趣旨が企業に対する発注の奨励、報奨にあることから、報奨金単価と同額の２万1000円とする

◆ 報奨額……報奨金が調整金の約８割に相当することに準拠して、２万1000円×0.8≒１万7000円とする

第Ⅴ章●障害者雇用を支援する仕組み　**221**

〔関係条項〕

在宅就業障害者特例調整金（第74条の2）　厚生労働大臣は、在宅就業障害者の就業機会の確保を支援するため、事業主で次項の規定に該当するものに対して、在宅就業障害者特例調整金を支給する業務を行うことができる。

3　用語の意義

1. 在宅就業障害者　対象障害者で、自宅その他厚生労働省令で定める場所において物品の製造、役務の提供その他これらに類する業務を自ら行うもの（雇用されている者を除く。）

2. 在宅就業契約　在宅就業障害者が物品の製造、役務の提供その他これらに類する業務を行う旨の契約

3. 在宅就業単位調整額　第50条第2項に規定する単位調整額以下の額で政令で定める額（筆者注：21,000円）

4. 調整額　在宅就業単位調整額に評価基準月数（在宅就業障害者の就業機会の確保に資する程度その他の状況を勘案して政令で定める月数（筆者注：1月）をいう。以下同じ。）を乗じて得た額

5. 評価額　障害者である労働者の平均的な給与の状況その他の状況を勘案して政令で定める額（筆者注：35万円）に評価基準月数を乗じて得た額

雇用労働者数が100人以下である事業主に係る納付金及び報奨金等に関する暫定措置（附則第4条）

4　厚生労働大臣は、当分の間、厚生労働省令で定めるところにより、各年度ごとに、在宅就業障害者との間で書面により在宅就業契約を締結した対象事業主（在宅就業支援団体を除く。）であつて、在宅就業障害者に在宅就業契約に基づく業務の対価を支払つたものに対して、報奨額に、対象額を評価額で除して得た数を乗じて得た額に相当する金額を、その年度分の在宅就業障害者特例報奨金として支給する。ただし、在宅就業単位報奨額にその年度各月ごとの初日における雇用する対象障害労働者の合計数を乗じて得た金額を超えることができない。

5　次の各号に掲げる用語の意義

1. 在宅就業単位報奨額　第50条第2項に規定する単位調整額以下の額で厚生労働省令で定める額（筆者注：17,000円）

2. 報奨額　在宅就業単位報奨額に評価基準月数を乗じて得た額

在宅就業支援団体（第74条の3）　各年度ごとに、事業主に在宅就業支援団体に対して支払つた金額のうち、在宅就業支援団体が在宅就業障害者との間で締結した在宅就業契約に基づく業務の対価として支払つた部分の金額に相当する金額（在宅就業対価相当額）があるときは、その総額をその年度の対象額に加算する。この場合、前条第2項中「対

価の総額」とあるのは「対価の総額と次条第 1 項の在宅就業対価相当額との合計額」と、同条第 9 項中「に関し、」とあるのは「に関し」と、「とみなす」とあるのは「と、その子会社及び関係会社に係る次条第 1 項に規定する在宅就業対価相当額は親事業主のみに係る在宅就業対価相当額と、関係子会社に係る在宅就業対価相当額は関係親事業主のみに係る在宅就業対価相当額と、特定事業主に係る在宅就業対価相当額は特定組合等のみに係る在宅就業対価相当額とみなす」とする。＜筆者注：直接発注以外に団体経由があるとき＞

3. 税制の扱いと優遇制度

　障害者雇用の促進政策として、多数雇用事業所に対する税制上の優遇措置がある。現状では、**図表5-7**に記す5項目を対象とし、特定の国税・地方税に関して恒久的制度または時限措置として実施されている。利用にあたってはハローワークの証明を要するものもあり、税務署、税務事務所への事前確認が望ましい。

　なお機構は、納付金、調整金等の税処理を次のとおり説明している。

❶納付金

◆消費税は、障害者雇用にともなう事業主の経済的負担の調整などの目的であり、なんら反対給付が行なわれるものではないから、「対価を得て行なわれる資産の譲渡等」に該当せず、対象ではない

◆法人税は、上記目的の賦課金として、各事業年度の損金額に計上

◆所得税も同様に事業所得上、必要経費に算入

❷調整金、報奨金、特例調整金、特例報奨金

◆消費税は、法の規定にもとづき特定の政策目的実現のため、事業主からなんら反対給付を受けることなく支給するもので、資産の譲渡等に該当せず、対象ではない

◆法人税は、法の規定にもとづき交付される支給金であり、支給決定日の事業年度益金に計上

◆所得税は、法の規定にもとづき交付される支給金であり、支給決定日の事業年度収入金額に計上

図表5-7　多数雇用事業所に対する税制上の優遇措置

1. 国税

①機械等の割増償却措置（所得税および法人税）

（対象）

　減価償却に際して、その事業年度またはその前５年以内の年度に取得、製作、建設した機械、設備、装置等。

（適用要件）

　次のいずれかを満たすこと。

　・総労働者数に占める障害者割合が50％以上（※１）。

　・障害者雇用数が20人以上（※１）、かつ総労働者数に占める障害者割合が25％以上（※１）。

　・法定雇用率を達成し、障害者雇用数が20人以上（※２）、かつ障害者雇用数のうち重度障害者等（※３）の割合が50％以上（※２）。

（優遇措置）

　普通償却限度に加えて、機械は24％、工場用建物は32％の割増償却。

（措置期限）

　平成30年３月31日まで。

②助成金の非課税措置（所得税および法人税）

（対象）

　国・地方公共団体からの障害者雇用に関する助成金、給付金、補助金および障害者雇用納付金制度にもとづく次の助成金。

　障害者作業施設設置等助成金、障害者福祉施設設置等助成金、重度障害者等通勤対策助成金、重度障害者多数雇用事業所施設設置等助成金。

（適用要件）

　用途が固定資産の取得または改良であること。

（優遇措置）

　所得税については総収入金額不算入を、法人税については圧縮記帳による損金算入を認める。

（措置期限）

　恒久措置。

2. 地方税

①事業所税の軽減

（税の性格）

　市町村税・目的税。東京都特別区、政令指定都市など76団体のみ課税。

（対象）

　雇用保険二事業の中小企業障害者多数雇用施設設置等助成金、納付金制度の重度障害者多数雇用事業所施設設置等助成金。

（適用要件）

　1. 資産割については、上記助成金の支給を受け施設設置を行なったこと。

　2. 資産割の雇用要件は、障害者雇用数が10人以上（※２）、かつ総労働者数に占める障害者割合が50％以上（※１）。

　　従業員割の雇用要件はない。

第Ⅴ章●障害者雇用を支援する仕組み　**225**

（優遇措置）

　1. 資産割については、課税標準の事業所床面積を1／2控除。

　2. 従業員割については、課税標準の給与総額に関し、障害者分を控除。

（措置期限）

　恒久措置。

②**不動産取得税の軽減**

（税の性格）

　（都）道府県税・普通税。

（対象）

　①と同じ。

（適用要件）

　1. 助成金の支給を受けて事業用施設を取得、引き続き3年以上事業用に使用。

　2. 雇用要件は、障害者雇用数が20人以上（※1）、かつ総労働者数に占める障害者割合が50％以上
（※1）。

（優遇措置）

　取得にともなう不動産取得税から取得価額の10％×税率の相当額を減額。

（措置期限）

　平成31年3月31日まで。

③**固定資産税の軽減**

（税の性格）

　市町村税・普通税。

（対象）

　①と同じ。

（適用要件）

　1. 助成金の支給を受けて事業用施設を取得。

　2. 雇用要件は、①と同じ。

（優遇措置）

　取得後5年度の間に限り、課税標準価額から、取得価格×1／6×障害者雇用割合×税率の相当額
を減額。

（措置期限）

　平成31年3月31日まで。

注：各項の※印はそれぞれ次のとおり
　※1　短時間以外の重度障害者は2カウント、短時間の重度障害者は1カウント、重度以外の
　　　短時間労働者は0.5カウントで計算
　※2　ダブルカウントは適用しない。重度以外の短時間労働者は0.5カウント
　※3　重度身体、重度知的および精神障害者を指す

4. 企業に課されている規定と罰則

(1) 企業に課されている規定

❶障害者雇用推進者

　雇用義務のある事業主に対しては、「障害者雇用推進者」を選任する努力義務が課せられている。障害者雇用推進者は、雇用の促進と継続をはかること、環境整備に関すること、毎年の雇用状況報告および障害者を解雇した際の届け出、雇入れ計画の作成命令、および実施に関する勧告を受けた場合の実行などの業務を行なう。選任にあたっての資格要件には「必要な知識、経験を有する」と記されているにすぎないが、これらの実務を担当する人事・総務部門の責任者を選任し、行政との連絡体制などを緊密にすることがその趣旨である。

❷障害者職業生活相談員

　身体障害者、知的障害者および精神障害者（精神障害者保健福祉手帳の所持者と適応訓練（障害者雇用促進法第13条）を受けたあとにその事業主に雇用されている者に限定される（省令第38条））の合計が5人以上の事業所では、一定資格の従業員から障害者職業生活相談員を選任する義務がある。関係する事項が省令第39条および40条に定められており、その要旨は次のとおりである。なおこの規定の適用単位は事業所ごとである。

　障害者職業生活相談員に選任される資格のある者は「機構の行なう講習を修了した者」（法第79条）および「次の経歴を持つ者」（省令第39条）とされている。ここでいう「次の経歴を持つ者」とは、

1．職業能力開発促進法で定める職業能力開発総合大学校の、長期課程

第Ⅴ章●障害者雇用を支援する仕組み　**227**

である福祉工学科の指導員訓練修了者、またはこれに準ずる者

2．大学、高等専門学校卒業者、前記1以外の「職業能力開発総合大学校長期課程指導員訓練、特定専門課程もしくは特定応用課程の高度職業訓練修了者」、職業能力開発総合大学校または職業能力開発短期大学校の専門課程高度職業訓練修了者、職業能力開発総合大学校応用課程の高度職業訓練修了者、これらに準ずる者で、その後1年以上障害のある労働者の職業生活に関する相談、指導実務に従事した経験者

3．高等学校、中等教育学校卒業者で、その後1年以上障害のある労働者の職業生活に関する相談、指導実務に従事した経験者

4．その他、3年以上障害のある労働者の職業生活に関する相談、指導実務に従事した経験者

である。

　また、選任の手続き（省令第40条）は、次のとおりである。

◆選任はその事由が発生した日から3月以内に行なう

◆選任したときは、遅滞なく「氏名、必要な資格を明らかにする事実、事業所の労働者総数、そのうちの前記適用範囲障害者数」を記載した届書をハローワークに提出する

❸短時間労働者への対応

　短時間労働者についてはパートタイム労働法において、一般的にその処遇に改善すべき点がみられるとして、通常の労働への転換その他、雇用管理の改善が求められているが、障害者雇用促進法は第80条で、障害者である短時間労働者が所定労働時間労働するなどの希望を申し出た場合は、その能力に応じて適切に処遇する努力義務を事業主に求めている。

❹障害者の解雇

　解雇に関する基本的な規定は労働基準法で定められているが、障害者の解雇について障害者雇用促進法第81条は、雇用機会に恵まれない面があるなどの状況から、事業主に届け出の義務を課すなど、実態のすみやかな把握と、ハローワークによる就職の努力を求めている。また、勧奨

退職などを含む解雇措置を行なった企業に対しては、助成金の受給要件に欠けるものとして扱う行政措置もある（助成金制度参照）。

なお、第81条の対象とされる障害者の範囲は、障害者職業生活相談員の規定（第79条）と同じである。

〔関係条項〕

障害者雇用推進者（第78条）　事業主は、その雇用する労働者の数が常時第43条第7項の厚生労働省令で定める数（筆者注：平成29年度現在50人）以上であるときは、厚生労働省令で定めるところにより、次に掲げる業務を担当する者を選任するように努めなければならない。

1. 障害者の雇用の促進及びその雇用の継続を図るために必要な施設又は設備の設置又は整備その他の諸条件の整備を図るための業務

2. 第43条第7項の規定による報告（筆者注：毎年の雇用状況報告（通称「6・1報告」））及び第81条第1項の規定による届出（筆者注：解雇）を行う業務

3. 第46条第1項の規定による命令（筆者注：雇入れ計画）を受けたとき、又は同条第5項若しくは第6項の規定による勧告を受けたときは、その命令若しくは勧告に係る国との連絡に関する業務又は同条第1項の計画の作成及び計画の円滑な実施を図るための業務

2　第43条第8項の規定（筆者注：短時間労働者）は、前項の雇用する労働者の数の算定について準用する。

障害者職業生活相談員（第79条）　事業主は、厚生労働省令で定める数以上の障害者（身体障害者、知的障害者及び精神障害者（厚生労働省令で定める者に限る。）に限る。第81条において同じ。）である労働者を雇用する事業所においては、その雇用する労働者であつて、厚生労働大臣が行う資格認定講習を修了したものその他省令で定める資格を有するもののうちから、厚生労働省令で定めるところにより、障害者職業生活相談員を選任し、その者に事業所に雇用されている障害者である労働者の職業生活に関する相談及び指導を行わせなければならない。

2　厚生労働大臣は、資格認定講習に関する業務の全部又は一部を機構に行わせることができる。

【省令】

法第79条第1項の厚生労働省令で定める数等（第38条）　法第79条第1項の厚生労働省令で定める数は、5人とする。

2　法第79条第1項の厚生労働省令で定める者（筆者注：精神障害者の範囲）は、次の各号のいずれかに該当する者とする。

> 1. 省令第1条の4第1号に掲げる者（筆者注：精神障害者保健福祉手帳の所持者）
> 2. 法第13条第1項の適応訓練を修了し、その適応訓練を委託された事業主に雇用されている者

障害者である短時間労働者の待遇に関する措置（第80条） 事業主は、雇用する障害者である短時間労働者が、その事業主の雇用する労働者の所定労働時間労働すること等の希望を有する旨の申出をしたときは、その短時間労働者に対し、有する能力に応じた適切な待遇を行うように努めなければならない。

解雇の届出（第81条） 事業主は、障害者である労働者を解雇する場合（労働者の責めに帰すべき理由により解雇する場合その他省令で定める場合を除く。）には、厚生労働省令で定めるところにより、その旨を公共職業安定所長に届け出なければならない。

2　前項の届出があつたときは、公共職業安定所は、同項の届出に係る障害者である労働者について、速やかに求人の開拓、職業紹介等の措置を講ずるように努めるものとする。

┌─**【省令】**────────────────────────────────

法第81条第1項の厚生労働省令で定める場合（第41条） 法第81条第1項の厚生労働省令で定める場合は、天災事変その他やむを得ない理由のために事業の継続が不可能となつたことにより障害者である労働者を解雇する場合とする。

解雇の届出（第42条） 事業主は、障害者である労働者を解雇する場合には、速やかに、次の事項を記載した届書を、その労働者の雇用に係る事業所の所在地管轄の公共職業安定所の長に提出しなければならない。

1. 解雇する障害者である労働者の氏名、性別、年齢及び住所
2. 解雇する障害者である労働者が従事していた職種
3. 解雇の年月日及び理由

└──

（2）罰則

　障害者雇用促進法は罰則をともなって行為を強制する強行法規である。ただしすでに述べたように障害者雇用義務の不履行や未達については罰則の対象ではなく、同法が罰を科すのは雇用義務以外の構成要件の違反、手続き上の虚偽や不作為などに関することである。罰則は、刑罰であるところの懲役、罰金とその併科、一般に行政罰と位置づけられる過料までの区分があり、それらを整理すると**図表5-8**のとおりとなる。

図表5-8 罰金、過料等の区分

第85条の4

（対象）在宅就業支援団体の役員または職員

（事案）法にもとづく業務停止命令の違反

（罰則）1年以下の懲役もしくは100万円以下の罰金、またはその併科

第86条

（対象）事業主

（事案）障害者雇用状況、納付金関係、在宅就業関係等報告の不実施、または虚偽報告。障害者雇入れ計画の不作成、または不報告。納付金徴収に関する文書・物件の不提出、または虚偽記載。解雇届け出の不提出、または虚偽記載。障害者雇用状況等の報告命令、場所への立入り、検査への虚偽答弁、拒否、妨害等

（罰則）30万円以下の罰金

第86条の2

（対象）事業主団体、ジョブコーチによる支援業務を行なう法人、能力開発事業を行なう法人

（事案）納付金関係報告の不実施、または虚偽報告。障害者に関する各種状況等の報告命令、場所への立入り、検査への虚偽答弁、拒否、妨害等

（罰則）30万円以下の罰金

第86条の3

（対象）在宅就業支援団体

（事案）在宅就業障害者特例調整金および省令で定める報告の不実施、または虚偽報告。在宅就業対価相当額証票の不交付、または虚偽記載の交付。業務の休廃止届不実施。帳簿の不備、不記載、虚偽記載、または不保存。障害者に関する各種状況等の報告命令、場所への立入り、検査への虚偽答弁、拒否、妨害等

（罰則）30万円以下の罰金

第87条

（対象）法人（法人でない事業主団体を含む）の代表者、法人・個人の代理人、使用人その他従業者

（事案）第85条の4～第86条の3（罰則）に関する違反行為

（罰則）それぞれの事案に関し、行為者のほか、上記対象者に各条の罰則を科する（両罰規定）

第88条

（対象）障害者就業・生活支援センターの役職員

（事案）対象障害者の支援上得た情報の漏洩

（罰則）20万円以下の過料

第89条

（対象）高齢・障害・求職者雇用支援機構の役員

（事案）納付金等の滞納処分にあたっての厚生労働大臣認可の不取得

（罰則）20万円以下の過料

第89条の2

（対象）在宅就業支援団体

（事案）財務諸表等の作成と5年間備付を行なわず、不記載、虚偽記載、在宅障害者からの閲覧等の請求に対する不当な拒否

（罰則）20万円以下の過料

第Ⅴ章●障害者雇用を支援する仕組み　**231**

第90条

（対象）不特定者

（事案）障害者職業センター以外の者の名称使用

（罰則）10万円以下の過料

第91条

（対象）在宅就業障害者

（事案）在宅就業障害者特例調整金、在宅就業対価相当額に関する不報告、虚偽報告。障害者に関する各種状況等の報告命令、場所への立入り、検査への虚偽答弁、拒否、妨害等

（罰則）５万円以下の過料

第 VI 章
雇用のプロセス

1. 企画段階

(1) 考え方と意識

　障害者雇用に対する企業の受けとめ方は、この10～15年ほどの間に確実に変化してきている。かつては「当社は納付金を払うことにしている」といった表現をためらいなく使う例もみられたが、今日では正面から否定的な意見を述べる人はみかけなくなった。

　障害者雇用に対する企業の受けとめ方は、障害という状態の知識と理解が十分でないことによる不安感と、未知の対応への負担感が基本にあるといわれている。これは、すべての企業に共通する意識かもしれないが、ひとつの指標として企業規模を通してみた場合、大規模企業ほど障害者の受け入れや、それにともなって必要とされる企画、推進、管理その他のマンパワーなどの面で対応力が高い。一方、1人雇用すれば義務を達成しうる規模の企業では、雇用に際して、生産性の面で障害者より不安が少ないと感じる健常者をまず対象に考える心理が働くのであろう。そこに経営理念などの要素に起因する検討姿勢の差が加わって、障害者雇用を進めている企業と、いまだ途上の企業とに分かれているのではないだろうか。

　障害者の雇用にあたっては、各企業が自社なりの条件を認識し、最も適切な手段と手順によって進めることに尽きるが、まずは他社の取り組み姿勢と、自社の現状とを対比してみてほしい。多くの企業が障害者雇用というテーマにどのような基本的なイメージと姿勢をもつかを示すものとして、平成22年に高齢・障害者雇用支援機構（現・高齢・障害・求職者雇用支援機構）が発表した研究報告「企業経営に与える障害者雇用

の効果等に関する研究」がある。回答社数1063社はほとんどすべての業種にわたり、うち特例子会社は２社である。

　障害者雇用に関して企業がもつイメージをたずねたものが**図表6-1**で、５つのファクターについておおむね普遍的な角度でまとめた項目への見解を求めている。それ自体が、自社の障害者雇用にあたっての問題点、解決の要否などを判断するうえでの効果的な着眼点として有用といえよう。また、企業規模別に設問への肯定（そう思う＋どちらかといえばそう思う）と、否定（そう思わない＋どちらかといえばそう思わない）を対比させた傾向からは、規模別で明瞭に異なる意識の差や、そのなかでも企業の意思が投影されている様子、さらに規模にかかわりなく共通する認識など、ヒントとなる点も多い。

　また、**図表6-2**では、各企業規模なりの受けとめ方に立った「基本的

図表6-1　障害者雇用に対するイメージ（企業規模別）

		200人以下 （N=217）		201～300人 （N=186）		301～999人 （N=376）		1000人以上 （N=281）	
		肯定：否定		肯定：否定		肯定：否定		肯定：否定	
人的支援の 必要性	作業指示の仕方がむずかしい								
	作業内容の理解に時間がかかる								
	採用後、支援者を配置する必要がある								
	研修時に特別な対応が必要になる								
	現場の従業員へ理解を求める必要がある								
生産性への 懸念	品質の低下が心配である								
	作業能率が低い								
	健康保険の負担が増す								
	通院時間の確保など勤務時間上の制限がある								
	通勤が困難である								
人間関係に 関する不安	人間関係を築くのが困難である								
	周囲とのコミュニケーションが困難である								
	労働意欲の向上や定着が困難である								
仕事を見出す 困難さ	どのような仕事ができるかわからない								
	適当な仕事がない								
	セキュリティ（管理面、安全面）の問題がある								
物理的環境整 備の必要性	仕事のために補助機器を導入する必要がある								
	建物をバリアフリー化する必要がある								

注：肯定（「そう思う」「どちらかといえばそう思う」）の割合を■■■、
　　否定（「そう思わない」「どちらかといえばそう思わない」）の割合を□で表わしたもの
出典：「企業経営に与える障害者雇用の効果等に関する研究」（高齢・障害・求職者雇用支援機構 障害者職業
　　　総合センター、平成22年3月）

第Ⅵ章●雇用のプロセス　**235**

図表6-2　障害者雇用に対する基本的考え（企業規模別）　（単位：上段は「該当社数/回答社数」、下段は％）

	200人以下	201〜300人	301〜999人	1000人以上	規模無回答	全体
自社はすでに障害者雇用に十分積極的である	84/216 (38.9)	82/185 (44.3)	214/375 (57.1)	226/279 (81.0)	1/3 (33.3)	607/1058 (57.4)
自社の現状を考えると、障害者雇用の余地がまだある	60/216 (27.8)	76/185 (41.1)	200/375 (53.3)	191/281 (68.0)	2/3 (66.7)	529/1060 (49.9)
障害者雇用に積極的に取り組み、同業他社をリードしていきたい	69/214 (32.2)	66/186 (35.5)	181/373 (48.5)	208/278 (74.8)	2/3 (66.7)	526/1054 (49.9)
行政指導・企業名公表にならない程度に雇用したい	139/216 (64.4)	113/186 (60.8)	223/372 (59.9)	105/279 (37.6)	2/3 (66.7)	582/1056 (55.1)
同業の他社が障害者雇用に力を入れ出したら、自社も障害者雇用に取り組む	71/215 (33.0)	65/185 (35.1)	107/374 (28.6)	61/276 (22.1)	1/3 (33.3)	305/1053 (29.0)
障害者も健常者も区別なく雇用し、その結果、障害者雇用が未達成でも仕方がない	90/215 (41.9)	78/185 (42.2)	118/375 (31.5)	49/280 (17.5)	2/3 (66.7)	337/1058 (31.9)
障害者雇用は経営に余裕のある企業が取り組むべき問題である	79/215 (36.7)	59/186 (31.7)	81/376 (21.5)	42/279 (15.1)	1/3 (33.3)	262/1059 (24.7)

出典：「企業経営に与える障害者雇用の効果等に関する研究」（高齢・障害・求職者雇用支援機構 障害者職業総合センター、平成22年3月）

な考え方」をわかりやすく問いかけている。ここでも1000人以上の大企業、301〜999人の中堅、そして中小企業に分けた特徴的な回答傾向と、企業ごとの考えがうかがえる。積極的な雇用への強い自負を示すものから、余裕ある企業に委ねたいとするものまでの幅広い所感を生む背景には、企業の立ち位置をとりまく条件があると推察される。

　障害者雇用を進めるプロセスでは、常に自社の「基本的な考え方」を念頭に、企業独自の解決すべき点などについて問題意識をもって実務を進めることが必要である。

　雇用動機に関する調査も多々行なわれており、機構の「障害者雇用に係る事業主支援の標準的な実施方法に関する研究」（平成27年）の企業アンケート結果は以下のとおりとなっている（重複回答、N=79）。

◆ 法定雇用率を満たす　　　　　　　　　　　　　　　79.7％

◆ 企業としての社会的責任・義務　　　　　　　　　　69.6％

◆ 企業イメージ向上　　　　　　　　　　　　　　　　51.9％

◆ 職務に十分な能力をもっている　　　　　　　　　　34.2％

◆ 納付金の免除・助成金受給などの金銭的メリット　　26.6％

◆ 就労支援機関、特別支援学校や知人などからの紹介がある　16.5%
◆ ハローワークなどからの行政指導　12.7%
◆ 人材不足　6.3%

　動機の背景に自社の理念、企業価値の上昇、社会の要請への対応などの考え方が、積極、消極の両面にわたって存在することがわかる。なお、これらの動機により雇用を実現するきっかけになるのが、「トップからの指示」および「担当部門の問題意識」である。

(2) 方針を決める

❶手順の大要

　企業の採用や配置などの人事が、最終的にトップの意思決定により行なわれることは、障害者雇用についても同様であり、トップが理念面から能動的な考えであれば、実務担当部門としては必要性を進言する段階を省くことができる。以下は担当部門の作業を中心とした企画段階の大要である。

①経営会議における雇用検討作業とタイムスケジュールの承認

　障害者を雇用することの可否、日程などを経営決定する（従業員の採用にあたっては、企業ごとに審議・決定のルールがあり、担当役員の決裁で行なう場合もある）。

②企業理念の整理、立案

　企業トップが障害者雇用に対してどのような意識・意思を有しているかによっては、①に先立って担当部門が同業種をはじめとした社会全般の障害者雇用の現状や、自社の位置づけの把握、企業としての理念の整理・立案を行なう。障害者雇用についての情報を企業間でオープンに交換する場として、人事・総務部門が同業種間の連絡会などをもっている例が多くみられるが、そうしたチャネルを通じて、他社の状況が把握できる。雇用理念は各社各様だが、社会の一員としてその期待にこたえることが、企業価値を高めるゆえんとなるという視点は欠かせない。

第Ⅵ章●雇用のプロセス　**237**

③中期的な人員の見通しと収支の把握

　障害者を含めた従業員の自然減予測と、その対応を含む経営計画上の増・減員計画などを把握し、障害者の逐年法定要雇用数および現実とのギャップを想定する。あわせて納付金・調整金などによる収支への影響を算出する。そのためには定年退職をはじめ、従来の傾向からみた自然減のほか、社内企画部門情報の活用などにより、中期的な人員状況を予測し、該当期間の障害者雇用予測の策定と、現状の障害者雇用数とを対比させる。

④段階的な障害者雇用計画の策定

　上記③により得られた要雇用数と実在数との差によっては、特例子会社の設立による多数雇用などの方法も含め、タイムスケジュールとあわせた計画を策定する。

⑤社内全部門に対する方向性の浸透と協力要請

　障害者雇用は特定部門のみの問題ではなく、全社的な命題であり、全部門の理解と協力が必須である。そこで懇切な説明をまず部門長会議などで行なうことからはじめ、現場との対話へという順序を繰り返す必要がある。その際の担当部門の役割は次のとおりである。

◆社会的な環境、トップの基本的意向などの説明
◆障害（者）の態様・特性と職業能力との関係等理解のための解説
◆障害者が行なう職種案の討議（担当部門案としてのたたき台、各部門からの職務切り出し要請）と検討

　障害の態様などに関しては、障害者職業センター在籍のカウンセラーなどの専門家を招くことも考えられる。また、障害者雇用を進める職場の仕事内容と環境確認は、採用担当部門からたたき台を出し、各現場部門からの対案を引き出すのが有効とされる。

　なお、現在は周辺間接業務をアウトソーシングする例が多いが、障害者雇用のため、それらを社内に戻すことも考えられる。その場合は、障害者雇用を推進すべき必要性について、アウトソーシング先企業の理

解、協力を得るために誠意をもって説明する努力が不可欠である。

⑥**雇用方針のハローワークへの通告、各種雇用支援策の確認**

　上記①により方向づけが承認された段階で、ハローワークの雇用指導官に対し説明し、以後の協力を求めるとともに、各種支援策を調査、検討し、利用可否を確認する。

⑦**先発雇用企業の見学、関係セミナー出席などを通じた情報収集**

　企業見学はハローワークの雇用指導官や企業支援協会などの組織に調整を依頼する方法などがある。見学先には同業者をと考えがちだが、障害者雇用については「職種の角度」からの検討が重要であり、異業種であっても、作業内容を重視して見学することが有効である。セミナーはおおむね制度の解説と好事例を内容とすることが多く、焦点を絞る必要がある。

⑧**雇用障害者の担当職務案策定**

　以上の過程を通じて「自社では何を障害者の担当業務とするか」という素案が具体化してくる。そして雇用すべき障害者のイメージ（障害の態様と程度など）が形成されたところで求人段階となる。

⑨**雇用形式と処遇形態の策定**

　配置形式、身分、ならびに契約形態、賃金その他労働条件などについて立案する。

⑩**就労支援機関の選定と協議**

　障害者雇用については前述のように採用手続きをハローワーク経由とすることが大事だが、知的・精神障害（分類的には発達障害も含める）の場合、個々人は登録した就労支援機関に所属していることが多く、また一般的に雇用後の習熟・定着段階、あるいは勤務上のトラブル回避などの面で、就労支援機関の協力が必要となる。このため就労支援機関との良好な関係構築は不可欠である。

⑪**特例子会社設立の注意点**

　特例子会社設立にあたっての注意点は次のとおり。

第Ⅵ章●雇用のプロセス　**239**

◆ 会社新設の場合は、設立に関する会社法上などの手続き（関連担当部門との協議・連携）

◆ 既存企業を特例子会社化する場合は、現状処遇条件と特例化後との関係整理など

◆ 障害の態様等による親子間の雇用分担関係の策定

◆ 親子間の業務関係契約等の策定

◆ グループ適用の場合は、関係会社の選定、促進法第44条にいう特殊の関係の態様策定（「特例子会社」の項参照）など

⑫基本計画書等の策定と経営会議への付議

基本計画書ならびに具体的日程案（ロードマップ）を策定し、経営会議の承認を得る。なお特例子会社の場合は責任者・従事者の人選案も加える。

❷ロードマップ

障害者雇用計画実現までは、前項のような手順が基本となるが、企業ごとにさまざまな条件もあり、列記した順番は現実に即して置き換えられることとなる。ただ、それを全体のタイムスケジュールとして考える場合、計画には必ずある一定のゴールが決められ、それへ向けて遺漏なく業務を進めるという基本が守られなければならない。そのため通常は、ひとつのプロジェクトを完結させる過程についてロードマップ（工程表）が設定される。障害者雇用についても、これは必要な作業であり、**図表6-3**にそのサンプルを示す。

障害者の雇用にあたっては、その特性、期待しうるパフォーマンスなどをできるだけ正しく把握するためにトライアル雇用のような制度を活用し、慎重な観察などが必要になることや、はじめて障害者を雇用する場合は社内各部門の理解形成が欠かせない。そのため、余裕のあるタイムスケジュールを立てることが大切である。

ここではゴール（X日）を、

◆ 既存組織内に直接雇用する場合は、対象障害者が雇用され、部門に配属される日

図表6-3　ロードマップ（工程表）のイメージ　　　　　　　　（左枠は課業、右枠は関係先・注記）

Ⅰ. 人員計画としての障害者雇用〔X日の12〜11ヵ月前〕	
1. 中期的人員配置見通し（障害有無全体）：自然減（定年退職、見通せる範囲での中途退職）、新規事業計画等による増減員予測	PT／部門内検討〜部門長承認 （関係部門との協議）
2. 法令の規定と自社現状の関係：雇用過不足状況、納付金負担および調整金受給状況	・障害態様別の受入れ可能性を論議
3. 上記1. により、基本的な障害者の担当作業創出の可能性	・企業内既存制度適用の可能性、または制度の改正、特例子会社制の活用
4. 想定される障害種別と人事処遇体系の関連づけ	を含む別体系の設定等を検討

Ⅱ. 対外的情報収集〔11〜10ヵ月前〕	
1.「トライアル雇用」「委託訓練」「各種助成金」など支援制度の調査、確認	管轄ハローワーク（雇用指導官） ・企業としての方向づけ説明、協力要請。以後、各段階で状況連絡
2. 先発雇用企業の見学、関係セミナー出席等	・雇用指導官または関係企業・企業支援団体等の紹介による機会確保
3. 特例子会社制による可能性がある場合は新規設立、もしくは既存転用など、方法所要要件その他の検討	社内法務部門、社労士等 ・左記2. と同じソースからの情報等により選定、企業の基本的な意向を伝
4. 就労支援機関との関係構築：特別支援学校新卒者も対象の場合、関係構築の要がある	え、相手の対応能力を判定

Ⅲ. 社内全部門に対する働きかけ（協力の要請）〔10〜8ヵ月前〕（2. と4. については永続的実施）	
1. 社会的な環境、トップの基本方針など方向性を会議や研修を通じて説明	部門長、管理職、一般職／会議・研修
2. 障害（者）の態様・特性と職業能力との関係等理解のための解説（永続的実施）	各部門／社内レクなど
3. 各部門に対し従事職務担当部門案（たたき台）提案	各部門／対案要請・協議
4. 切り出し可能職務の選定（永続的実施）	
5. スケジュールの妥当性（X日の設定）検討、確認	

Ⅳ. 対象障害者のイメージと担当職務策定〔9〜8ヵ月前〕	
1. 切り出された職務の可否および実施順など	・現状からの引継ぎ手順などを含む
2. 優先実施職務に適合する障害種類	
3. 雇用形式、処遇条件および時期	
4. 採用計画（第1次分）立案	・第2次以降は逐次立案

Ⅴ. 具体的企画策定〔8ヵ月前〕	
1. 特例子会社制による場合は新設もしくは既存企業の定款変更などにつき付議	経営会議／審議（関連人事含む）
2. 具体的企画書付議（上記1.の承認後）	
3. 経営会議決定内容を社内周知	

第Ⅵ章●雇用のプロセス　**241**

Ⅵ. 対外関係〔7ヵ月前〕

1. ハローワーク宛求人手続き：求人票の提出、トライアル雇用利用の申し出。特例子会社とする場合はその旨を通知	雇用指導官 ・特例子会社の場合は定款（公証人役場）、登記（登記所）の各手続き終了後、事業所設置届をハローワークに提出、受理後に求人手続き
2. 就労支援機関に対し求人を説明：X日が4月の場合は特別支援学校新卒者も対象にできる（学校と協議のうえ職場実習者受け入れを考慮） 3. 助成金申請に関する相談開始	・就労支援機関はあらかじめ窓口機関を定めるなど、推薦をめぐる混乱回避策が必要 **ハローワーク、高齢・障害・求職者雇用支援機構支部**

Ⅶ. 準備段階〔6〜1ヵ月前〕

1. 配属予定各部門と具体的実施計画協議 2. 集中配置方式（特例子会社含む）の場合、指導員の確保 3. ハローワークからの紹介者（指名求人者含む）の選考 4. 採用内定通知：特例子会社の場合、法人登記等手続き終了をもって企業が設立され、採用を開始できる。特例子会社としての認定申請は、最少雇用数等要件に合致した雇用状況に到達した場合、可能となる 5. 助成金各要件に応じた申請	・作業場所、管理方法など ・要件、所要員数、確保先（社内、公募など） ・求職状況により、採用日付けを数次に分ける **ハローワーク、高齢・障害・求職者雇用支援機構支部**

Ⅷ. X日

1. 試用期間開始：人事発令、（入社時研修）、配属 2. 特例子会社としての発足は、認定日となる	就労支援機関 ・就職後サポートのためのジョブコーチ派遣など

◆特例子会社制度による場合は、その認定日

とし、最初の作業着手から1年と設定したが、これは自社の実情に即して決めることとなる。

❸雇用形態と配置

　配置は、担当作業の種類や関連業務とのかかわり方などから決まるが、障害の態様や特性と作業との関係も大きいことから、自社ではどのような障害の者に何の仕事を担当させるかをまず方向づけ、雇用形態を選択する。一般的には次の形態がある。

①自社が直接雇用し、必要な職場に分散配置する

　既存の管理体制下での課業に従事するもので、所属長の指示のもと、あるいは同僚と分担して、逐一の指導を受けるのではなく、自分のスキルと判断にもとづき仕事をする。視・聴覚、下肢、内部などの身体障害者や精神障害者に適した働き方といえる。障害に適合した課業を処理することになるので、一般的には作業動作などの細かいサポートはさして必要ないが、精神障害者の場合は心理的なバランスの維持などのため、日常の相談ができる同僚など相手を決めておくとよい。

②自社が直接雇用し、特定の職場に集中配置する

　知的障害者の場合は、一般に管理者（指導者）が常に身近にいて手順などを詳細に指導し、状況変化に対してはそのつど指示を行なう必要があり、チームとしての課業が目標達成に有効とされることも多い。そのため分散配置では、指導者も多数配置しなければならないなど、非効率化のおそれもあることから、一定のセクションに集中することが合理的な運営につながるとされている。なお、精神障害者は特性により集中配置に適する者がいること、発達障害系の場合は個人単位の課業が適切な者がいることに留意する。

③別会社（特例子会社）に雇用し、集中配置する

　上記②の集中配置を徹底し、設備などを配慮して別会社としたのが特例子会社である。制度制定当初は、主として製造業で親会社の工程の一

部を分担するなど、身体障害者のための職場環境に配慮した形式だった
が、近年は知的障害者の特性への対応を目的としつつ、親会社周辺の補
助的業務のみならず本業に付随する作業を担当するケースが比較的多
い。派遣形式などにより、作業現場は親会社とする形態もみられる。

④在宅勤務

　雇用関係を前提に通勤が困難な下肢不自由や視覚障害などの者を自宅
で勤務させる方式である。

　社屋と離れた場所での作業が適切に行なわれるためには、雇用契約の
もと、労働基準法などの法令をはじめ就業規則が適用されること、通勤
者と同じ雇用管理が行なわれること、実労働時間の把握、業務処理状況
の管理、福利厚生の扱いなどすべての面を十分に検討し、方法を確定す
ることなどが不可欠である。IT技術の進歩によって勤怠管理、仕事の
指示、成果物の確認などは解決しつつあるが、本人の体調把握やセキュ
リティ保持などでいっそうの工夫が求められている。

　在宅勤務を選択する場合の注意事項等については、厚生労働省の「在
宅勤務ガイドライン」が参考となる（同省のホームページ参照）。

　なお、在宅勤務に似た形態に「在宅就業」があるが、在宅就業は自営
業者に対する企業からの発注に支援措置を講じるものである。

❹雇用契約と処遇

　雇用契約は企業と本人の間で任意に結ばれるものであり、基本的に民
法に律せられ、第Ⅰ章4に記したように雇用関係上生じる問題を政策的
に修正するため、労働基準法、労働契約法などによって制約が加えられ
ている。これらの法の規定は当然、障害者雇用にも適用される。障害者
の雇用にあたっては、力量を見極めるために時間を要し、既存の人事管
理体系に即座に合致させるのが困難であるため、有期限契約とする例が
みられるが、契約形態のみならず、人事管理制度全般においても企業は
処遇体系を整備する必要がある。

　わが国の人事管理制度の変遷を概観すると、明治以降の急速な近代化

244

進展のなかで用いられてきた社員・雇員といった管理区分と属人的な給与決定基準が、第2次世界大戦後焦土と化した全国で、産業が壊滅から立ち上がる過程での生活維持を最優先とした賃金水準をめぐる労使主張の交錯期を経て、企業が復興のために、人的資源が最も力量を発揮しうる管理体系を模索する時代を迎える。アメリカの経営学から能率、人間関係などの要素を重視する手法を学ぶなかで、まず職務分析（分類制／職務給制）の試行でわが国特有の職務慣習との違和感などを経験し、独自の方式として生まれてきたマルチプルな「職務遂行能力」群の概念による職能資格制／職能給制が主流的に採用され、評価制度、目標管理制度などのサブシステムの充実など今日さらに改良を重ねつつある。

平成28年施行の差別禁止および合理的配慮指針や、労働契約法など逐年の法令改定にみられる「働き方改革」政策等の環境変化のなか、障害者もその企業の非障害者との対比で理由なく異なった扱いをすることはできなくなっていることはいうまでもないが、人事管理制度の目的は従業員のもつ潜在能力を顕在化し最大の発揮を促すとともに、モラールの向上をもたらすことにある。そのために適切な目標の設定を起点として、上長の的確な指導などとあわせてより良い成果の実現を求め、それを正しく評価して次のステージにつなぐという流れは障害者雇用においてもなんら異なるところはない。そしてその過程でだれもがもつ個性を職務遂行上プラスに投影することが求められるが、障害者においては、その個性は特性というほど顕著な場合があるから、その正当な理解（評価）が人事管理の成否を律する重要性をもつことになると考えられる。

人事管理制度は、法令の求める労働条件や賃金水準などの遵守という点を除けば、経営状況や固有の理念などにより、企業自身の意思にもとづいて構築されるべき問題である。もちろん、障害者雇用にとっても変わるところはない。

しかしながら、障害者雇用での処遇については、残念ながらスタンダードな方式が確立されてはおらず、企業が独自に検討し模索が続けら

れているのが現状である。したがって、既存の体系に準拠しながら、障害者のハンディキャップをいかに正当に評価するかが問われる。たとえば職能資格制度をとっている企業において、直接雇用の形で通常の常用従業員として障害者を雇用する場合、既存の資格等級基準で対象障害者が格付けできるかを検討し、現状が合理的でないならば資格等級表を改定する。その際「差別禁止指針」が参考となるが、障害者であることを理由として、別途専用の等級表を定めるなどが許されないことはいうまでもない。また評価についても、重複障害などによる個人ごとの複雑な特性差があることを考えた場合、概念が硬直的になりがちな障害別ではなく、パフォーマンスの態様を基準とすることが適切である。

　多くの企業でみられるのが、通常の常用従業員（雇用契約が無期限であるか、有期反復であるかは関係なく）と異なる身分として、契約社員、準社員、嘱託などの契約体系で有期契約を結ぶ形態である。この場合、既存の体系と別の基準を設けることは可能だが、適用される雇用条件は、別途「労働条件通知書」などで明示しなければならず、当然労働契約法による無期限契約への転換規定（労働契約法の項参照）などの適用を受ける。通常の常用従業員との区分を永続させることは困難であり、結局は障害者である従業員にも適用しうる包括的、普遍的な制度をいかに構築するかが課題となってくる。

　特例子会社の場合も、独自の制度を設けることはできるが、親会社との融合の見地から、まったくかけ離れたシステムとすることは現実的ではなく、親会社との人的交流のあり方も含めて、キャリアパスが考えられるべきである。

　なお、給与水準の決定要素には、最低賃金制度のクリアを前提として、①企業の支払能力にもとづく総額人件費管理、②本人の能力にもとづく格付けなど組織内部の秩序、③社会的な妥当性、④モラールの維持・向上のインセンティブなどがあり、障害者の場合も例外ではない。

2. 実行段階

(1) 採用選考

❶募集

　求職者がどのようなアプローチで行動するかはさまざまである。身体障害者の場合は、障害の態様にもよるが個々人がハローワークへ出向いたり、企業の求人ホームページから直接応募するなど、健常者と同じパターンによることが多い。これに対し知的障害者の場合は、サポートを必要とするケースが一般的で、特別支援学校、就労支援機関などからの紹介が主流となっている。また精神障害者の大部分は自身の意思でハローワークに登録し、紹介を受けて募集に対応するが、最近は就労支援機関に在籍してそのサポートを受ける例も増えている。

　企業としてはこうした状況を踏まえて、必要とする人数、作業との関連にもとづく障害態様と程度、雇用を予定する時期などの要件により求人手段を企画し、ハローワークへの求人手続きと並行して就労支援機関への相談、あるいはホームページや新聞などメディアを通じて障害に応じた募集を行なう。

　なお、募集から採用にいたる過程では「差別禁止指針」第3の1（募集および採用）の内容を厳守する必要がある。

❷選考

　選考の方法は、障害によって配慮の視点は異なるが、仕事をするうえで必要な能力や人柄などの判断材料は、健常者の採用選考と基本的に変わるところはない。配慮については、障害の状態や希望する仕事などを本人から率直に聞き、確認する。

第Ⅵ章●雇用のプロセス　247

「合理的配慮指針」の求める手続きでは、障害者の申し出に対応して配慮するとされているが、事業主側から能動的に希望を述べるよう促し、事前に想定される希望内容については、応諾の可否が検討されていなければならない。また、過度に踏み込んだ扱いによりその人格を傷つけないことはいうまでもない。

選考の際に注意すべき要点は、おおむね次のとおりである。

①選考試験

応募書類によりプロフィールは確認できるが、本人の真の力量は実際に面会し、試用して、ある程度時間をかけないとわからないことが多いので、書類審査のみで答えを出すことは避けるべきである。

そこで面接では、たとえば聴覚障害者の場合は手話通訳者の同伴を認めること、読唇が可能かを事前に確認することなど、障害の種類・程度により、細かく配慮する。知的障害者の場合は通常、就労支援機関の職員が付き添うが、企業の判断によっては保護者の同席を得て家庭の考えを聞き、雇用条件等の理解を求めることなどもある。また物理的な条件として、障害によってはバリアフリーの会場設定も必要である。

選考試験については、視覚障害者、知的障害者に対しては筆記試験に代えて口頭での質問と回答の記録を行なう。技能テストも障害の状態に適切な内容とする。たとえば企業が求める水準をあらかじめハローワーク、就労支援機関に告げて、相応な候補者の紹介を受けたうえで、視覚障害者にパソコンのテストをする場合は、使用するソフトを事前に企業・本人の双方が確認しておくことなども必要となる。

これらの選考試験に加えて、労働安全衛生規則第43条に定められた採用時健康診断も行なわなければならない。

選考の過程、特にトライアル雇用の際などに有効な、力量の把握が困難とされる知的、精神障害者の着眼点例を示すと、**図表6-4**のとおりである。

なお採用、選考にあたっては、合理的配慮指針および差別禁止指針を

図表6-4　知的、精神障害者の着眼点(例)

採否判断のポイント(要旨)	
1．基本的には ・障害の正しい自己理解がある ・自分ができること、できないこと、サポートによりできることがわかっており、説明できる ・困ったときに自分から周囲にサポートを依頼できる 2．職業準備性 (1) 障害・疾病管理に関する事項 ・障害(疾病)を正しく理解している ・治療や検査のための通院、定期的服薬など障害(疾病)の自己管理ができる ・障害(疾病)が悪化した場合、医師に相談するなど適切な対応ができる	(2) 日常生活に関する事項 ・規則正しい生活習慣が身についている ・身辺処理が自立している ・挨拶や返事ができる ・報告・連絡ができる ・わからないことは質問や相談ができる ・自分一人でできない場合は助けを求めることができる ・ミスした場合に謝罪できる ・感情的にならない ・周囲と協調できる (3) 基本的労働習慣 　(省略)

出典:「はじめからわかる障害者雇用」(高齢・障害・求職者雇用支援機構)

参照されたい(第Ⅶ章)。

②確認事項

　採用にいたった場合、企業が離齬なく障害者を受け入れ、職場環境を整備し、本人がさまざまなトラブルを避けて能力を最大限発揮するための配慮が、この段階における合理的配慮にあたる。その際、本人の応諾を得て必要な確認を行なうことは雇用管理上、不可欠であり、その旨をわかりやすく説明して理解を得るようにする。なお、本人が的確に回答できない場合は、保護者または就労支援機関の職員を介して行なう。

　障害の確認は「身体障害者手帳」「療育手帳」「指定医の診断書」などを提示してもらうことで行ない、さらに雇用状況調査への対応のため、用途を限定してその内容を記録保管する。それらの提示を求めることは、障害者の選考という認識での応募であることから、問題はない。なお、実雇用率算定の対象としては、精神障害者の場合「精神障害者保健福祉手帳」の所持が、高次脳機能障害の場合は身体・精神いずれかの手帳所持者であることが、それぞれ要件である。

　また、合理的配慮のための措置として、次の事項は確認すべきであ

第Ⅵ章●雇用のプロセス　**249**

る。詳細は「プライバシーに配慮した障害者の把握・確認ガイドライン」を参照されたい（第Ⅶ章参照）。

〔職場での作業〕

◆通勤…特に車椅子使用者、視覚障害者について単独通勤の可否、介助の必要性、知的障害者は迷ったときの連絡方法

◆コミュニケーション手段および業務上の必要動作…手話・口話、点字、書面などの適切な手段、パソコンの操作、電話の対応、使用する設備・機械の操作など、補助具の要否

◆施設面…階段（段差）の昇降、車椅子の種類・規格、入出場時の施解錠、エレベーターの使用

◆緊急時のサポート…従来の経験とその際の処置（サポートについては就労支援機関の介在が重要となる）

〔障害そのものに関する事項〕

◆治療（通院）や服薬の必要性…通院の場合は頻度、所要時間、かかりつけの医療機関（医師）。服薬の内容と周期

◆生活上の諸点…単独の食堂利用の可否、食事制限、トイレの様式と通常の頻度・所要時間など、最も身近な支援者について

(2) 契約手続き

　個人の状況を確認し所定の健康診断も含めた選考の結果、採用対象として適格と判断した場合は、本人および必要に応じて就労支援機関に対し採用内定および勤務開始までの日程を通知する。

　障害者雇用において一般的にみられる手続きは、トライアル雇用による3ヵ月（精神障害者の場合、最長12ヵ月）の有期雇用ののち、正規の雇用契約という形である。この場合、トライアル雇用については所定期間に対する労働契約の締結が必要であり、正式雇用に移行するときは、各企業の制度にもとづき社員、準社員、契約社員、嘱託などいずれかの身分として、辞令ならびに就業規則の交付による雇用期間の定めのない

契約、または期間を定めた有期雇用契約書が交わされる。

　雇用契約は書面によって行なうが、雇用契約が就業規則および付随する各種規則による場合は、対象となる身分の従業員全員がその適用対象であり、共通の規則交付で足りるが、期間を定めた契約の場合は、その身分の従業員に対する基本的な取り扱いを定めたうえで、通常は個別に労働条件を契約する形式となる。ただし有期の雇用契約であっても反復更新される場合は、期限の定めのない契約として扱われること、また期限の定めのない契約への転換が求められていることに注意しなければならない。以下は採用の時点において有期の契約を締結するケースの留意点である。

◆雇用関係の前提となる個別労働条件は、基本的部分について書面による明示が必要であり、「雇用（労働）契約書」として事業所と本人が正本各1通を保持する、もしくは「労働条件通知書」を本人宛て通知する形式のいずれかをとる（労働基準法第15条）

◆当事者はあくまで事業主と障害者本人だが、知的障害者の場合などは保護者を含めて労働条件を正確に承知してもらうことが重要なことから、「雇用（労働）契約書」「労働条件通知書」のいずれの場合であっても、確認欄のある副本をつくり、保護者も署名のうえ会社宛て提出させるなどの方法をとることが望ましい

(3) 配置・配属先への情報提供

　障害者雇用に関して、配属先の部門では配属後の管理に悩むことがあるが、それらの多くは障害の特性などを理解することで軽減される。人事管理に関する情報の開示先は限定されているが、現場の長に必要な範囲で部下の情報を把握してもらい職場の理解を得ることが、雇用管理上重要であることは自明である。

　この問題については、障害の特性を職場に理解してもらうことが必要な場合は、本人の心情を確かめるなど細心の注意を払いながら、現場管

理者に対して作業上考慮すべき点、人間関係上の留意点、管理者のみが心得ておくべき点、同僚が全員理解しておくべき点などに分けて所要の情報を伝え、あたたかい雰囲気での迎え入れを求めることなどが、人事担当部門に対して要求される。

　人事管理に関する情報が開示先を限定されることは、障害の有無にかかわらず変わるところはないが、「個人情報の保護」を形骸的にとらえて萎縮するのではなく、緊密で障壁のない人間関係と相互信頼によって、障害者の真のノーマライゼーションを職場に確立し、本人のためになる個人情報の開示が自然に行なわれる企業風土を形成したい。

(4) 採用後の留意事項

❶OJT、Off JT

　日常の業務遂行を通じた育成であるOJTにおいて重要なことは「とりえ」と「もち味」の発見と活用である。これは知的障害者の場合に特にいえるのかもしれないが、根気よく指導し、見守りながら、知る→わかる→できる→身につく→後輩に教える、というサイクルによって、知識や技能を習得させることが大切である。

　一方、集合研修の形で行なわれることの多いOff JTも、特定のテーマについて習熟する手段として有効である。その場合、日常業務を行なうときと同様の配慮と支援が必要であり、研修会場・宿泊設備のバリアフリー度、照明、白（黒）板や手話通訳の配置、食事、緊急時対応などをあらかじめ確認しておく。

　OJT、Off JTとも、障害の態様と程度によって特に綿密に、注意深く行なう必要がある。

❷安全管理、健康管理、緊急時対応

　通常時の安全・衛生は一般社員と同じ考え方でよいが、車椅子利用者や視覚障害者の事故防止にとって、日常の整理整頓、通路の確保などは必要不可欠である。

健康管理は自己管理が原則だが、特に内部障害者、精神障害者の場合は、主治医と企業の産業医（嘱託医）の情報共有が望ましく、投薬や通院を怠ることのないよう注意するのは職場の指導者の役目にならざるをえない。また採用時に確認した、主治医・医療機関名と電話番号、投薬中の薬品名などは産業医・嘱託医、または衛生管理者が承知しておくべきである。

　事故の発生や突然の発病といった緊急時の対応マニュアルを事業所として整備・周知することが望まれるが、障害のある従業員に関しては、家族・保護者との間にあらかじめ連絡手段などの確認をしておくべきである。また、全盲や車椅子などの移動不自由者については、平常時も対策が不可欠だが、緊急時対応としてあらかじめ介助者を指名し、実際に訓練しておくこと、聴覚障害者については、社内放送以外に伝達係を指名したり、室内照明灯の点滅は通常の連絡、回転点滅灯の使用は非常用などとあらかじめ決めておくなどを工夫したい。そのほか、エレベーター、階段昇降機などの設備が緊急時に支障なく使えるかなど、テストを欠かさないこともあげられる。

　通勤、通院の配慮も合理的配慮の実行として妥当性を判断し、障害の態様、程度、将来へ向けての継続の可否などに応じて、たとえば始終業時刻、休憩時間の付与などに個別事情を認めることも必要である。ただし恣意的な扱いとならないよう、フレックスタイム制があればそれを利用するなど規則化しておくことが妥当である。これらの措置が所定労働時間中に行なわれるときは、企業がその方針として認める場合を別として、基本的にノーワーク・ノーペイの原則が適用されるべきだろう。

　なお、通院のための年次有給休暇使用にあたっては、半日（時間）単位の取得を認めるなどの措置がありうる。

❸休職、復職

　すべての従業員に私傷病（業務外傷病）による長期休職の可能性はあるが、特に精神障害者の場合は一般に体調の維持が不安定なため、その

発生頻度が高い。ほとんどの企業では就業規則などで休職の扱いを決めているが、休職から復職の過程の扱いにはむずかしさがともなう。最近多発するうつ病など、厚生労働省も安全衛生の見地からこれを重視し、平成27年末から「ストレスチェック制度」を導入している。これとは別に、障害者職業センターが開始した生活リズムの回復などをめざす「リワーク」が各医療機関にも広まりつつあり利用機会が増えている。

さらに、これら精神障害者のみならず従業員が私的な負傷などで身体障害として対象となることもある。これらも含めて手帳の取得を必要とする場合は担当部門（総務・人事部門など）でそれを確認し、障害者雇用との関係を判断することになるが、外傷等で明らかな場合を除き、確認にあたっては産業医（嘱託医）と十分連携し、医学的な見地からの判断が重要である。

復職については、主治医の診断書にもとづき、産業医を委嘱している場合はその診断を経て、妥当であれば復職が発令される。数次にわたって休職・復職を繰り返すようなことがあるが、休職規定には期間を通算する定めを設けることが合理的である。

また復職に際しては、必要に応じ期間を定めて「短時間勤務」「時間外勤務禁止」など制限を設けたり、現所属、職務を継続させるのではなく能力がフルに発揮できるまったく新しい業務にトライさせるケースもありうる。ただし、これら本人との間で認識を異にするおそれのある点は、あらかじめ明確に規定しておく必要がある。

❹退職、定年、解雇

自己都合による退職は、手続きとしては退職願が提出され、これを承認することで成立するが、退職の真の理由は何かを可能な範囲で把握することが、以後の雇用管理の参考となる。

定年による退職は事前に把握が可能であり、以降の実雇用率の推移を早急に検討し対応策を策定する（「高年齢者雇用安定法」の項参照）。

また、障害者雇用の場合は加齢によって急速に労働能力が低下するな

ど、本人の責めに帰せない理由で雇用継続が困難となる事例もあり、事情により退職条件に配慮を加えることがありうる。

　退職に際して退職金制度をもつ企業は一般に多く、その規定に合致するかぎり障害者である従業員も対象である。しかし特例子会社の場合は親会社と労働条件が異なり、また設立後採用した従業員が定年に達していない、あるいは定着度が高く退職者が生じていないなどの理由で、制度をもっていなかったり、中小企業退職金共済制度（略称「中退共」）を利用して支給する例がみられる（中退共の加入手続きは市中銀行で行なうことができる）。

　また、障害者を会社都合により解雇しなければならなくなったときは、ハローワークに対し届け出の義務がある。障害者は一般的に再就職が困難なことから、ハローワークがあらかじめ求人開拓や職業指導を行ない、就職支援をしているためである。

　企業の基本的な考えとして、従業員は育成し、戦力化するところにメリットがあり、何らかの理由で挫折し、離職にいたることは企業として本意ではない。しかし一方で、就労支援機関の一部には、本人がより安心して人生を過ごせる他の企業や福祉機関へのシフトを支援することを通じて、解雇の回避に協力する仕組みがある。これからの障害者雇用における適切な求人・求職の均衡にとって、貴重な動きと評価したい。

第VII章
参考資料

参考資料1

障害者に対する差別の禁止に関する規定に定める事項に関し、事業主が適切に対処するための指針

（平成27年厚生労働省告示第116号）

第1　趣旨

　この指針は、障害者の雇用の促進等に関する法律（昭和35年法律第123号。以下「法」という。）第36条第1項の規定に基づき、法第34条及び第35条の規定に定める事項に関し、事業主が適切に対処することができるよう、これらの規定により禁止される措置として具体的に明らかにする必要があると認められるものについて定めたものである。

第2　基本的な考え方

　全ての事業主は、法第34条及び第35条の規定に基づき、労働者の募集及び採用について、障害者（身体障害、知的障害、精神障害（発達障害を含む。）その他の心身の機能の障害（以下「障害」と総称する。）があるため、長期にわたり、職業生活に相当の制限を受け、又は職業生活を営むことが著しく困難な者をいう。以下同じ。）に対して、障害者でない者と均等な機会を与えなければならず、また、賃金の決定、教育訓練の実施、福利厚生施設の利用その他の待遇について、労働者が障害者であることを理由として、障害者でない者と不当な差別的取扱いをしてはならない。

　ここで禁止される差別は、障害者であることを理由とする差別（直接差別をいい、車いす、補助犬その他の支援器具等の利用、介助者の付添い等の社会的不利を補う手段の利用等を理由とする不当な不利益取扱いを含む。）である。

　また、障害者に対する差別を防止するという観点を踏まえ、障害者も共に働く一人の労働者であるとの認識の下、事業主や同じ職場で働く者が障害の特性に関する正しい知識の取得や理解を深めることが重要である。

第3　差別の禁止

1　募集及び採用

(1)　「募集」とは、労働者を雇用しようとする者が、自ら又は他人に委託して、労働者となろうとする者に対し、その被用者となることを勧誘することをいう。「採用」とは、労働契約を締結することをいい、応募の受付、採用のための選考等募集を除く労働契約の締結に至る一連の手続を含む。

(2)　募集又は採用に関し、次に掲げる措置のように、障害者であることを理由として、その対象から障害者を排除することや、その条件を障害者に対してのみ不利なものとすることは、障害者であることを理由とする差別に該当する。ただし、14に掲げる措

置を講ずる場合については、障害者であることを理由とする差別に該当しない。

　　イ　障害者であることを理由として、障害者を募集又は採用の対象から排除すること。

　　ロ　募集又は採用に当たって、障害者に対してのみ不利な条件を付すこと。

　　ハ　採用の基準を満たす者の中から障害者でない者を優先して採用すること。

⑶　⑵に関し、募集に際して一定の能力を有することを条件とすることについては、当該条件が当該企業において業務遂行上特に必要なものと認められる場合は、障害者であることを理由とする差別に該当しない。一方、募集に当たって、業務遂行上特に必要でないにもかかわらず、障害者を排除するために条件を付すことは、障害者であることを理由とする差別に該当する。

⑷　なお、事業主と障害者の相互理解の観点から、事業主は、応募しようとする障害者から求人内容について問合せ等があった場合には、当該求人内容について説明することが重要である。また、募集に際して一定の能力を有することを条件としている場合、当該条件を満たしているか否かの判断は過重な負担にならない範囲での合理的配慮（法第36条の2から第36条の4までの規定に基づき事業主が講ずべき措置をいう。以下同じ。）の提供を前提に行われるものであり、障害者が合理的配慮の提供があれば当該条件を満たすと考える場合、その旨を事業主に説明することも重要である。

2　賃金

⑴　「賃金」とは、賃金、給料、手当、賞与その他名称のいかんを問わず、労働の対償として使用者が労働者に支払う全てのものをいう。

⑵　賃金の支払に関し、次に掲げる措置のように、障害者であることを理由として、その対象から障害者を排除することや、その条件を障害者に対してのみ不利なものとすることは、障害者であることを理由とする差別に該当する。ただし、14に掲げる措置を講ずる場合については、障害者であることを理由とする差別に該当しない。

　　イ　障害者であることを理由として、障害者に対して一定の手当等の賃金の支払をしないこと。

　　ロ　一定の手当等の賃金の支払に当たって、障害者に対してのみ不利な条件を付すこと。

3　配置（業務の配分及び権限の付与を含む。）

⑴　「配置」とは、労働者を一定の職務に就けること又は就いている状態をいい、従事すべき職務における業務の内容及び就業の場所を主要な要素とするものである。

　　なお、配置には、業務の配分及び権限の付与が含まれる。

　　「業務の配分」とは、特定の労働者に対し、ある部門、ラインなどが所掌している複数の業務のうち一定の業務を割り当てることをいい、日常的な業務指示は含まれない。

　　また、「権限の付与」とは、労働者に対し、一定の業務を遂行するに当たって必要な権限を委任することをいう。

⑵　配置に関し、次に掲げる措置のように、障害者であることを理由として、その対象

第Ⅶ章●参考資料　259

を障害者のみとすることや、その対象から障害者を排除すること、その条件を障害者に対してのみ不利なものとすることは、障害者であることを理由とする差別に該当する。ただし、14に掲げる措置を講ずる場合については、障害者であることを理由とする差別に該当しない。

　　イ　一定の職務への配置に当たって、障害者であることを理由として、その対象を障害者のみとすること又はその対象から障害者を排除すること。

　　ロ　一定の職務への配置に当たって、障害者に対してのみ不利な条件を付すこと。

　　ハ　一定の職務への配置の条件を満たす労働者の中から障害者又は障害者でない者のいずれかを優先して配置すること。

4　昇進

(1)　「昇進」とは、企業内での労働者の位置付けについて下位の職階から上位の職階への移動を行うことをいう。昇進には、職制上の地位の上方移動を伴わないいわゆる「昇格」も含まれる。

(2)　昇進に関し、次に掲げる措置のように、障害者であることを理由として、その対象から障害者を排除することや、その条件を障害者に対してのみ不利なものとすることは、障害者であることを理由とする差別に該当する。ただし、14に掲げる措置を講ずる場合については、障害者であることを理由とする差別に該当しない。

　　イ　障害者であることを理由として、障害者を一定の役職への昇進の対象から排除すること。

　　ロ　一定の役職への昇進に当たって、障害者に対してのみ不利な条件を付すこと。

　　ハ　一定の役職への昇進基準を満たす労働者が複数いる場合に、障害者でない者を優先して昇進させること。

5　降格

(1)　「降格」とは、企業内での労働者の位置付けについて上位の職階から下位の職階への移動を行うことをいい、昇進の反対の措置である場合と、昇格の反対の措置である場合の双方が含まれる。

(2)　降格に関し、次に掲げる措置のように、障害者であることを理由として、その対象を障害者とすることや、その条件を障害者に対してのみ不利なものとすることは、障害者であることを理由とする差別に該当する。ただし、14に掲げる措置を講ずる場合については、障害者であることを理由とする差別に該当しない。

　　イ　障害者であることを理由として、障害者を降格の対象とすること。

　　ロ　降格に当たって、障害者に対してのみ不利な条件を付すこと。

　　ハ　降格の対象となる労働者を選定するに当たって、障害者を優先して対象とすること。

6　教育訓練

(1)　「教育訓練」とは、事業主が、その雇用する労働者に対して、その労働者の業務の遂行の過程外（いわゆる「オフ・ザ・ジョブ・トレーニング」）において又は当該業

務の遂行の過程内（いわゆる「オン・ザ・ジョブ・トレーニング」）において、現在及び将来の業務の遂行に必要な能力を付与するために行うものをいう。

(2) 教育訓練に関し、次に掲げる措置のように、障害者であることを理由として、その対象から障害者を排除することや、その条件を障害者に対してのみ不利なものとすることは、障害者であることを理由とする差別に該当する。ただし、14に掲げる措置を講ずる場合については、障害者であることを理由とする差別に該当しない。

 イ 障害者であることを理由として、障害者に教育訓練を受けさせないこと。

 ロ 教育訓練の実施に当たって、障害者に対してのみ不利な条件を付すこと。

 ハ 教育訓練の対象となる労働者を選定するに当たって、障害者でない者を優先して対象とすること。

7 福祉厚生

(1) 「福祉厚生の措置」とは、労働者の福祉の増進のために定期的に行われる金銭の給付、住宅の貸与その他の労働者の福祉厚生を目的とした措置をいう。

(2) 福祉厚生の措置に関し、次に掲げる措置のように、障害者であることを理由として、その対象から障害者を排除することや、その条件を障害者に対してのみ不利なものとすることは、障害者であることを理由とする差別に該当する。ただし、14に掲げる措置を講ずる場合については、障害者であることを理由とする差別に該当しない。

 イ 障害者であることを理由として、障害者に対して福祉厚生の措置を講じないこと。

 ロ 福祉厚生の措置の実施に当たって、障害者に対してのみ不利な条件を付すこと。

 ハ 障害者でない者を優先して福祉厚生の措置の対象とすること。

8 職種の変更

(1) 「職種」とは、職務や職責の類似性に着目して分類されるものであり、「営業職」・「技術職」の別や、「総合職」・「一般職」の別などがある。

(2) 職種の変更に関し、次に掲げる措置のように、障害者であることを理由として、その対象を障害者のみとすることや、その対象から障害者を排除すること、その条件を障害者に対してのみ不利なものとすることは、障害者であることを理由とする差別に該当する。ただし、14に掲げる措置を講ずる場合については、障害者であることを理由とする差別に該当しない。

 イ 職種の変更に当たって、障害者であることを理由として、その対象を障害者のみとすること又はその対象から障害者を排除すること。

 ロ 職種の変更に当たって、障害者に対してのみ不利な条件を付すこと。

 ハ 職種の変更の基準を満たす労働者の中から障害者又は障害者でない者のいずれかを優先して職種の変更の対象とすること。

9 雇用形態の変更

(1) 「雇用形態」とは、労働契約の期間の定めの有無、所定労働時間の長短等により分類されるものであり、いわゆる「正社員」、「パートタイム労働者」、「契約社員」などがある。

第Ⅶ章●参考資料 **261**

⑵　雇用形態の変更に関し、次に掲げる措置のように、障害者であることを理由として、その対象を障害者のみとすることや、その対象から障害者を排除すること、その条件を障害者に対してのみ不利なものとすることは、障害者であることを理由とする差別に該当する。ただし、14に掲げる措置を講ずる場合については、障害者であることを理由とする差別に該当しない。

　　イ　雇用形態の変更に当たって、障害者であることを理由として、その対象を障害者のみとすること又はその対象から障害者を排除すること。

　　ロ　雇用形態の変更に当たって、障害者に対してのみ不利な条件を付すこと。

　　ハ　雇用形態の変更の基準を満たす労働者の中から障害者又は障害者でない者のいずれかを優先して雇用形態の変更の対象とすること。

10　退職の勧奨

⑴　「退職の勧奨」とは、雇用する労働者に対し退職を促すことをいう。

⑵　退職の勧奨に関し、次に掲げる措置のように、障害者であることを理由として、その対象を障害者とすることや、その条件を障害者に対してのみ不利なものとすることは、障害者であることを理由とする差別に該当する。ただし、14に掲げる措置を講ずる場合については、障害者であることを理由とする差別に該当しない。

　　イ　障害者であることを理由として、障害者を退職の勧奨の対象とすること。

　　ロ　退職の勧奨に当たって、障害者に対してのみ不利な条件を付すこと。

　　ハ　障害者を優先して退職の勧奨の対象とすること。

11　定年

⑴　「定年」とは、労働者が一定年齢に達したことを雇用関係の終了事由とする制度をいう。

⑵　定年に関し、次に掲げる措置のように、障害者であることを理由として、その対象を障害者のみとすることや、その条件を障害者に対してのみ不利なものとすることは、障害者であることを理由とする差別に該当する。ただし、14に掲げる措置を講ずる場合については、障害者であることを理由とする差別に該当しない。

　　イ　障害者に対してのみ定年の定めを設けること。

　　ロ　障害者の定年については、障害者でない者の定年より低い年齢とすること。

12　解雇

⑴　「解雇」とは、労働契約を将来に向かって解約する事業主の一方的な意思表示をいい、労使の合意による退職は含まない。

⑵　解雇に関し、次に掲げる措置のように、障害者であることを理由として、その対象を障害者とすることや、その条件を障害者に対してのみ不利なものとすることは、障害者であることを理由とする差別に該当する。ただし、14に掲げる措置を講ずる場合については、障害者であることを理由とする差別に該当しない。

　　イ　障害者であることを理由として、障害者を解雇の対象とすること。

　　ロ　解雇の対象を一定の条件に該当する者とする場合において、障害者に対しての

み不利な条件を付すこと。

ハ 解雇の基準を満たす労働者の中で、障害者を優先して解雇の対象とすること。

13 労働契約の更新

(1) 「労働契約の更新」とは、期間の定めのある労働契約について、期間の満了に際して、従前の契約と基本的な内容が同一である労働契約を締結することをいう。

(2) 労働契約の更新に関し、次に掲げる措置のように、障害者であることを理由として、その対象から障害者を排除することや、その条件を障害者に対してのみ不利なものとすることは、障害者であることを理由とする差別に該当する。ただし、14に掲げる措置を講ずる場合については、障害者であることを理由とする差別に該当しない。

イ 障害者であることを理由として、障害者について労働契約の更新をしないこと。

ロ 労働契約の更新に当たって、障害者に対してのみ不利な条件を付すこと。

ハ 労働契約の更新の基準を満たす労働者の中から、障害者でない者を優先して労働契約の更新の対象とすること。

14 法違反とならない場合

1から13までに関し、次に掲げる措置を講ずることは、障害者であることを理由とする差別に該当しない。

イ 積極的差別是正措置として、障害者でない者と比較して障害者を有利に取り扱うこと。

ロ 合理的配慮を提供し、労働能力等を適正に評価した結果として障害者でない者と異なる取扱いをすること。

ハ 合理的配慮に係る措置を講ずること（その結果として、障害者でない者と異なる取扱いとなること）。

ニ 障害者専用の求人の採用選考又は採用後において、仕事をする上での能力及び適性の判断、合理的配慮の提供のためなど、雇用管理上必要な範囲で、プライバシーに配慮しつつ、障害者に障害の状況等を確認すること。

第Ⅶ章●参考資料 263

参考資料2

雇用の分野における障害者と障害者でない者との均等な機会若しくは待遇の確保又は障害者である労働者の有する能力の有効な発揮の支障となっている事情を改善するために事業主が講ずべき措置に関する指針

（平成27年厚生労働省告示第117号）

第1　趣旨

　この指針は、障害者の雇用の促進等に関する法律（昭和35年法律第123号。以下「法」という。）第36条の5第1項の規定に基づき、法第36条の2から第36条の4までの規定に基づき事業主が講ずべき措置（以下「合理的配慮」という。）に関して、その適切かつ有効な実施を図るために必要な事項について定めたものである。

第2　基本的な考え方

　全ての事業主は、法第36条の2から第36条の4までの規定に基づき、労働者の募集及び採用について、障害者（身体障害、知的障害、精神障害（発達障害を含む。）その他の心身の機能の障害（以下「障害」と総称する。）があるため、長期にわたり、職業生活に相当の制限を受け、又は職業生活を営むことが著しく困難な者をいう。以下同じ。）と障害者でない者との均等な機会の確保の支障となっている事情を改善するため、労働者の募集及び採用に当たり障害者からの申出により当該障害者の障害の特性に配慮した必要な措置を講じなければならず、また、障害者である労働者について、障害者でない労働者との均等な待遇の確保又は障害者である労働者の有する能力の有効な発揮の支障となっている事情を改善するため、その雇用する障害者である労働者の障害の特性に配慮した職務の円滑な遂行に必要な施設の整備、援助を行う者の配置その他の必要な措置を講じなければならない。ただし、事業主に対して過重な負担を及ぼすこととなるときは、この限りでない。

　合理的配慮に関する基本的な考え方は、以下のとおりである。

1　合理的配慮は、個々の事情を有する障害者と事業主との相互理解の中で提供されるべき性質のものであること。

2　合理的配慮の提供は事業主の義務であるが、採用後の合理的配慮について、事業主が必要な注意を払ってもその雇用する労働者が障害者であることを知り得なかった場合には、合理的配慮の提供義務違反を問われないこと。

3　過重な負担にならない範囲で、職場において支障となっている事情等を改善する合理的配慮に係る措置が複数あるとき、事業主が、障害者との話合いの下、その意向を十分に尊重した上で、より提供しやすい措置を講ずることは差し支えないこと。

　また、障害者が希望する合理的配慮に係る措置が過重な負担であるとき、事業主は、当該障害者との話合いの下、その意向を十分に尊重した上で、過重な負担にならない範

囲で合理的配慮に係る措置を講ずること。
4　合理的配慮の提供が円滑になされるようにするという観点を踏まえ、障害者も共に働く一人の労働者であるとの認識の下、事業主や同じ職場で働く者が障害の特性に関する正しい知識の取得や理解を深めることが重要であること。

第3　合理的配慮の手続

1　募集及び採用時における合理的配慮の提供について
⑴　障害者からの合理的配慮の申出
　　募集及び採用時における合理的配慮が必要な障害者は、事業主に対して、募集及び採用に当たって支障となっている事情及びその改善のために希望する措置の内容を申し出ること。
　　その際、障害者が希望する措置の内容を具体的に申し出ることが困難な場合は、支障となっている事情を明らかにすることで足りること。
　　なお、合理的配慮に係る措置の内容によっては準備に一定の時間がかかる場合があることから、障害者には、面接日等までの間に時間的余裕をもって事業主に申し出ることが求められること。
⑵　合理的配慮に係る措置の内容に関する話合い
　　事業主は、障害者からの合理的配慮に関する事業主への申出を受けた場合であって、募集及び採用に当たって支障となっている事情が確認された場合、合理的配慮としてどのような措置を講ずるかについて当該障害者と話合いを行うこと。
　　なお、障害者が希望する措置の内容を具体的に申し出ることが困難な場合は、事業主は実施可能な措置を示し、当該障害者と話合いを行うこと。
⑶　合理的配慮の確定
　　合理的配慮の提供義務を負う事業主は、障害者との話合いを踏まえ、その意向を十分に尊重しつつ、具体的にどのような措置を講ずるかを検討し、講ずることとした措置の内容又は当該障害者から申出があった具体的な措置が過重な負担に当たると判断した場合には、当該措置を実施できないことを当該障害者に伝えること。
　　その検討及び実施に際して、過重な負担にならない範囲で、募集及び採用に当たって支障となっている事情等を改善する合理的配慮に係る措置が複数あるとき、事業主が、障害者との話合いの下、その意向を十分に尊重した上で、より提供しやすい措置を講ずることは差し支えないこと。また、障害者が希望する合理的配慮に係る措置が過重な負担であったとき、事業主は、当該障害者との話合いの下、その意向を十分に尊重した上で、過重な負担にならない範囲で、合理的配慮に係る措置を講ずること。
　　講ずることとした措置の内容等を障害者に伝える際、当該障害者からの求めに応じて、当該措置を講ずることとした理由又は当該措置を実施できない理由を説明すること。
2　採用後における合理的配慮の提供について
⑴　事業主の職場において支障となっている事情の有無等の確認

第Ⅶ章●参考資料　265

労働者が障害者であることを雇入れ時までに把握している場合には、事業主は、雇入れ時までに当該障害者に対して職場において支障となっている事情の有無を確認すること。

　また、

　イ　労働者が障害者であることを雇入れ時までに把握できなかった場合については、障害者であることを把握した際に、

　ロ　労働者が雇入れ時に障害者でなかった場合については、障害者となったことを把握した際に、

　事業主は、当該障害者に対し、遅滞なく、職場において支障となっている事情の有無を確認すること。

　さらに、障害の状態や職場の状況が変化することもあるため、事業主は、必要に応じて定期的に職場において支障となっている事情の有無を確認すること。

　なお、障害者は、事業主からの確認を待たず、当該事業主に対して自ら職場において支障となっている事情を申し出ることが可能であること。

　事業主は、職場において支障となっている事情があれば、その改善のために障害者が希望する措置の内容を確認すること。

　その際、障害者が希望する措置の内容を具体的に申し出ることが困難な場合は、支障となっている事情を明らかにすることで足りること。障害者が自ら合理的配慮の提供を希望することを申し出た場合も同様とする。

(2)　合理的配慮に係る措置の内容に関する話合い（１(2)と同様）

　事業主は、障害者に対する合理的配慮の提供が必要であることを確認した場合には、合理的配慮としてどのような措置を講ずるかについて当該障害者と話合いを行うこと。

　なお、障害者が希望する措置の内容を具体的に申し出ることが困難な場合は、事業主は実施可能な措置を示し、当該障害者と話合いを行うこと。

(3)　合理的配慮の確定（１(3)と同様）

　合理的配慮の提供義務を負う事業主は、障害者との話合いを踏まえ、その意向を十分に尊重しつつ、具体的にどのような措置を講ずるかを検討し、講ずることとした措置の内容又は当該障害者から申出があった具体的な措置が過重な負担に当たると判断した場合には、当該措置を実施できないことを当該障害者に伝えること。なお、当該措置の実施に一定の時間がかかる場合は、その旨を当該障害者に伝えること。

　その検討及び実施に際して、過重な負担にならない範囲で、職場において支障となっている事情等を改善する合理的配慮に係る措置が複数あるとき、事業主が、障害者との話合いの下、その意向を十分に尊重した上で、より提供しやすい措置を講ずることは差し支えないこと。また、障害者が希望する合理的配慮に係る措置が過重な負担であったとき、事業主は、当該障害者との話合いの下、その意向を十分に尊重した上で、過重な負担にならない範囲で、合理的配慮に係る措置を講ずること。

講ずることとした措置の内容等を障害者に伝える際、当該障害者からの求めに応じて、当該措置を講ずることとした理由又は当該措置を実施できない理由を説明すること。

3　その他

合理的配慮の手続において、障害者の意向を確認することが困難な場合、就労支援機関の職員等に当該障害者を補佐することを求めても差し支えないこと。

第4　合理的配慮の内容

1　合理的配慮の内容

合理的配慮とは、次に掲げる措置（第5の過重な負担に当たる措置を除く。）であること。

(1)　募集及び採用時における合理的配慮

障害者と障害者でない者との均等な機会の確保の支障となっている事情を改善するために講ずる障害者の障害の特性に配慮した必要な措置

(2)　採用後における合理的配慮

障害者である労働者について、障害者でない労働者との均等な待遇の確保又は障害者である労働者の有する能力の有効な発揮の支障となっている事情を改善するために講ずるその障害者である労働者の障害の特性に配慮した職務の円滑な遂行に必要な施設の整備、援助を行う者の配置その他の必要な措置

なお、採用後に講ずる合理的配慮は職務の円滑な遂行に必要な措置であることから、例えば、次に掲げる措置が合理的配慮として事業主に求められるものではないこと。

イ　障害者である労働者の日常生活のために必要である眼鏡や車いす等を提供すること。

ロ　中途障害により、配慮をしても重要な職務遂行に支障を来すことが合理的配慮の手続の過程において判断される場合に、当該職務の遂行を継続させること。ただし、当該職務の遂行を継続させることができない場合には、別の職務に就かせることなど、個々の職場の状況に応じた他の合理的配慮を検討することが必要であること。

2　合理的配慮の事例

合理的配慮の事例として、多くの事業主が対応できると考えられる措置の例は別表のとおりであること。なお、合理的配慮は個々の障害者である労働者の障害の状態や職場の状況に応じて提供されるものであるため、多様性があり、かつ、個別性が高いものであること。したがって、別表に記載されている事例はあくまでも例示であり、あらゆる事業主が必ずしも実施するものではなく、また、別表に記載されている事例以外であっても合理的配慮に該当するものがあること。

第5　過重な負担

合理的配慮の提供の義務については、事業主に対して「過重な負担」を及ぼすこととなる場合は除くこととしている。

1 過重な負担の考慮要素

　事業主は、合理的配慮に係る措置が過重な負担に当たるか否かについて、次に掲げる要素を総合的に勘案しながら、個別に判断すること。

(1) 事業活動への影響の程度

　当該措置を講ずることによる事業所における生産活動やサービス提供への影響その他の事業活動への影響の程度をいう。

(2) 実現困難度

　事業所の立地状況や施設の所有形態等による当該措置を講ずるための機器や人材の確保、設備の整備等の困難度をいう。

(3) 費用・負担の程度

　当該措置を講ずることによる費用・負担の程度をいう。

　ただし、複数の障害者から合理的配慮に関する要望があった場合、それらの複数の障害者に係る措置に要する費用・負担も勘案して判断することとなること。

(4) 企業の規模

　当該企業の規模に応じた負担の程度をいう。

(5) 企業の財務状況

　当該企業の財務状況に応じた負担の程度をいう。

(6) 公的支援の有無

　当該措置に係る公的支援を利用できる場合は、その利用を前提とした上で判断することとなること。

2 過重な負担に当たると判断した場合

　事業主は、障害者から申出があった具体的な措置が過重な負担に当たると判断した場合には、当該措置を実施できないことを当該障害者に伝えるとともに、当該障害者からの求めに応じて、当該措置が過重な負担に当たると判断した理由を説明すること。また、事業主は、障害者との話合いの下、その意向を十分に尊重した上で、過重な負担にならない範囲で合理的配慮に係る措置を講ずること。

第6　相談体制の整備等

　事業主は、法第36条の3に規定する措置に関し、その雇用する障害者である労働者からの相談に応じ、適切に対応するため、雇用管理上次の措置を講じなければならない。

1 相談に応じ、適切に対応するために必要な体制の整備

(1) 相談への対応のための窓口（以下この1において「相談窓口」という。）をあらかじめ定め、労働者に周知すること。

　（相談窓口をあらかじめ定めていると認められる例）

　　イ　相談に対応する担当者・部署をあらかじめ定めること。

　　ロ　外部の機関に相談への対応を委託すること。

(2) 相談窓口の担当者が、相談に対し、その内容や相談者の状況に応じ適切に対応できるよう必要な措置を講ずること。

2 採用後における合理的配慮に関する相談があったときの適切な対応
 (1) 職場において支障となっている事情の有無を迅速に確認すること。
 (2) 職場において支障となっている事情が確認された場合、合理的配慮の手続を適切に行うこと。
3 相談者のプライバシーを保護するために必要な措置
　採用後における合理的配慮に係る相談者の情報は、当該相談者のプライバシーに属するものであることから、相談者のプライバシーを保護するために必要な措置を講ずるとともに、当該措置を講じていることについて、労働者に周知すること。
4 相談をしたことを理由とする不利益取扱いの禁止
　障害者である労働者が採用後における合理的配慮に関し相談をしたことを理由として、解雇その他の不利益な取扱いを行ってはならない旨を定め、労働者にその周知・啓発をすること。
　（不利益な取扱いを行ってはならない旨を定め、労働者にその周知・啓発をすることについて措置を講じていると認められる例）
 (1) 就業規則その他の職場における職務規律等を定めた文書において、障害者である労働者が採用後における合理的配慮に関し相談をしたこと又は事実関係の確認に協力したこと等を理由として、当該障害者である労働者が解雇等の不利益な取扱いをされない旨を規定し、労働者に周知・啓発をすること。
 (2) 社内報、パンフレット、社内ホームページ等の広報又は啓発のための資料等に、障害者である労働者が採用後における合理的配慮に関し相談をしたこと又は事実関係の確認に協力したこと等を理由として、当該障害者である労働者が解雇等の不利益な取扱いをされない旨を記載し、労働者に配布等すること。
5 その他
　これらの相談体制の整備等に当たっては、障害者である労働者の疑義の解消や苦情の自主的な解決に資するものであることに留意すること。

別　表（指針第4の2）

1 合理的配慮の事例として、多くの事業主が対応できると考えられる措置の例は、この表の第一欄に掲げる障害区分に応じ、それぞれこの表の第二欄に掲げる場面ごとに講ずるこの表の第三欄に掲げる事例であること。
2 合理的配慮は、個々の障害者である労働者の障害（障害が重複している場合を含む。）の状態や職場の状況に応じて提供されるものであり、多様性があり、かつ、個別性が高いものであること。したがって、ここに記載されている事例はあくまでも例示であり、あらゆる事業主が必ずしも実施するものではなく、また、ここに記載されている事例以外であっても合理的配慮に該当するものがあること。
3 採用後の事例における障害については、中途障害によるものを含むこと。

障害区分	場面	事例
視覚障害	募集及び採用時	○ 募集内容について、音声等で提供すること。 ○ 採用試験について、点字や音声等による実施や、試験時間の延長を行うこと。
	採用後	○ 業務指導や相談に関し、担当者を定めること。 ○ 拡大文字、音声ソフト等の活用により業務が遂行できるようにすること。 ○ 出退勤時刻・休暇・休憩に関し、通院・体調に配慮すること。 ○ 職場内の机等の配置、危険箇所を事前に確認すること。 ○ 移動の支障となる物を通路に置かない、机の配置や打合せ場所を工夫する等により職場内での移動の負担を軽減すること。 ○ 本人のプライバシーに配慮した上で、他の労働者に対し、障害の内容や必要な配慮等を説明すること。
聴覚・言語障害	募集及び採用時	○ 面接時に、就労支援機関の職員等の同席を認めること。 ○ 面接を筆談等により行うこと。
	採用後	○ 業務指導や相談に関し、担当者を定めること。 ○ 業務指示・連絡に際して、筆談やメール等を利用すること。 ○ 出退勤時刻・休暇・休憩に関し、通院・体調に配慮すること。 ○ 危険箇所や危険の発生等を視覚で確認できるようにすること。 ○ 本人のプライバシーに配慮した上で、他の労働者に対し、障害の内容や必要な配慮等を説明すること。
肢体不自由	募集及び採用時	○ 面接の際にできるだけ移動が少なくて済むようにすること。
	採用後	○ 業務指導や相談に関し、担当者を定めること。 ○ 移動の支障となる物を通路に置かない、机の配置や打合せ場所を工夫する等により職場内での移動の負担を軽減すること。 ○ 机の高さを調節すること等作業を可能にする工夫を行うこと。 ○ スロープ、手すり等を設置すること。 ○ 体温調整しやすい服装の着用を認めること。 ○ 出退勤時刻・休暇・休憩に関し、通院・体調に配慮すること。 ○ 本人のプライバシーに配慮した上で、他の労働者に対し、障害の内容や必要な配慮等を説明すること。
内部障害	募集及び採用時	○ 面接時間について、体調に配慮すること。
	採用後	○ 業務指導や相談に関し、担当者を定めること。 ○ 出退勤時刻・休暇・休憩に関し、通院・体調に配慮すること。 ○ 本人の負担の程度に応じ、業務量等を調整すること。 ○ 本人のプライバシーに配慮した上で、他の労働者に対し、障害の内容や必要な配慮等を説明すること。
知的障害	募集及び採用時	○ 面接時に、就労支援機関の職員等の同席を認めること。
	採用後	○ 業務指導や相談に関し、担当者を定めること。 ○ 本人の習熟度に応じて業務量を徐々に増やしていくこと。 ○ 図等を活用した業務マニュアルを作成する、業務指示は内容を明確にし、一つずつ行う等作業手順を分かりやすく示すこと。 ○ 出退勤時刻・休暇・休憩に関し、通院・体調に配慮すること。 ○ 本人のプライバシーに配慮した上で、他の労働者に対し、障害の内容や必要な配慮等を説明すること。

精神障害	募集及び採用時	○　面接時に、就労支援機関の職員等の同席を認めること。
	採用後	○　業務指導や相談に関し、担当者を定めること。 ○　業務の優先順位や目標を明確にし、指示を一つずつ出す、作業手順を分かりやすく示したマニュアルを作成する等の対応を行うこと。 ○　出退勤時刻・休暇・休憩に関し、通院・体調に配慮すること。 ○　できるだけ静かな場所で休憩できるようにすること。 ○　本人の状況を見ながら業務量等を調整すること。 ○　本人のプライバシーに配慮した上で、他の労働者に対し、障害の内容や必要な配慮等を説明すること。
発達障害	募集及び採用時	○　面接時に、就労支援機関の職員等の同席を認めること。 ○　面接・採用試験について、文字によるやりとりや試験時間の延長等を行うこと。
	採用後	○　業務指導や相談に関し、担当者を定めること。 ○　業務指示やスケジュールを明確にし、指示を一つずつ出す、作業手順について図等を活用したマニュアルを作成する等の対応を行うこと。 ○　出退勤時刻・休暇・休憩に関し、通院・体調に配慮すること。 ○　感覚過敏を緩和するため、サングラスの着用や耳栓の使用を認める等の対応を行うこと。 ○　本人のプライバシーに配慮した上で、他の労働者に対し、障害の内容や必要な配慮等を説明すること。
難病に起因する障害	募集及び採用時	○　面接時間について、体調に配慮すること。 ○　面接時に、就労支援機関の職員等の同席を認めること。
	採用後	○　業務指導や相談に関し、担当者を定めること。 ○　出退勤時刻・休暇・休憩に関し、通院・体調に配慮すること。 ○　本人の負担の程度に応じ、業務量等を調整すること。 ○　本人のプライバシーに配慮した上で、他の労働者に対し、障害の内容や必要な配慮等を説明すること。
高次脳機能障害	募集及び採用時	○面接時に、就労支援機関の職員等の同席を認めること。
	採用後	○　業務指導や相談に関し、担当者を定めること。 ○　仕事内容等をメモにする、一つずつ業務指示を行う、写真や図を多用して作業手順を示す等の対応を行うこと。 ○　出退勤時刻・休暇・休憩に関し、通院・体調に配慮すること。 ○　本人の負担の程度に応じ、業務量等を調整すること。 ○　本人のプライバシーに配慮した上で、他の労働者に対し、障害の内容や必要な配慮等を説明すること。

参考資料3
障害者雇用対策基本方針 (抄)

（平成26年厚生労働省告示第137号）

第3　事業主が行うべき雇用管理に関して指針となるべき事項

　事業主は、関係行政機関や事業主団体の援助と協力の下に、以下の点に配慮しつつ適正な雇用管理を行うことにより、障害者が男女ともにその能力や適性が十分発揮でき、障害のない人とともに生きがいを持って働けるような職場作りを進めるとともに、その職業生活が質的に向上されるよう努めるものとする。

1　基本的な留意事項

(1)　採用及び配置

　　障害者個々人の能力が十分発揮できるよう、障害の種類及び程度を勘案した職域を開発することにより積極的な採用を図る。また、採用試験を行う場合には、募集職種の内容や採用基準等を考慮しつつ、応募者の希望を踏まえた点字や拡大文字の活用、手話通訳者等の派遣、試験時間の延長や休憩の付与等、応募者の能力を適切に評価できるような配慮を行うよう努める。

　　さらに、必要に応じて職場環境の改善を図りつつ、障害者個々人の適性と能力を考慮した配置を行う。

(2)　教育訓練の実施

　　障害者は職場環境や職務内容に慣れるまでより多くの日時を必要とする場合があることに配慮し、十分な教育訓練の期間を設ける。

　　また、技術革新等により職務内容が変化することに対応して障害者の雇用の継続が可能となるよう能力向上のための教育訓練の実施を図る。

　　これらの教育訓練の実施に当たっては、障害者職業能力開発校等関係機関で実施される在職者訓練等の活用も考慮する。

(3)　処遇

　　障害者個々人の能力の向上や職務遂行の状況を適切に把握し、適性や希望等も勘案した上で、その能力に応じ、キャリア形成にも配慮した適正な処遇に努める。

　　なお、短時間労働者である障害者についても実雇用率の算定対象となっているが、障害者である短時間労働者が通常の所定労働時間働くこと等を希望する旨の申出があったときは、事業主は、当該障害者の有する能力に応じた適正な待遇を行うよう努めることとされている（法第80条）。社会保険料負担を免れる目的で、その雇用する

障害者の勤務形態を一方的に短時間労働に変更することは、不適切な待遇に当たるものであり、本人の希望、能力等を踏まえた適切な待遇に努める。

⑷　安全・健康の確保

　　障害の種類及び程度に応じた安全管理を実施するとともに、職場内における安全を図るために随時点検を行う。また、非常時においても安全が確保されるよう施設等の整備を図る。

　　さらに、法律上定められた健康診断の実施はもとより、障害の特性に配慮した労働時間の管理等、障害の種類及び程度に応じた健康管理の実施を図る。

⑸　職場定着の推進

　　障害者の職業の安定を図るためには、雇入れの促進のみならず、雇用の継続が重要であることから、障害があるために生じる個々人の課題を把握し、適正な雇用管理を行うことにより、職場への定着を図る。

　　また、法に基づき企業が選任することとされている、障害者の雇用の促進及びその雇用の継続のための諸条件の整備を図る等の業務を行う障害者雇用推進者や、障害者の職業生活に関する相談及び指導を行う障害者職業生活相談員について、雇用する労働者の中からその業務に適した者を選任し、障害者就業・生活支援センターと連携しつつ、生活面も含めた相談支援を図るとともに、職場適応援助者（ジョブコーチ）を活用することや障害者が働いている職場内において関係者によるチームを設置すること等により、障害者の職場定着の推進を図る。

⑹　障害及び障害者についての理解の促進

　　障害者が職場に適応し、その有する能力を最大限に発揮することができるよう、職場内の意識啓発を通じ、事業主自身はもとより職場全体の、障害及び障害者についての理解や認識を深める。

⑺　障害者の人権の擁護

　　障害者虐待防止法に基づき、事業主は障害者虐待の防止等を図る。

　　また、雇用管理や解雇、労働条件等で問題が生じており、企業内では解決が困難な場合には、その問題解決及び再発防止のために、公共職業安定所と関係機関が連携する障害者雇用連絡会議、各都道府県労働局に設置されている紛争調整委員会や都道府県労働委員会によるあっせん等を活用する。

2　障害の種類別の配慮事項

⑴　身体障害者

　　身体障害者については、障害の種類及び程度が多岐にわたることを踏まえ、職場環境の改善を中心として以下の事項に配慮する。

　　なお、イからハまでに関して、「身体障害者補助犬法」（平成14年法律第49号）に基づき、常用労働者を50人以上雇用している事業主並びにその特例子会社及び関係会社は、その事業所に勤務する身体障害者が身体障害者補助犬（盲導犬、介助犬及び聴導犬をいう。）を使用することを拒んではならないこととされ、また、その他の事業主

第Ⅶ章●参考資料　273

についても拒まないよう努めることとされており、同法に基づき適切に対応する。

イ 視覚障害者については、通勤や職場内における移動ができるだけ容易になるよう配慮する。

また、視覚障害者の60％以上を重度障害者が占めることを踏まえ、個々の視覚障害者に応じた職務の設計、職域の開発を行うとともに、必要に応じて、照明や就労支援機器等施設・設備の整備や、援助者の配置等職場における援助体制の整備を図る。

さらに、実態として、あん摩・はり・きゅうといったいわゆるあはき業における就労に大きく依存せざるを得ない状況にあることから、ヘルスキーパー（企業内理療師）や特別養護老人ホームにおける機能訓練指導員としての雇用等、職場の拡大に努める。

ロ 聴覚・言語障害者については、個々の聴覚・言語障害者に応じて職務の設計を行うとともに、光、振動、文字等、視覚等による情報伝達の設備の整備や、手話のできる同僚等の育成を図ること等により職場内における情報の伝達や意思の疎通を容易にする手段の整備を図る。そのほか、会議、教育訓練等において情報が得られるよう、手話通訳者や要約筆記者の配置等職場における援助体制の整備を図る。

ハ 肢体不自由者については、通勤や職場内における移動ができるだけ容易になるよう配慮するとともに、職務内容、勤務条件等が過重なものとならないよう留意する。また、障害による影響を補完する設備等の整備を図る。

ニ 心臓機能障害者、腎臓機能障害者等のいわゆる内部障害者については、職務内容、勤務条件等が身体的に過重なものとならないよう配慮するとともに、必要に応じて、医療機関とも連携しつつ職場における健康管理のための体制の整備を図る。

ホ 重度身体障害者については、職務遂行能力に配慮した職務の設計を行うとともに、就労支援機器の導入等作業を容易にする設備・工具等の整備を図る。また、必要に応じて、援助者の配置等職場における援助体制を整備する。

さらに、勤務形態、勤務場所等にも配慮する。

ヘ 中途障害者については、円滑な職場復帰を図るため、全盲を含む視覚障害者に対するロービジョンケアの実施等、パソコンやOA機器等の技能習得を図るとともに、必要に応じて医療、福祉等の関係機関とも連携しつつ、地域障害者職業センター等を活用した雇用継続のための職業リハビリテーションの実施、援助者の配置等の条件整備を計画的に進める。

(2) 知的障害者

知的障害者については、複雑な作業内容や抽象的・婉曲な表現を理解することが困難な場合があること、言葉により意思表示をすることが困難な場合があること等と同時に、十分な訓練・指導を受けることにより、障害のない人と同様に働くことができることを踏まえ、障害者本人への指導及び援助を中心として以下の事項に配慮する。

イ　作業工程の単純化、単純作業の抽出等による職域開発を行う。また、施設・設備の表示を平易なものに改善するとともに、作業設備の操作方法を容易にする。

ロ　必要事項の伝達に当たっては、分かりやすい言葉遣いや表現を用いるよう心がける。

ハ　日常的な相談の実施により心身の状態を把握するとともに、雇用の継続のためには家族等の生活支援に関わる者の協力が重要であることから、連絡体制を確立する。

ニ　重度知的障害者については、生活面での配慮も必要とされることを考慮しつつ、職場への適応や職務の遂行が円滑にできるよう、必要な指導及び援助を行う者を配置する。

ホ　十分な指導と訓練を重ねることにより、障害のない人と同様に働くことができることを考慮し、知的障害者の職業能力の向上に配慮する。

　　また、近年では、製造業のみならず、サービス業や卸売・小売業等、知的障害者が従事する業種が拡大していることを踏まえ、知的障害者の特性や能力に応じた就業が可能となるよう、職域の拡大を図る。

(3)　精神障害者

精神障害者については、臨機応変な判断や新しい環境への適応が苦手である、疲れやすい、緊張しやすい、精神症状の変動により作業効率に波がみられることがある等の特徴が指摘されていることに加え、障害の程度、職業能力等の個人差が大きいことを踏まえ、労働条件の配慮や障害者本人への相談・指導・援助を中心として以下の事項に配慮する。

イ　本人の状況を踏まえた根気強く分かりやすい指導を行うとともに、ある程度時間をかけて職務内容や配置を決定する。

ロ　職務の難度を段階的に引き上げる、短時間労働から始めて勤務時間を段階的に延長する、本人の状況に応じ職務内容を軽減する等必要に応じ勤務の弾力化を図る。特に、当初は長時間の勤務が困難な精神障害者については、採用に当たり本人の適性や状況を見極めた上で職務内容や勤務時間を決定し、採用後は常用雇用に移行できるよう、勤務時間を段階的に引き上げながら円滑に職場に定着できるよう配慮する。

ハ　日常的に心身の状態を確認するとともに、職場での円満な人間関係が保てるよう配慮する。また、通院時間、服薬管理等の便宜を図る。

ニ　職場への適応、職務の遂行が円滑にできるよう、必要な指導及び援助を行う者を配置するとともに、必要に応じて職場適応援助者（ジョブコーチ）の活用も図る。

ホ　企業に採用された後に精神疾患を有するに至った者については、企業内の障害者職業生活相談員や産業医等による相談・指導・援助のほか、地域障害者職業センターによる職場復帰支援（リワーク支援）、産業保健推進センターや精神保健福祉センターによる支援等の活用により、医療・保健機関や職業リハビリテー

第Ⅶ章●参考資料　275

ション機関との連携を図りながら、円滑な職場復帰に努める。

(4)　その他障害者

　　発達障害、難病等に起因する障害、高次脳機能障害等により長期にわたり職業生活に相当の制限を受け、又は職業生活を営むことが著しく困難な者については、個々の障害の状況を十分に把握し、必要に応じて障害に関する職場の同僚等の理解を促進するための措置を講じるとともに、職場内の人間関係の維持や当該障害者に対して必要な援助・指導を行う者の配置、障害状況に応じた職務設計、勤務条件の配慮等を行う。

参考資料4
子会社特例及び関係会社特例の認定基準と手続き

（厚生労働省資料　原版：平成14年10月）

（筆者注：以下は、本資料について、その後の取扱改定部分のみ修正したものである。現状本資料は
公開されず、認定は同旨の通達により行なわれている）

1．特例子会社の認定基準（要件）

(1)　親事業主と特例子会社との間に特殊の関係があること

　　　特例子会社が株式会社又は有限会社であって、親事業主が特例子会社の意思決定機関
を支配していること。

　　　具体的には、連結決算の対象となる子会社の判定基準（いわゆる支配力基準：(付)
参照）を満たしていること。

(2)　親事業主と特例子会社との間の人的関係が緊密であること

　　　特例子会社の役員のうち少なくとも1名以上は親会社の役員又は従業員から選任され
ていること、特例子会社の従業員のうち相当数が親事業主から派遣されていること等、
親事業主と特例子会社との人的交流が緊密であること。

(3)　特例子会社における障害者の雇用の状況が次の①及び②を満たしていること

　　①　雇用される障害者が5人以上で、かつ特例子会社の全従業員に占める割合が20%以
上であること。

　　②　雇用される障害者に占める重度身体障害者、知的障害者及び精神障害者の合計数の
割合が30%以上であること。

(4)　特例子会社による障害者の雇用管理の状況

　　　障害者のための施設の改善、専任の指導員の配置を行っている等障害者の雇用管理を
適正に行うに足りる能力を有していること。

(5)　その他、障害者の雇用の促進及びその雇用の安定が確実に達成されると認められること

2．関係会社の認定基準（要件）

　　子会社特例のグループ適用は、親事業主、特例子会社及び関係会社（以下「企業グルー
プ」という。）を同一の事業主と擬制するものであるから、親事業主と関係会社はできる
限り経済的、組織的に単一の企業体たる実態を有する必要があるとともに、親事業主の責
任により、関係会社も含めた企業グループ全体で特例子会社の経営の安定及び発展に貢献
することによって、障害者雇用を促進できることが必要である。このため、親事業主及び
関係会社は、次の(1)から(4)の要件をいずれも満たすことが必要である。

(1)　親事業主と関係会社との間に特殊の関係があること

　　　関係会社が株式会社又は有限会社であって、親事業主が関係会社の意思決定機関を支

第Ⅶ章●参考資料　277

配していること。

　　具体的には、連結決算の対象となる子会社の判定基準（いわゆる支配力基準：（付）
参照）を満たしていること。
⑵　関係会社と特例子会社との間の人的関係若しくは営業上の関係が緊密であること又は
関係会社が特例子会社に出資していること

　　具体的には、次の①から③までのいずれかの要件を満たしていること。
①　特例子会社の役員のうち１名以上が関係会社の役員又は従業員から選任されている
こと、特例子会社の従業員のうち１名以上が関係会社から派遣されていること等、関
係会社と特例子会社との人的交流が密であること。
②　関係会社から特例子会社に対し最低年間60万円程度の発注が行われている、又は行
われる見込みがあること。
③　関係会社が特例子会社に対し、100万円以上の出資を行っていること。又は、関係
会社が特例子会社の議決権の５％以上を所有していること。

　　※なお、認定を行った後、引き続き①から③までのいずれかの要件が満たされている
　　　ことを確認するため、毎年の障害者雇用状況報告書の提出時に要件に係る状況を報
　　　告させることとする。
⑶　親事業主が障害者雇用推進者を選任しており、かつ、当該障害者雇用推進者が関係会
社と特例子会社に関しても次の①から③までに掲げる業務を行うこと
①　障害者の雇用の促進及び継続を図るため、施設又は設備の設置又は整備その他の諸
条件の整備を図るための業務
②　厚生労働大臣に対する障害者である労働者の雇用に関する状況の報告
③　障害者の雇入れに関する計画の作成命令を受けた場合における国との連絡等に関す
る業務

　　（ただし、関係会社特例認定を受けた場合には、関係会社及び特例子会社に雇用され
る障害者については親事業主に雇用されているものとみなされるので、②及び③の業
務については、障害者雇用推進者が親事業主の業務として行うものである。）
⑷　親事業主が、認定された企業グループ内の障害者である労働者の雇用の促進及び雇用
の安定を確実に達成することができると認められること

　　具体的には次の①及び②の要件をいずれも満たしていること。
①　申請時点で企業グループを合算した場合に、障害者雇用義務を果たしていること。
障害者雇用義務を果たしていない場合は、２年間で法定雇用率を達成するための具体
的な障害者雇用促進計画を作成すること。
②　制度の趣旨を理解した上で、次の事項について了承していること。
　　a　親事業主及び関係会社が認定取消しの申し出をしたとしても、原則として認定は
取り消されないこと。
　　b　業務の移管などやむを得ない場合や本人が希望する場合を除き、関係会社から特
例子会社への障害者の配置転換を行わないこと。

3．子会社特例認定の申請方法

(1)　認定申請

　　　子会社特例（通常の特例子会社）の認定を希望する親事業主は、親事業主を管轄する安定所に対し、次の書類を提出して認定申請を行う。

①　「子会社特例認定申請書（様式第6号の5）」（以下「申請書」という。）

②　「親事業主及び子会社の概要（様式第6号の6）」（以下「概要書」という。）

③　概要書の裏面により添付することとされている書類（以下「添付書類」という。）

④　申請書及び概要書のコピー

(2)　概要書

　　　概要書各欄の記入の要点は次の通り。

①　「事業所の数」については、直近の障害者雇用状況報告書に記した本社、支社、工場、営業所等の合計数を記載する。

②　「パーセンテージ」については、小数点以下第3位を四捨五入した数を記載。

③　「親事業主の所有する議決権」については、前記1.の(1)に認定基準が示されている通りであり、次の(3)項の書類を添付する。

④　「常用労働者」については、名称の如何によらず雇用保険における「一般被保険者（週30時間以上の就労者）」数を記載。

⑤　「障害者の数」については、重度障害者に関してもダブルカウントでない実数を記載。

⑥　「身体障害者又は知的障害者のために特別に配慮した施設又は設備の概要」欄以下の3欄については、できる限り具体的に記載。

(3)　添付書類

①　親事業主がこの申請に係る子会社の意思決定機関を支配していることを示す書類。

　・親事業主が上場企業の場合は直近の有価証券報告書、非上場企業の場合は付属明細書の各写し

　・この申請に係る子会社の株主名簿、又は出資口数名簿等

②　障害者雇用の状況を示す書類（いずれも子会社及び関係会社の障害者雇用状況を含む）。

　・親事業主の直近の6月1日現在における障害者雇用状況報告（様式第6号）

　・既に子会社特例又はグループ特例の認定を受けている親事業主については子会社特例の場合は（様式第6号）、グループ特例の場合は（様式第6号の2(1)）

　・申請日現在の親事業主の障害者（この申請に係る子会社及び認定済みの特例子会社、関係会社に関する者を含む）雇用状況報告（様式第6号の2(2)に準じて作成）

③　必要により安定所が現状を確認するための資料（例）

　・定款

　・法人登記簿謄本

　・子会社の、親会社から派遣されている役員名簿

・子会社の社員名簿

・子会社の障害者雇入れ通知書の写し

・子会社の就業規則及び給与その他の関連規則

・障害者職業生活相談員の選任届等指導員の配置状況

・助成金承認申請書、同受給資格認定通知書

・子会社の図面、案内図

・子会社の作業状況が確認できる写真等

4．関係会社特例認定の申請方法

(1) 認定申請

関係会社特例の認定を希望する親事業主、特例子会社及び関係会社の事業主は、共同で親事業主管轄安定所に対して、関係会社ごとに認定申請を行う。

申請に際しては、関係会社ごとに以下の書類をそれぞれ1部ずつ提出する。

① 「関係会社特例認定申請書（様式第6号の7）」（以下「申請書」という。）

② 「親事業主、特例子会社及び関係会社の概要（様式第6号の8）」（以下「概要書」という。）

③ 概要書の裏面により添付することとされている書類（以下「添付書類」という。）

④ 申請書及び概要書のコピー

特定の親事業主について同時に複数の関係会社認定の申請を行う場合（以下「複数申請」という。）には、申請書、概要書及びそれらのコピーはそれぞれの関係会社について各1部ずつ提出することとするが、添付書類について、複数申請にわたり重複する場合には、複数申請を通じて当該添付書類をそれぞれ1部提出すればよい。

(2) 概要書

概要書のE欄（関係会社と特例子会社の関係）については、E-1（人的関係）、E-2（営業上の関係）又はE-3（出資の関係）欄のうちのいずれか一つの要件を選択して記載する。

その他の点については、3.子会社特例認定の申請方法(2)に準ずる。

(3) 添付書類

① 要件(1)について

親事業主がこの申請に係る子会社及び関係会社の意思決定機関を支配していることを示す書類

・親事業主が上場企業の場合は直近の有価証券報告書、非上場企業の場合は付属明細書の各写し

・この申請に係る子会社の株主名簿、又は出資口数名簿等

・以上で親子関係の存在が不明の場合は、会計監査人による親子関係にある旨の証明書

② 要件(2)について

関係会社と特例子会社との人的、営業上又は出資のいずれか選択した関係を示す書類

1) 人的関係（E-1欄）を選択した場合
・申請に際しての添付書類は不要。認定後においては、毎年の障害者雇用状況報告の際に特例子会社の役員名簿又は従業員名簿を提出する。

2) 営業上の関係（E-2欄）を選択した場合
・特例子会社の「関係会社から受注した実績を証明する書類」、及び関係会社から特例子会社宛の「発注計画書」の両方を添付する。
・受注実績を証明する書類
 i 直近の事業年度における特例子会社の関係会社からの受注に係る「領収書写し」等
 ii iにおいて領収書の枚数が多く煩雑な場合は、関係会社からの受注実績について特例子会社が発行する「受注実績証明書（注）」
  （注） 様式は任意とするが、次の各項を備えること
    当該関係会社の名称
    取引ごとの取引年月日、取引額（売上額）、取引の主な内容
    年間の取引額（売上高）合計
    特例子会社記載事項について証明する旨の記述
    特例子会社の名称
    代表者氏名についての記名押印、又は自筆による署名
 iii 特例子会社が関係会社の子会社である場合に限り、直近の「付属明細書」の写し
・発注計画書（現在の事業年度のもの）（注）
  （注） 様式は任意とするが、次の各項を備えること
    発注先である特例子会社の名称
    現在の事業年度における各月ごとの特例子会社への支払予定額、発注の主な内容
    支払予定額の合計
  なお、事業年度の途中で申請する場合も、現在の事業年度の初めから終り迄の計画を添付する。

3) 資本の関係（E-3欄）を選択した場合
  「特例子会社の資本金の額」及び「関係会社から特例子会社への出資金の額」を証明するものを添付する。具体的には下記の書類とし、毎年の障害者雇用状況報告に際して同様の書類を提出する。
 i 特例子会社が関係会社の子会社である場合に限り、直近の「付属明細書」の写し
 ii その他の場合は、特例子会社の「株主名簿」又は「出資口数名簿」等

③ 要件(3)について
  添付書類はない。

④ 要件(4)について
1) 障害者雇用状況報告
  次のi～iiiの書類をすべて添付する。

第Ⅶ章●参考資料　**281**

i 直近の6月1日現在における親事業主（企業グループ）の障害者雇用状況報告
 ii 直近の6月1日現在における申請に係る関係会社の障害者雇用状況報告（ただし、これまで報告していない場合には、申請日における障害者雇用状況報告を作成する）
 iii 申請日現在における親事業主（企業グループ）及び申請に係る関係会社の障害者雇用状況報告

　なお、複数申請の場合には、i及びiiiは複数の会社にわたり重複するため、それぞれ1部提出すればよい。
2) 障害者雇用促進計画
　　前項iiiにおいて、障害者雇用義務を果たしていない場合には、おおむね3年間で法定雇用率を達成することを目指す障害者雇用促進計画を添付する。

以　上

（付）子会社判定の際の支配力基準

（財務諸表等の用語、様式及び作成方法に関する規則（昭和38年大蔵省令第59号）第8条第3項及び第4項に準拠したもの）

　次の(1)から(3)までのいずれかの要件を満たす場合に、親事業主が子会社の意思決定機関を支配しているものとして、親子会社の関係にあると認められる。この場合、親事業主及び他の子会社又は他の子会社が合わせてある子会社の意思決定機関を支配している場合（当該ある子会社が親事業主のいわゆる孫会社である場合）にも、当該親事業主は、当該ある子会社の意思決定機関を支配しているとみなす。

　ただし、次の(1)から(3)までのいずれかの要件を満たしていたとしても、財務上又は営業上若しくは事業上の関係から見て親事業主が特例子会社の意思決定機関を支配していないことが明らかであると認められる場合は子会社とは認めない。

(1) 特例子会社の議決権の過半数を所有する場合（持株基準）
(2) 特例子会社の議決権の40％以上50％以下を所有しかつ次のいずれかの要件を満たす場合
　　a 自己と「緊密な者」（＊1）及び「同意している者」（＊2）とを合わせて特例子会社の過半数の議決権を所有すること。
　　b 「親会社の支配影響役員等」（＊3）が特例子会社の取締役会その他これに準ずる機関の構成員の過半数を占めること。
　　c 特例子会社の重要な財務及び営業又は事業の方針の決定を支配する契約等が存在すること。
　　d 特例子会社の資金調達額（貸借対照表の負債の部に計上されているものに限る。）の総額の過半について融資・債務保証・担保提供を行っている（「緊密な者」が行う融資の額を合わせて資金調達額の総額の過半となる場合を含む。）こと。
　　e その他、親会社が特例子会社の意思決定機関を支配していることが推測される事実が存在すること。
(3) 特例子会社の議決権の40％未満しか所有していないが、自己と「緊密な者」と「同意している者」を合わせて特例子会社の過半数の議決権を所有し、かつ上記(2)bから(2)eまでのい

ずれかを満たす場合

* 1　出資、人事、資金、技術、取引等において緊密な関係があることにより、自己の意思と同一の内容の議決権を行使すると認められる者

* 2　契約、合意等により、自己の意思と同一の内容の議決権を行使することに同意していると認められる者

* 3　親会社の役員もしくは使用人であるか、またはこれらであった者で、これらの者を通じて親会社が特例子会社の財務及び営業又は事業の方針の決定に対して影響を与えることができる者

参考資料 5

プライバシーに配慮した障害者の把握・確認ガイドライン（概要）

（厚生労働省　平成17年）

Ⅰ　対象者の把握・確認方法

① 　障害者の把握・確認(1)《採用段階で障害者を把握・確認する場合》

　　採用段階で障害者の把握・確認を行う場合には、以下の手続に従って障害者の適正な把握・確認に努めてください。

　（ⅰ）　利用目的の明示等

　　　○　採用決定前から障害者であることを把握している者を採用した場合は、採用決定後に、その労働者に対して障害者雇用状況の報告等のために用いるという利用目的等の事項（＊）を明示した上で、本人の同意を得て、その利用目的のために必要な情報を取得します。

　　　○　また、採用決定後の確認手続は、情報を取り扱う者を必要最小限とするため、企業において障害者雇用状況の報告等を担当する人事担当者から直接本人に対して行うことが望まれます。

（＊）本人に対して明示する利用目的等の事項

①　利用目的（障害者雇用状況の報告、障害者雇用納付金の申告、障害者雇用調整金又は報奨金の申請のために用いること）

②　①の報告等に必要な個人情報の内容

③　取得した個人情報は、原則として毎年度利用するものであること

④　利用目的の達成に必要な範囲内で、障害等級の変更や精神障害者保健福祉手帳の有効期限等について確認を行う場合があること

⑤　障害者手帳を返却した場合や、障害等級の変更があった場合は、その旨人事担当者まで申し出てほしいこと

⑥　特例子会社又は関係会社の場合、取得した情報を親事業主に提供すること

なお、これらに加え、

⑦　障害者本人に対する公的支援策や企業の支援策

についてもあわせて伝えることが望まれます。

　（ⅱ）　本人の同意を得るに当たって

　　　○　障害者雇用状況の報告等以外の目的で、労働者から障害に関する個人情報を取得する際に、あわせて障害者雇用状況の報告等のためにもその情報を用いることについて同意を得るようなことはせず、あくまで別途の手順を踏んで同意を得る

284

こととします。

　例えば、障害者雇用状況の報告等のために用いるという利用目的が、他の多くの事項が記載された文書の中に記載されており、この利用目的が記載された部分が容易に識別できない書面を、口頭で補足せずに単に手渡しただけの場合、労働者がその部分に気付かない可能性も考えられます。

　このため、企業は、労働者本人が、情報の利用目的及び利用方法を理解したうえで同意を行うことができるよう別途説明を行うなどの配慮を行う必要があります。

② 障害者の把握・確認(2) 《採用後に障害者を把握・確認する場合》

　採用後に把握・確認を行う場合には、雇用する労働者全員に対して、画一的な手段で申告を呼びかけることを原則とします。

　なお、例外的に、個人を特定して照会を行うことができる場合も考えられます。

1. 雇用している労働者全員に対して申告を呼びかける場合

（ⅰ）　呼びかけ方法

　○　労働者全員に対して申告を呼びかける場合には、メールの送信や書類の配布等画一的な手段で行うことを原則とします。

（適切な呼びかけの方法は、以下の事例を参考にしてください。）

【呼びかけ方法として適切な例】

　○　労働者全員が社内LANを使用できる環境を整備し、社内LANの掲示板に掲載する、又は労働者全員に対して一斉にメールを配信する。

　○　労働者全員に対して、チラシ、社内報等を配布する。

　○　労働者全員に対する回覧板に記載する。

【呼びかけ方法として不適切な例】

　○　労働者全員が社内LANを使用できる環境にない場合において、労働者全員に対してメールを配信する。

　○　障害者と思われる労働者のいる部署に対してのみチラシを配布する。

（ⅱ）　利用目的の明示等

　○　申告を呼びかける際には、障害者雇用状況の報告等のために用いるという利用目的等の事項に加えて、「業務命令として、この呼びかけに対する回答を求めているものではないこと」を明らかにすることが望まれます。

2. 個人を特定して照会を行うことができる場合

　○　障害者である労働者本人が、職場において障害者の雇用を支援するための公的制度や社内制度の活用を求めて、企業に対し自発的に提供した情報を根拠とする場合は、個人を特定して障害者手帳等の所持を照会することができます。

（照会を行う根拠として適切な例は、以下の事例を参考にしてください。）

【照会を行う根拠として適切な例】※1

　○　公的な職業リハビリテーションサービスを利用したい旨の申出

　○　企業が行う障害者就労支援策を利用したい旨の申出

【照会を行う根拠として不適切な例】
- ○ 健康等について、部下が上司に対して個人的に相談した内容
- ○ 上司や職場の同僚の受けた印象や職場における風評
- ○ 企業内診療所における診療の結果
- ○ 健康診断の結果
- ○ 健康保険組合のレセプト

【個別の状況によっては照会を行う根拠として不適切な場合があり得る例】※2
- ○ 所得税の障害者控除を行うために提出された書類
- ○ 病欠・休職の際に提出された医師の診断書
- ○ 傷病手当金（健康保険）の請求に当たって事業主が証明を行った場合

※1 復職支援制度の利用の申出を根拠に照会を行おうとする場合は、あらかじめ本人の復職支援を担当している医師の意見を聞くようにします。

※2 労働者本人の障害の受容の状況や病状等によっては、これらの情報をもとに照会を行うこと自体が、本人の意に反するようなケースも生じうると考えられる事例です。

これらの情報をもとに照会を行おうとする際には、照会を行うことが適切かどうかの見極めを企業において個別ケースごとに慎重に行う必要があります。

この場合、企業において本人の障害の受容の状況や病状等を熟知している専門家（保健医療関係者、例えば産業医など）がいるときは、そうした者にあらかじめ相談することなどを通じて、照会を行うことが適切かどうかを判断することが考えられます。

（ⅰ）照会に当たって
- ○ 照会を行う際には、障害者雇用状況の報告等のために用いるという利用目的を明示した上で、障害者手帳等の所持の確認を行うこととします。

  その際、なぜ当該労働者を特定して尋ねるのか、根拠となる情報を明らかにし、本人に対して経緯を明確にすることが求められます。

- ○ また、照会は、企業において障害者雇用状況の報告等を担当する人事担当者から直接本人に対して行うことが望まれます。

- ○ 照会に対して、障害者手帳等の所持を否定した場合や、照会に対する回答を拒否した場合に、回答するよう繰り返し迫ったり、障害者手帳等の取得を強要してはいけません。

（ⅱ）利用目的の明示等
- ○ 個人を特定して障害者手帳等の所持について照会を行い、その労働者が障害者手帳等を所持しており、かつ障害者雇用状況の報告等のために用いることについて同意が得られた場合には、利用目的等の事項（①障害者の把握・確認（1）《採用段階で障害者を把握・確認する場合》の項を明示して、その利用目的のために必要な情報の確認を行うこととします。

- ○ 利用目的等の明示方法については、①障害者の把握・確認（1）《採用段階で

障害者を把握・確認する場合》の（ⅱ）をご参照下さい。

③　把握・確認した情報の更新

　労働者の障害に関する情報を一度把握・確認した後も、情報に変更がある場合は更新が必要です。その際の留意事項は、以下のとおりです。

　　○　障害の状態に変更がない限り、把握・確認した情報を毎年度利用することについて、あらかじめ本人の同意を得ておくこととします。

　　※　ただし、精神障害者手帳の場合は有効期限は2年間であることから、把握・確認した手帳の有効期限が経過した後に、手帳を更新しているかを確認する必要があります。

　　　　また、身体障害者手帳については再認定の条件が付されていることに注意する必要があります。

　　○　手帳の有効期限や障害程度等の情報に変更がないか確認を行う場合、その頻度は必要最小限とします。

　　○　本人に対して、情報の確認を行う理由や、確認を行うに至った経緯を明確にしつつ、尋ねなければなりません。

　　○　本人に対して、情報の変更のあった場合には事業主に申し出ることを呼びかけるとともに、情報の変更を申し出る場合の手続をあらかじめ示しておかなければなりません。

　　○　本人から、障害者雇用状況の報告等のために利用しないよう要求された場合、その求めが適正であると認められるときは、利用を停止しなければなりません。

④　把握・確認に当たっての禁忌事項

　把握・確認に当たって、どのような場合であっても行ってはならない事項は以下のとおりです。

　　○　利用目的の達成に必要のない情報の取得を行ってはいけません。

　　○　労働者本人の意思に反して、障害者である旨の申告又は手帳の取得を強要してはいけません。

　　○　障害者である旨の申告又は手帳の取得を拒んだことにより、解雇その他の不利益な取扱いをしないようにしなければいけません。

　　○　正当な理由無く、特定の個人を名指しして情報収集の対象としてはいけません。

　　○　産業医等医療関係者や企業において健康情報を取り扱う者は、障害者雇用状況の報告、障害者雇用納付金の申告、障害者雇用調整金又は報奨金の申請の担当者から、労働者の障害に関する問い合わせを受けた場合、本人の同意を得ずに、情報の提供を行ってはいけません。

Ⅱ　把握・確認した情報の処理・保管方法

①　処理・保管の具体的な手順

　事業主は、労働者から提供された情報を、以下のような手順で適切に処理・保管する体制を整えていることが求められます。

第Ⅶ章●参考資料　287

（ⅰ）安全管理措置等

○ ある労働者が障害者であることを明らかにする書類を備え付けるとともに、本人の死亡・退職または解雇の日から3年間保存するものとされています。

○ 障害者雇用状況の報告書等の漏洩防止等、情報の安全管理のために必要な措置を講じなければなりません。

○ 情報を管理する者の範囲を必要最小限に限定した上で、その範囲を従業員にわかるように明確化することや、情報管理者の守秘義務等を定めた個人情報保護法の取扱いに関する内部規定を整備すること等の措置を講じなければなりません。

○ 他の一般の個人情報とは別途保管することが望まれます。

○ 障害者雇用状況報告等のために取得した情報を、他の目的のために、本人の同意なく利用してはなりません。

（ⅱ）苦情処理体制の整備

○ 把握・確認した情報の取扱いに関する苦情処理の担当者を明らかにするとともに、苦情を適切かつ迅速に処理するために必要な体制の整備に努めることとします。

○ 苦情処理の窓口は、産業医・保健師等・衛生管理者、その他の労働者の健康管理に関する業務に従事する者との連携を図ることができる体制を整備しておくことが望まれます。

② 処理・保管に当たっての禁忌事項

取得後の情報の処理・保管に当たって、行ってはならないことは以下のとおりです。

○ 本人の同意なく、利用目的の範囲を超えて情報を取り扱ってはいけません。

○ 障害者である旨の申告を行ったことや、情報の開示・訂正・利用停止等を求めたことを理由として、解雇その他の不利益な取扱いをしないようにしなければいけません。

Ⅲ　障害に対する理解や障害者に対する支援策についての理解の普及

精神障害者をはじめとする障害者に対する社会の理解を進めていくとともに、職場においても障害についての理解が進み、障害者であることを明らかにして、周囲のサポートを受けながら働くことができるような職場環境を整備することが必要です。

具体的には、以下のような取り組みを行うことが望まれます。

（ⅰ）管理職や従業員の意識啓発

○ 同じ職場で働く管理職や従業員が、障害について正しく理解し、適切な雇用管理上の配慮を行うことができるよう、啓発や研修を行うことが重要です。

○ 精神障害者については、厚生労働省が策定した「心の健康問題の正しい理解のための普及啓発指針」（「こころのバリアフリー宣言～精神疾患を正しく理解し、新しい一歩を踏み出すための指針～」）を社内LANの掲示板への掲載等により、従業員への周知を行うことが望まれます。

「こころのバリアフリー宣言」は、以下の厚生労働省のホームページに掲載しています。

http://www.mhlw.go.jp/shingi/2008/04/dl/s0411-7i_0002.pdf

（ⅱ）　企業や障害者本人に対して行われる公的支援の活用

　企業や障害者本人に対して行われる公的支援策としては、次のようなものがあります。

- ○　精神障害者総合雇用支援による職場復帰支援
- ○　ジョブコーチによる職場定着支援
- ○　地域障害者職業センター、障害者就業・生活支援センター等における相談・支援
- ○　障害者を雇用する事業主に対する障害者雇用助成金の支給
- ○　障害者職業生活相談員による相談・指導（障害者を５人以上雇用する事業所には、配置の義務があります）

（ⅲ）　障害者に対する企業独自の雇用支援策

　障害者に対する企業独自の雇用支援策としては、例えば、次のような支援策を採用している企業があります。

- ○　通勤が困難な身体障害者である労働者のための在宅勤務制度を設けること
- ○　腎臓透析を行っている労働者の通院のためのフレックス勤務制度を設けること
- ○　有給休暇の積立日数の限度を超えて、傷病による休業や通院のために有給休暇を積み立てる制度を設けること
- ○　車いすを使用している労働者に自家用車通勤を認め、駐車場を確保すること

丹下一男（たんげ・かずお）

民間企業を経て、日本経営者団体連盟（日経連）入局。労務管理部長等を歴任。現在、障害者雇用企業支援協会障害者雇用アドバイザー。著書『初めての障害者雇用の実務』『障害者雇用マニュアル』『障害者雇用マニュアルQ&A—採用から退職までの実務』

担当者必携 障害者雇用入門
—雇用のプロセスから法的構成まで

著者◆
丹下一男

発行◆平成29年10月10日　第1刷

発行者◆
讃井暢子

発行所◆
経団連出版

〒100-8187　東京都千代田区大手町1-3-2
経団連事業サービス
URL◆http://www.keidanren-jigyoservice.or.jp/
電話◆[編集]03-6741-0045　[販売]03-6741-0043

印刷所◆サンケイ総合印刷

©Tange Kazuo 2017, Printed in JAPAN
ISBN978-4-8185-1705-9　C2034